Berufs- und Bildungsberatung aus pädagogischer Perspektive

Jana Swiderski

Berufs- und Bildungsberatung aus pädagogischer Perspektive

Ein Praxisbuch

Jana Swiderski
Bundesagentur für Arbeit
Berlin, Deutschland

ISBN 978-3-658-49111-6   ISBN 978-3-658-49112-3 (eBook)
https://doi.org/10.1007/978-3-658-49112-3

Die Deutsche Nationalbibliothek verzeichnet diese Publikation in der Deutschen Nationalbibliografie; detaillierte bibliografische Daten sind im Internet über https://portal.dnb.de abrufbar.

© Der/die Herausgeber bzw. der/die Autor(en), exklusiv lizenziert an Springer Fachmedien Wiesbaden GmbH, ein Teil von Springer Nature 2025

Das Werk einschließlich aller seiner Teile ist urheberrechtlich geschützt. Jede Verwertung, die nicht ausdrücklich vom Urheberrechtsgesetz zugelassen ist, bedarf der vorherigen Zustimmung des Verlags. Das gilt insbesondere für Vervielfältigungen, Bearbeitungen, Übersetzungen, Mikroverfilmungen und die Einspeicherung und Verarbeitung in elektronischen Systemen.
Die Wiedergabe von allgemein beschreibenden Bezeichnungen, Marken, Unternehmensnamen etc. in diesem Werk bedeutet nicht, dass diese frei durch jede Person benutzt werden dürfen. Die Berechtigung zur Benutzung unterliegt, auch ohne gesonderten Hinweis hierzu, den Regeln des Markenrechts. Die Rechte des/der jeweiligen Zeicheninhaber*in sind zu beachten.
Der Verlag, die Autor*innen und die Herausgeber*innen gehen davon aus, dass die Angaben und Informationen in diesem Werk zum Zeitpunkt der Veröffentlichung vollständig und korrekt sind. Weder der Verlag noch die Autor*innen oder die Herausgeber*innen übernehmen, ausdrücklich oder implizit, Gewähr für den Inhalt des Werkes, etwaige Fehler oder Äußerungen. Der Verlag bleibt im Hinblick auf geografische Zuordnungen und Gebietsbezeichnungen in veröffentlichen Karten und Institutionsadressen neutral.

Planung/Lektorat: Rebecca Jakobi
Springer VS ist ein Imprint der eingetragenen Gesellschaft Springer Fachmedien Wiesbaden GmbH und ist ein Teil von Springer Nature.
Die Anschrift der Gesellschaft ist: Abraham-Lincoln-Str. 46, 65189 Wiesbaden, Germany

Wenn Sie dieses Produkt entsorgen, geben Sie das Papier bitte zum Recycling.

Für Violeta, Zarko, Mara und Sonja

*Wenn dir jemand sagt: „Du bist zu klein"
und du hörst nur immer: „Lass das sein"
Wenn dir jemand sagt: „Du bist nicht schön"
kann die Lust aufs Leben schon vergehn.
Steh auf.
Steh auf.
Steh endlich auf.
Steh auf.*

*(Text: Maya Singh/Howard New)
(interpretiert von Marius Müller-Westernhagen)*

Vorwort

Berufs- und Bildungsberatung aus pädagogischer Perspektive! Zu dieser Themenstellung liegt mit diesem Band ein *Praxisbuch* vor und dies in mehrfacher Hinsicht. Eine erfahrene Praktikerin wendet sich strukturiert dem Gegenstand ihrer täglichen Arbeit zu und bringt ihre Erfahrung und ihr Nachdenken in eine Form. Das Buch richtet sich an Praktiker sowie Praktikerinnen und regt diese an, vorhandene Denkgewohnheiten gegen den Strich zu bürsten, Perspektivwechsel vorzunehmen, sich an vielen Fallbeispielen aus der Praxis im Nachdenken zu erproben und hierfür – praxisnah – methodische Anregungen aufzugreifen. Ein Praxisbuch ist aber auch entstanden in dem Sinne, als dass es die Praxis „wie sie ist" hinterfragt, mit alternativen Begriffen eine reflexive Haltung einnimmt und pflegt. Damit bietet es einen Beitrag zur Erweiterung der Praxis und des gemeinsamen Wissensbestandes an.

In der Einleitung zum vorliegenden Buch eröffnet die Autorin eine Haltung, die bereits zentrale Eckpunkte für die Beratung und die Berufswahl setzt – Offenheit, Mehr-Perspektivität und die zentrale Stellung des Individuums und seiner Erfahrungen und Perspektiven auf die Welt. Dabei nimmt die Autorin eine dezidiert pädagogische Position ein. Ethos, Verantwortung und pädagogische Beziehung sind Begriffe, die als *grundlegend* angesehen werden. Durch sie bietet sich der/die Beratende als Gegenüber und Bezugspunkt an, an dem sich Hoffnungen, Ängste und Motivation der Berufswählerinnen und -wähler entwickeln können. So sollen sie zunehmend Selbstständigkeit gewinnen und Selbstverantwortung übernehmen. Dieser pädagogische Impetus beschränkt sich nicht auf junge Menschen, sondern wird prinzipiell auch für eine lebensbegleitende Bildungs- und Berufsberatung stark gemacht.

Das vorliegende Buch widmet sich auf dieser Basis sehr aktuellen Themen, reflektiert die Aufgabe von Bildungs- und Berufsberatung, bedenkt die Bedürfnisse der heterogenen Zielgruppe, stellt Fragen nach Motivation (und Widerständen) junger Menschen und thematisiert Herausforderungen einer sich wandelnden Arbeitswelt. Mit Bezug auf die Stichworte Professionalisierung und Professionalität von Beratenden wird darauf eingegangen, wie die Reflexion der Berufsrolle gelingen kann. Dabei werden auch Gewissheiten hinterfragt, wenn die Autorin z. B. dezidiert auf die Frage nach dem Sinn von Arbeit eingeht und damit eine – auch intergenerational – wichtige Thematik anspricht und bearbeitet.

Die Verbindung von strukturierenden Elementen, theoriebezogenen Ausführungen, Fallbeispielen, methodischen Ideen und Vorschlägen, wie Leser und Leserinnen über Aufgaben die eigene Auseinandersetzung vertiefen können, verleihen dem Buch eine interessante Struktur und einen didaktischen Mehrwert.

Hier schreibt eine Berufsberaterin für Berufsberatende. Das Buch ist erfrischend und bildend, erfahrungsgesättigt und offen. Ich wünsche allen viel Freude und neue oder wiederentdeckte Einsichten!

Peter Weber, Hochschule der Agentur für Arbeit

Danksagung

Bedanken möchte ich mich bei Kolleginnen und Kollegen, Freundinnen und Freunden für den konstruktiven Austausch und zahlreiche Anregungen, ohne die dieses Buch nicht entstanden wäre.

Günter Bambergers Buch zur Lösungsorientierten Beratung und sein persönliches Interesse am Fortgang der Arbeit an diesem Buch waren mir Vorbild, Motivation und Ansporn. Peter Weber danke ich für die Möglichkeit einer Gastdozentur an der Hochschule der Bundesagentur für Arbeit sowie für seine wertschätzenden Worte zur Einleitung. Impulse zu diesem Buch verdanke ich auch der Arbeit mit den Studierenden im Seminar „Beratung bildungsferner Kundinnen und Kunden" im Herbst 2022 an der HdBA. Mein langjähriger wissenschaftlicher Partner Philipp Nixdorf hat nicht nur mit zwei Beiträgen zum Gelingen dieses Buches beigetragen, sondern er hat trotz meines Ausscheidens aus dem akademischen Berufsleben immer wieder Vertrauen in meine wissenschaftlichen und publizistischen Fähigkeiten gesetzt.

Meinem Teamleiter Julien Tieke aus der Jugendberufsagentur Tempelhof-Schöneberg danke ich für Freiheit und Gestaltungsspielräume in meiner Tätigkeit als Berufsberaterin, aber auch für die Anteilnahme an meiner wissenschaftlichen Arbeit. Meine Kollegin Anette Schreiter, meine Kollegen Thomas Neubacher-Riens, Mike Goltermann, Roland Biens und Eugen Demburg haben dieses Buch durch konkrete Impulse aus der Praxis bereichert. Ich danke Panajota Tserkesi und Christian für ihre Offenheit und die persönlichen Einblicke in ihr berufliches Selbstverständnis. Cornelia Eybisch-Klimpel verdanke ich Anregungen und Erfahrungen aus der Beratung berufserfahrener Ratsuchender. Jürgen Rickert war mit prüfendem Auge und mit viel Akribie dem Fehlerteufel auf der Spur. Auch dafür vielen Dank. Und zuletzt, aber nicht minder herzlich, danke ich Frau Hinterberg und ihrem Team vom Springer Nature Verlag für die Möglichkeit, dieses Buch ans Licht der Öffentlichkeit zu bringen.

Jana Swiderski

Einführung

Erinnern Sie sich, liebe Leserin und lieber Leser, noch an Ihren ersten Berufswunsch? Ich meine nicht die Kosmonautin oder den Feuerwehrmann aus der Kinderzeit. Ich meine den ersten wirklichen Wunsch, vielleicht Apothekerin, Informatiker oder auch Schuhmacher oder Augenoptikerin. Und was ist daraus geworden? Und vor allem – wie? Wussten Sie vielleicht gar nicht, was Sie werden wollen? Wenn Sie darüber nachdenken, wie Sie geworden sind, was Sie jetzt sind, werden Sie feststellen, dass etliche Menschen Sie auf diesem Weg begleitet haben und für Ihr jetziges berufliches Selbstverständnis bedeutsam sind. Für mich war einer der wichtigsten Menschen meine Deutsch- und Russischlehrerin. So wie sie wollte ich werden – eine Lehrerin, die Geduld mit all ihren Schülern und Schülerinnen hatte, die gerecht war, freundlich und verständnisvoll. Als einen anderen, wichtigen Menschen in meinem Berufsfindungsprozess erinnere ich mich an eine Psychologin, bei der ich mit fünfzehn Jahren hospitierte. Ich erlebte, wie sie einer Mutter, die über ihr Kind verzweifelt war, die Tränen trocknete und sie tröstete. Durch diese Geste erschien mir der Beruf der Psychologin wertvoll und für mich erstrebenswert. Eine literarische Figur, die mein berufliches Selbstverständnis beeinflusst hat, ist das Mädchen Momo aus der Geschichte von Michael Ende. Die Fähigkeit, so wie sie aufmerksam, geduldig und mit großem Interesse zuzuhören, bewunderte ich schon als Kind und wünschte mir, es auch zu können.

Warum erzähle ich Ihnen das alles? Weil ich verdeutlichen möchte, dass viele Menschen an einem Berufsfindungsprozess beteiligt sind und dass gerade wir als Berufsberaterinnen und -berater zuerst mit unserer Person wirken. Wenn Ratsuchende zu Ihnen in die Beratung kommen, erleben sie Sie mit Ihrem äußeren Erscheinungsbild, Ihrer Stimme, Ihrer Empathie und Ihrem Wissen – Sie als Persönlichkeit. Sie erleben, wie Sie Ihren Auftrag ernst nehmen, wie Sie Engagement und Anteilnahme zeigen – wie Sie ihnen in Ihrer beruflichen Rolle und mit Ihrem beruflichen Selbstverständnis gegenübertreten. Durch Ihr Wirken als Person entsteht eine pädagogische Beziehung zu den Ratsuchenden, d. h. die Bereitschaft, sich tatsächlich auf die Beratung einzulassen. Das Ethos der Verantwortung gepaart mit einer Vorbildfunktion stellt den ersten Schritt in eine pädagogisch begründete Beziehung zu den Ratsuchenden dar. Als pädagogisch kann man diese Beziehung aus zwei Gründen auffassen: Zum einen haben wir es insbesondere bei der Beratung von Jugendlichen mit einem Generationenverhältnis zu tun. Auch in der Beratung Erwachsener treten Beratende den Ratsuchenden mit einem Wissens- und Kompetenzvorsprung gegenüber. In beiden Fällen soll Beratung von einem vorübergehenden, partiellen Zustand der Unselbstständigkeit und Inkompetenz zu einem Zustand der Selbstständigkeit und Kompetenz führen. Das setzt Prozesse des Lernens, der Bildung und der persönlichen Entwicklung in Gang. Dabei spielen Tradierung und Innovation eine Rolle. Tradierung, weil Neues nie aus dem Nichts entsteht, sondern das Bestehende bewahrt und daran anschließt, und Innovation als erstrebenswertes Ziel, als eine neu anzustoßende Entwicklung (Abb. 1).

Der Satz „Ich weiß nicht, was ich will" ist eine häufige und für Beratende oft herausfordernde Antwort auf die Frage nach der beruflichen Perspektive ihrer Rat-

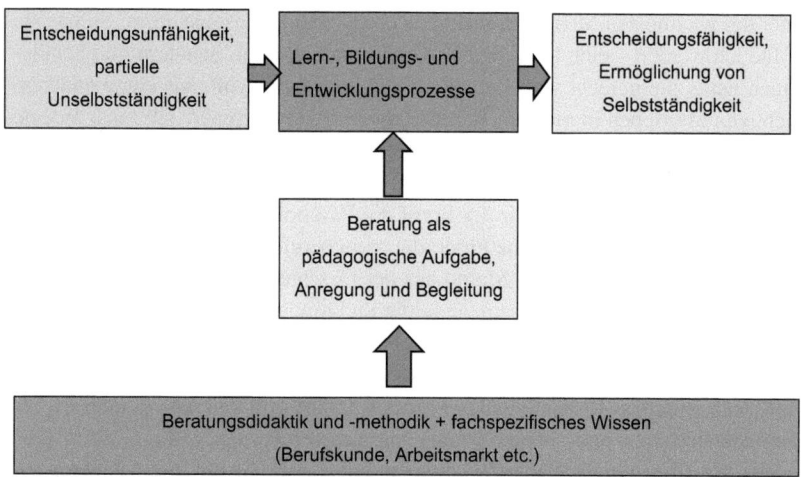

Abb. 1 Bildungs- und Berufsberatung als pädagogische Aufgabe. (Quelle: eigene Darstellung)

Einführung

suchenden. Psychologisch begründete Beratungstheorien bieten eine Vielzahl von Fragetechniken, Anregungen zur Beziehungsgestaltung, Beratungssettings oder Kommunikationsmustern. Berufs- und Bildungsberatung kann auch als „pädagogische Handlungsform" (Nittel 2016, S. 23) betrachtet werden. Diese Perspektive rückt den Übergang von der Unselbstständigkeit zur Selbstständigkeit der Ratsuchenden in den Mittelpunkt und versteht diesen als Lern-, Bildungs- und Entwicklungsprozess. Sie bietet didaktisch-methodische Anregungen, wie dieser Übergang in der alltäglichen Beratungspraxis zu realisieren ist. Dies ersetzt nicht psychologisch begründete Beratungstheorien, sondern verhält sich zu diesen komplementär. Bildungs- und Berufsberatung aus pädagogischer Sicht zu denken, heißt, Auftrag und Verantwortung von Beratenden über den gesetzlichen Auftrag hinaus pädagogisch zu begründen. Es heißt, durch Beratung Lern- und Bildungsprozesse anzuregen und zu unterstützen. Und es heißt, nach geeigneten didaktischen und methodischen Vorgehensweisen in der Beratung zu fragen. Deswegen will dieses Buch nicht in erster Linie wissenschaftliche Theorien aufarbeiten, sondern eine Handreichung für die persönliche Beratungspraxis für Bildung und Beruf sein, sowohl für die Berufsanfängerinnen und -anfänger als auch für erfahrene Beratende. Unter Berufsberatung wird hier in erster Linie die Beratung an Schulen, inzwischen auch an Hochschulen verstanden, die zu einem großen Teil Beratende der Agentur für Arbeit übernehmen. Bildungsberatung ist weiter gefasst und versteht sich als „Begleitung der Berufsbiografien über die Lebensspanne" (Gieseke und Stimm 2016, S. 4), wie sie auch im Konzept der Lebensbegleitenden Berufsberatung der Agentur für Arbeit (Agentur für Arbeit 2021) zum Tragen kommt, aber auch bei anderen Vereinen, Institutionen und Bildungsträgern. Zur weiteren begrifflichen Klärung sei ebenfalls auf Gieseke/Stimm (2016) verwiesen. Ein explizit wissenschaftlich orientierter Beitrag zum Gelingen von Bildungsberatung findet sich bei Siller (2018).

Das vorliegende Buch legt den Schwerpunkt auf die Berufsberatung vor dem Erwerbsleben. Die Fallbeispiele beziehen sich meist auf Schülerinnen und Schüler sowie Jugendliche. Sie illustrieren die theoretischen Ausführungen, ohne Allgemeingültigkeit zu beanspruchen. Beratungen sind so individuell wie die Ratsuchenden und die Beratenden selbst. Die Beispiele in diesem Buch verstehen sich als Anregungen für die individuelle Beratungsarbeit jeder Leserin und jedes Lesers. Auch die Autorin sieht sich immer noch als Lernende und ist offen für kollegiale Kritik. Die ausgewählten Prinzipien folgen einem erwachsenenpädagogischen Ansatz und gelten auch für die Beratung berufserfahrener Personen. Sie können im konkreten Beratungsfall entsprechend abgewandelt werden.

Für die bessere Lesbarkeit wird, wenn möglich, auf Fußnoten verzichtet. Für die weiterführende Beschäftigung mit den behandelten Themen werden Literaturhinweise gegeben, nicht jedoch der Forschungsstand aufgearbeitet. Ich bemühe mich, moderat und flexibel, um eine genderbewusste, dennoch lesbare Sprache. In diesem Sinne verzichte ich auf das Binnen-I oder das Gendersternchen. Stattdessen verwende ich zumeist das Partizip oder abwechselnd die weibliche und die männliche Form in der Absicht, damit einen Beitrag zur Anerkennung verschiedener Genderidentitäten zu leisten.

Dieses Buch beleuchtet Aspekte der Bildungs- und Berufsberatung so, dass jeweils Anregungen für die Praxis gegeben werden. Dazu gehören folgende Themen:

(1) **Was ist der Auftrag bzw. die Aufgabe von Bildungs- und Berufsberatung?** Der Auftrag der öffentlichen Berufsberatung wird durch den Arbeitgeber und das Gesetz definiert. Wird diese Aufgabe darüber hinaus als pädagogisch begründet verstanden, lassen sich daraus didaktisch-methodische Anregungen für die Gesprächsführung aufzeigen. Hat Beratung daher auch einen Erziehungs- und Bildungsauftrag? Und welchen Auftrag hat sie durch die Ratsuchenden selbst, ihre Bedürfnisse und Ziele?

(2) **Wie geht Bildungs- und Berufsberatung mit den Bedürfnissen unterschiedlicher Zielgruppen um?** Die Spannbreite der Ratsuchenden reicht von Lernbehinderten über sogenannte Bildungsferne bis hin zu Abiturienten/Abiturientinnen mit Bestnoten sowie Studierenden und Akademikern/Akademikerinnen. Wie kann es gelingen, deren spezifischen Bedürfnissen jeweils gerecht zu werden?

(3) **Wie kann Beratung motivieren?** Welche inneren und äußeren Einflussfaktoren wirken auf die Ratsuchenden? Wie können z. B. Motivation, Widerstände in der Beratung oder die Rolle der Eltern berücksichtigt werden?

(4) **Wie wandelt sich die Arbeitswelt und wie wandelt sich Beratung?** Dazu gehören die Integration in den Arbeitsmarkt, Digitalisierung, die sogenannte Künstliche Intelligenz, aber auch der Trend zur Akademisierung und die Frage nach dem Arbeitsmarkt für Geringqualifizierte.

(5) **Wie gelingt Beratenden die Reflexion der eigenen Berufsrolle?** Was ermöglicht ein kritisch-distanziertes Verhältnis zum eigenen Beratungshandeln und ein ständiges Weiter- und Dazulernen? Und wie können Beratende ihre eigene Motivation aufrechterhalten sowie den notwendigen inneren Abstand gewinnen, um Selbstachtsamkeit und Selbstfürsorge zu realisieren?

Folgende Grafik gibt einen Überblick über diese Themenfelder (Abb. 2):

Abb. 2 Bildungs- und Berufsberatung als Kreislauf. (Quelle: eigene Darstellung)

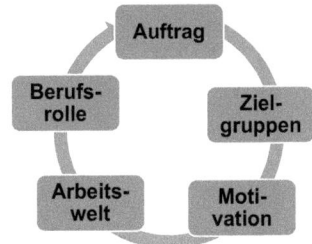

Die Beschäftigung mit diesen Themenfeldern und weiteren Fragen soll im Ergebnis dazu führen, dass nicht nur Beratende eine erweiterte Sicht auf ihre alltägliche Praxis gewinnen, sondern auch, dass Ratsuchende von einer veränderten Beratung profitieren. Die einzelnen Kap. 1, 2, 3, 4, 5, 6, 7 und 8 greifen die genannten Themen auf, geben einen theoretischen Einblick in die Problemstellung, diskutieren Fallbeispiele mit Bezug auf die Theorie und formulieren Aufgaben zur Selbstreflexion. Im Anhang finden sich Checklisten zu verschiedenen Beratungssituationen. Kap. 9 widmet sich abschließend der Frage nach dem Sinn der Arbeit. Diese Frage stellt sich den Ratsuchenden, aber auch uns als Beratenden in Bezug auf die eigene Tätigkeit. Sie kann neue Horizonte eröffnen und kritisches Hinterfragen ermöglichen.

Dieses Buch möchte Sie anregen, nicht nur Wissen aufzunehmen, sondern Ihr Wissen und Ihr eigenes Beratungshandeln zu reflektieren. Es möchte Sie ermutigen, neben der heilsamen Routine des Alltagsgeschäfts offen zu bleiben für neue Begegnungen und neue Eindrücke. Und es möchte Sie ermuntern, immer wieder Fragen zu stellen – den Ratsuchenden, aber auch sich selbst. In diesem Sinne hoffe ich, dass dieses Buch Ihnen nicht nur Wissen vermittelt, sondern Anregungen zum Weiterfragen und Weiterdenken bietet. So können wir als Beratende und Wissende stets auch Lernende bleiben.

Berlin, September 2025

Jana Swiderski

Inhaltsverzeichnis

Teil I   Praxisteil

1   **Bildungs- und Berufsberatung als pädagogische Aufgabe**......... 3
Jana Swiderski

2   **Anliegen und Bedürfnisse als Legitimation von Beratung**......... 29
Jana Swiderski

3   **Wer braucht was? Umgang mit unterschiedlichen Zielgruppen**.... 41
Jana Swiderski

4   **Wie kann Beratung motivieren? Motivation, Widerstände, Rolle der Eltern**.. 59
Jana Swiderski

Teil II   Reflexionsteil

5   **Wandel der Arbeitswelt – Wandel der Beratung?**................ 81
Jana Swiderski und Christian Philipp Nixdorf

6   **Vielfalt in der Beratung**..................................... 101
Jana Swiderski

7   **Ausgewählte Beratungsmethoden – Steckbriefe**................. 111
Jana Swiderski

8   **Wer bin ich? Was kann ich? Was will ich? – Berufsrolle und berufliche Identität**..................................... 125
Jana Swiderski

9   **Sinn der Arbeit – Arbeit am Sinn?** 141
    Jana Swiderski und Christian Philipp Nixdorf

10 **Schlusswort: Was heißt es, aus pädagogischer Perspektive zu beraten?** 157
    Jana Swiderski

Anhang 161

Literatur 169

Teil I
Praxisteil

Bildungs- und Berufsberatung als pädagogische Aufgabe

Jana Swiderski

Die pädagogische Perspektive von Berufsberatung zeichnet sich durch den Blick auf Lern- und Entwicklungsprozesse sowie eine darauf ausgerichtete Didaktik und Methodik aus. Wie kann diese dem Horizont und den Fähigkeiten der Ratsuchenden angemessen sein, und dennoch Motivation, Aktivität und Selbstständigkeit fördern?

Bildungs- und Berufsberatung als pädagogische Aufgabe zu verstehen, heißt, Beratung als Lern- und Bildungsprozess aufzufassen. Das beinhaltet im Wesentlichen drei Aspekte:

a) Anregen von neuen Perspektiven
  - Selbstreflexion
  - Umdenken
  - Weiterdenken
b) Wissen vermitteln
  - Berufskunde
  - Arbeitsmarkt
  - Recherche

J. Swiderski (✉)
Bundesagentur für Arbeit, Berlin, Deutschland
E-Mail: jana@ac-event.info

c) Selbstständigkeit fördern
- Urteilsvermögen
- Informationsbeschaffung
- Umsetzung von beruflichen Plänen

Diese Aspekte finden sich auch in verschiedenen psychologisch begründeten Beratungsansätzen. Der Bezug zum Lehren und Lernen in der Berufs- und Bildungsberatung wird hier in Anlehnung an die Allgemeine Pädagogik von Benner (vgl. Benner 2015) entwickelt. Die pädagogische Betrachtungsweise ermöglicht es, Lern-, Bildungs- und Entwicklungsprozesse im Beratungsgespräch gezielt und bewusst anzuregen und zu begleiten. Folgende Grafik bietet einen orientierenden Überblick über wichtige Aspekte einer Berufsberatung aus pädagogischer Perspektive (Abb. 1.1). Diese Aspekte werden in den folgenden Kapiteln erläutert und anhand von Beispielen konkretisiert.

Eine pädagogisch begründete Beratung geht weit über den Auftrag des Sozialgesetzbuchs III – Auskunft und Rat zu erteilen – hinaus (vgl. SGB III § 30). Sie zielt darauf, die Ratsuchenden zu *aktivieren* – sowohl in ihrer Selbstreflexion und Urteilsfähigkeit als auch im Wissenserwerb und in der Umsetzung im Handeln. Die praktische Bedeutung der Haltung des/der Beratenden wie auch der didaktischen Prinzipien wird hier folgend am Beispiel einer Szene aus Brechts „Galileo Galilei" (1959) veranschaulicht. Daran schließen sich jeweils theoretische Überlegungen sowie methodische Anregungen und Beispiele an. Das Kapitel schließt mit Fragen und einer Aufgabe in Bezug auf die eigene Beratungspraxis.

Sehen wir uns zunächst an, wie Galileo Galilei dem Jungen Andrea das Kopernikanische Weltsystem erklärt.[1]

> „GALILEI: […] Ich sage voraus, dass noch zu unseren Lebzeiten auf den Märkten von Astronomie gesprochen werden wird. Selbst die Söhne der Fischweiber werden in die Schulen laufen. […] Es hat immer geheißen, die Gestirne sind an einem kristallenen Gewölbe angeheftet, dass sie nicht herunterfallen können. Jetzt haben wir Mut gefasst und lassen sie im Freien schweben, gleich unseren Schiffen, ohne Halt und in großer Fahrt. Und die Erde rollt fröhlich um die Sonne, und die Fischweiber, Fürsten, Kaufleute und die Kardinäle und sogar der Papst rollen mit ihr. Das Weltall hat über Nacht seinen Mittelpunkt verloren, und am Morgen hatte es deren unzählige. So daß jetzt jeder als Mittelpunkt angesehen wird und keiner. Denn da ist viel Platz plötzlich. Unsere Schiffe fahren weit hinaus, unsere Gestirne bewegen sich weit im Raum herum, selbst im Schachspiel die Türme gehen neuerdings weit über alle Felder. Wie sagt der Dichter? „O früher Morgen des Beginnens! …""

---

[1] Das Beispiel illustriert lediglich die Didaktik des Perspektivenwechsels, will aber keinesfalls als Empfehlung für eine pädagogisch angemessene Kommunikation von Lerninhalten verstanden werden.

1 Bildungs- und Berufsberatung als pädagogische Aufgabe

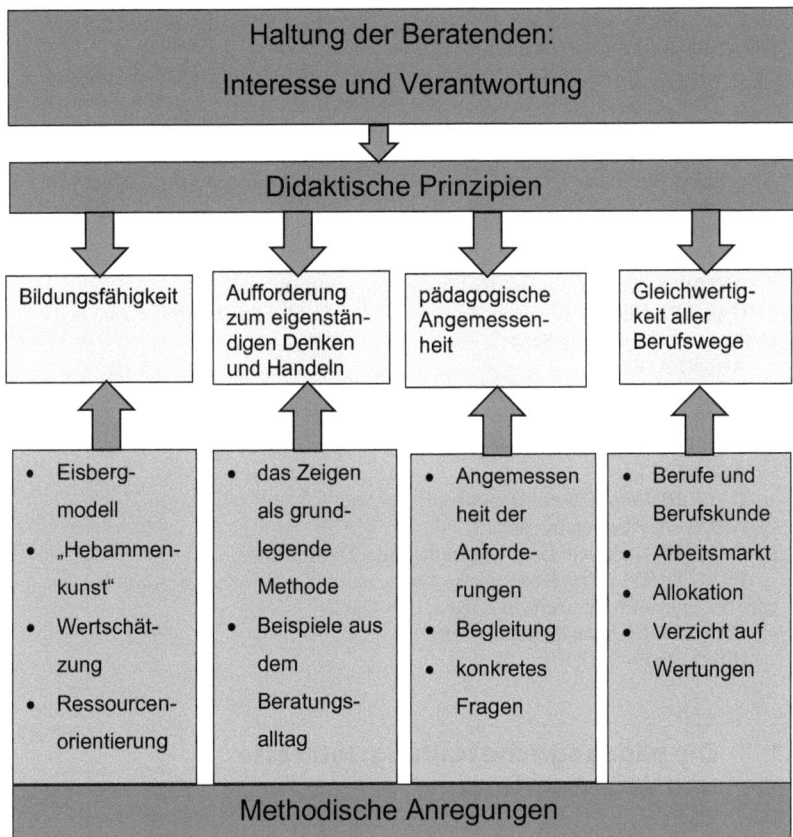

Abb. 1.1 Haltung, Didaktik und Methodik der Bildungs- und Berufsberatung. (Quelle: eigene Darstellung)

ANDREA:
„O früher Morgen des Beginnens!
O Hauch des Windes, der
Von neuen Küsten kommt!"
Und Sie müssen Ihre Milch trinken, denn dann kommen sofort wieder Leute.
GALILEI: Hast du, was ich dir gestern sagte, inzwischen begriffen?
ANDREA: Was? Das mit dem Kippernikus seinem Drehen?
GALILEI: Ja.
ANDREA: Nein. Warum wollen Sie denn, dass ich es begreife? Es ist sehr schwer, und ich bin im Oktober erst elf.

GALILEI: Ich will gerade, daß auch du es begreifst. Dazu, daß man es begreift, arbeite ich und kaufe die teuren Bücher, statt den Milchmann zu bezahlen.
ANDREA: Aber ich sehe doch, daß die Sonne abends woanders hält als morgens. Da kann sie doch nicht stillstehn! Nie und nimmer.
GALILEI: Du siehst! Was siehst du? Du siehst gar nichts. Du glotzt nur. Glotzen ist nicht sehen. *Er stellt den eisernen Waschschüsselständer in die Mitte des Zimmers.* Also, das ist die Sonne. Setz dich. *Andrea setzt sich auf den einen Stuhl. Galilei steht hinter ihm.* Wo ist die Sonne, rechts oder links?
ANDREA: Links.
GALILEI: Und wie kommt sie nach rechts?
ANDREA: Wenn Sie sie nach rechts tragen, natürlich.
GALILEI: Nur so? *Er nimmt ihn mitsamt dem Stuhl auf und vollführt eine halbe Drehung.* Wo ist jetzt die Sonne?
ANDREA: Rechts.
GALILEI: Und hat sie sich bewegt?
ANDREA: Das nicht.
GALILEI: Was hat sich bewegt?
ANDREA: Ich.
GALILEI *brüllt*: Falsch! Dummkopf! Der Stuhl!
ANDREA: Aber ich mit ihm.
GALILEI: Natürlich. Der Stuhl ist die Erde. Du sitzt drauf.
FRAU SARTI *ist eingetreten, das Bett zu machen. Sie hat zugeschaut*: Was machen Sie eigentlich mit meinem Jungen, Herr Galilei?
GALILEI: Ich lehre ihn sehen, Sarti."
(Brecht 1959, S. 12 ff.)

1.1 Die pädagogische Haltung: Interesse und Verantwortung

In dieser Szene zeigt sich das *Interesse* Galileis an seinem Schüler darin, dass er diesem mit Begeisterung und innerem Engagement – hier mit etwas drastischen Worten – seine Lehre vermittelt. *Verantwortung* übernimmt Galilei, indem er seinen Schüler dazu anhält, das alte (Welt-)Bild infrage zu stellen und dafür ein ganz neues entwirft.

Auch in der Berufsberatung ist gegenüber den Ratsuchenden eine Haltung des Interesses und der Verantwortung förderlich, d. h. eine Haltung, die von ethischen Grundsätzen geprägt ist. Interesse heißt, innere Anteilnahme am Anliegen der Ratsuchenden zu entwickeln, zumindest für den Zeitraum der Beratung. Es heißt, ein professionelles Verhältnis von Nähe und Distanz zu finden durch Methoden der Teilnahme wie zugewandte Körperhaltung, Stimmführung, Sprache oder Wortwahl (Rapport) (vgl. Schiersmann et al. 2017) wie auch ein – zeitlich begrenztes – inneres Engagement für die Ratsuchenden. Der/die Beratende bleibt als Person nicht außen vor, sondern nimmt mit der eigenen Persönlichkeit teil an der Beratung, ohne unmittelbar persönlich betroffen zu sein.

Verantwortung heißt, im Interesse der Ratsuchenden zu beraten, nicht für die Eltern, nicht für die Schule und auch nicht für den Arbeitsmarkt. Und es heißt, für die eigenen Methoden und Inhalte, die in der Beratung vermittelt werden, ein kritisches Bewusstsein zu entwickeln. Berufskunde und Arbeitsmarkt sind so komplex, dass Beratende nicht in der Lage sind, vollständiges Wissen zu präsentieren. Es wird immer Sachverhalte geben, die in der Beratung *nicht* vermittelt werden. Das bedeutet für die Beratenden, kontinuierlich an der Erweiterung ihres Wissens zu arbeiten wie auch einen offenen Umgang mit Wissenslücken zuzulassen. Beratende beeinflussen die Ratsuchenden – mit dem, was sie fragen, wie sie fragen, wie sie das Gespräch steuern und strukturieren, welche Informationen sie weitergeben und welche nicht und wie sie auf die Ratsuchenden einwirken, z. B. motivierend, ermutigend oder kritisch hinterfragend. Verantwortung für die Ratsuchenden beinhaltet die Selbstreflexion des eigenen Beratungshandelns. Sie beinhaltet, Vertrauen aufzubauen, Selbsterkenntnis und Selbstreflexion bei den Ratsuchenden zu ermöglichen und eine Mitverantwortung für deren Lebens- und Zukunftsgestaltung zu übernehmen, auch wenn die grundsätzliche Verantwortung dafür den Ratsuchenden selbst obliegen sollte. Die ethischen Grundsätze des Interesses und des Vertrauens sind somit nicht als Appendix einer Beratungsdidaktik zu verstehen, sondern als deren Grundlage.

1.2 Bildungsfähigkeit als Grundannahme jeden Beratungshandelns

In der Theaterszene erklärt Galilei einem 11-jährigen Jungen, dem Sohn seiner Haushälterin, seine bahnbrechende Theorie. Er kann gar nicht wissen, ob der Junge Andrea diese Theorie versteht, ob er überhaupt über die notwendigen kognitiven Voraussetzungen verfügt oder ob er ihn mit seinen Theorien nicht einfach überfordert. Er konfrontiert Andrea mit seiner Theorie in der Überzeugung, dass dieser in der Lage ist zu begreifen und lernen kann; egal, welche Voraussetzungen er mitbringt.

Was bedeutet das für die Bildungs- und Berufsberatung? Ausgangspunkt jeder Beratung ist die Annahme, dass jede/-r Ratsuchende bildungs- und entwicklungsfähig ist. Diese basiert nicht auf einer empirischen Überprüfung, sondern ist Ausdruck der pädagogischen Überzeugung, dass Lernen und Entwicklung bei allen Ratsuchenden grundsätzlich möglich sind. Offenheit seitens des/der Beratenden definiert keine Grenzen für Lern- und Entwicklungsprozesse. Praktisch bedeutet das für die Beratenden, die sokratische Haltung des Nichtwissens (vgl. Schreiber 2022, S. 125) einzunehmen. Wenn es den Beratenden gelingt, den Ratsuchenden ohne vorgefasste Meinungen und Urteile zu begegnen, liegt darin die Chance, den Beratungsprozess ergebnisoffen zu gestalten. Dabei steht die Haltung des Nichtwissens im Widerspruch zur diagnostischen Kompetenz der Beratenden. Natürlich sind sie in der Lage, Ratsuchende zu beurteilen und Grenzen beispielsweise durch schulische Defizite, Lernbehinderungen oder soziale Hemmnisse einzuschätzen. Aber eine Haltung des Nichtwissens regt Lern- und Entwicklungsprozesse an, die sich nicht ohne Weiteres voraussehen lassen. Bildungsfähigkeit anzuerkennen heißt nicht, dass Bildungs- und Berufswege grenzenlos sind oder jeder alles werden kann. Es heißt, Berufswünsche ernst zu nehmen, Neigung und Eignung gemeinsam mit den Ratsuchenden kritisch zu hinterfragen sowie Bildungs- und Berufswege prinzipiell offen zu halten für Lernen und Entwicklung. Dies ist einerseits eine Frage der beraterischen Haltung, andererseits eine Frage der Beratungsmethodik und -didaktik.

Das Postulat der Bildungsfähigkeit lässt sich auf unterschiedliche Weise in der Beratung berücksichtigen. Einige Methoden und Haltungen, auf die im Folgenden näher eingegangen wird, seien hier beispielhaft genannt: das Eisbergmodell, die Mäeutik, die „Hebammenkunst" des Sokrates, die Haltung einer prinzipiellen Offenheit oder Wertschätzung und Ressourcenorientierung.

1.2.1 Der Nutzen des Eisbergmodells für die Beratung

Beim Eisbergmodell nach Ruch/Zimbardo (1974) stellt man sich die Ausprägung des Berufswunsches als Eisberg vor, dessen Spitze aus dem Wasser ragt und dessen weitaus größerer Teil sich unter Wasser befindet. Vereinfacht gesehen bilden die konkreten Berufswünsche wie Tischler/-in, Hörgeräteakustiker/-in, Bauzeichner/-in, Arzt/Ärztin, Anwalt/Anwältin oder Psychologin/Psychologe die Spitze des Eisbergs. Den Teil unter Wasser bilden die Bedürfnisse, Motive und Werte, die diesen Berufswünschen zugrunde liegen, z. B. der Wunsch, eine praktische Tätigkeit auszuüben, kreativ zu sein oder mit Menschen zu arbeiten; aber auch Status, Prestige, eine optimale Work-Life-Balance oder ein hohes Einkommen können zu den Motiven „unter der Wasseroberfläche" zählen.

Wie lässt sich dieses Modell auf das Prinzip der Bildungsfähigkeit anwenden? Bisweilen lassen bestimmte Voraussetzungen, z. B. kognitive, soziale, emotionale oder auch gesundheitliche Faktoren, die Umsetzung eines Berufswunsches fraglich erscheinen. In solchen Fällen kann der/die Beratende gemeinsam mit dem/der Ratsuchenden herausfinden, welche Bedürfnisse und Motive hinter einem be-

1 Bildungs- und Berufsberatung als pädagogische Aufgabe

stimmten Berufswunsch stecken, um Alternativen zum ursprünglichen Berufswunsch zu entwickeln, in denen die zugrunde liegenden Bedürfnisse ebenfalls verwirklicht werden können. Auf diese Weise wird die Selbstreflexion der Ratsuchenden gefördert. Und der Weg für neue Entwicklungsmöglichkeiten wird geöffnet.

1.2.2 Mäeutik – die „Hebammenkunst" des Sokrates

Eine andere Methode, die Bildungsfähigkeit der Ratsuchenden anzuerkennen und bei diesen die Entwicklung eigener Ideen zu fördern, hat ihren Ursprung in der Antike, bei der Mäeutik des Sokrates, der sogenannten „Hebammenkunst". Im antiken Beispiel vermittelt Sokrates seinem Schüler Menon den Satz des Pythagoras, aber nicht dozierend, sondern fragend (Platon 1973, S. 541 ff.). Natürlich kennt der Schüler den Satz des Pythagoras nicht. Sokrates stellt seine Fragen so geschickt, dass sein Schüler Schritt für Schritt wie von selbst zu neuen Erkenntnissen kommt und zum Schluss den Satz des Pythagoras selbstständig demonstriert. Sokrates beschreibt dies so, als habe er wie eine Hebamme aus dem Schüler geholt, was ohnehin in ihm stecke, und er eigentlich nur der Geburtshelfer der Erkenntnis gewesen sei.

Menschen mit gezielten Fragen zu eigenständigen Erkenntnissen zu führen, ist eine Methode, um Beratungsprozesse nicht nur für Jugendliche nachhaltig zu gestalten. Immer wenn wir als Beratende dozieren, konfrontieren wir die Ratsuchenden mit unserer Meinung und unseren Urteilen. Dadurch können leicht Widerstände entstehen oder der Beratungsprozess kann ins Stocken geraten. Im schlimmsten Fall vermitteln wir etwas, was der/die Ratsuchende eigentlich nicht möchte. Indem durch Fragen eigene Denk-, Urteils- und Entscheidungsprozesse bei den Ratsuchenden angeregt werden, ermöglichen wir Selbstständigkeit, Authentizität und einen offenen Entscheidungsprozess. Die Methode eignet sich daher für alle Zielgruppen, nicht nur für Abiturientinnen/Abiturienten oder Akademiker/-innen, sondern auch für sogenannte bildungsferne und schulschwache Personen sowie Menschen mit Lernbehinderung.

1.2.3 Methodische Umsetzung einer Haltung prinzipieller Offenheit

Die Anerkennung von Bildungsfähigkeit lässt sich auch durch die methodische Umsetzung einer Haltung der prinzipiellen Offenheit umsetzen. Das bedeutet, eine offene Haltung gegenüber den Ratsuchenden einzunehmen: ihnen vorurteilsfrei gegenüberzutreten sowie sich eigene Vorurteile bewusst zu machen und gegenzusteuern. Insbesondere Beratende in Schulen kennen Jugendliche mit konstant schwachen Noten, parallel dazu sehr hohen Bildungsaspirationen oder mit vielen unentschuldigten Fehltagen. Auch das äußere Erscheinungsbild, Körpergeruch und mangelnde Hygiene, Drogenkonsum oder psychische und kommunikative Auffälligkeiten stellen bisweilen besondere Anforderungen an die Toleranz des Beraters. Offen zu sein, heißt nicht, über Auffälligkeiten hinwegzusehen. Im Gegenteil, es ist notwendig, sie in der Beratung zu thematisieren, weil sie ein Hindernis für die Berufswahl darstellen können. Offen zu sein heißt, jeder Ratsuchenden eine Chance zu geben und für und mit jedem Ratsuchenden einen für ihn geeigneten Weg zu suchen. Das folgende Beispiel soll die methodische Umsetzung einer offenen Haltung illustrieren.

Beispiel
Ich habe Lydia, eine Schülerin der zehnten Klasse, beraten. Der Vater war viel verreist, die Mutter in der Pflege tätig und nur Englisch sprechend. Lydia hatte in der Schule jahrelang einen Förderstatus Lernen. Durch ein berufspsychologisches Gutachten der Agentur für Arbeit wurde eine Lernbehinderung diagnostiziert. Die Eltern nahmen an Lydias schulischem Werdegang kaum Anteil, erwarteten jedoch das Abitur und ein anschließendes Studium. Die Schülerin fühlte sich von den Eltern unter Druck gesetzt und überfordert. Ich als Beraterin versuchte der Mutter diese Überforderung zu vermitteln, Dennoch lehnte sie eine Überleitung in die Rehaberatung der Agentur für Arbeit ab.

Die Herausforderung in der Beratung bestand darin, die Offenheit des Entscheidungsprozesses zu wahren und gemeinsam mit der Schülerin trotz Lernbehinderung eine angemessene berufliche Perspektive zu entwickeln. Dafür bin ich mit ihr den Weg der kleinen Schritte gegangen und habe zunächst eine weitere schulische Laufbahn mit einer anschließenden Ausbildung in der Pflegeassistenz besprochen. Dieser Vorschlag knüpfte an ihren Wunsch, Krankenschwester werden zu wollen, an. Alle weiteren Möglichkeiten habe ich nicht verneint, sondern offen gelassen mit der Möglichkeit, dass sich auf dem späteren Lebensweg Türen auftun, von denen man vorher gar nichts wissen könne. Schließlich entwickelt sich ein junger Mensch gerade durch den Eintritt ins Berufsleben. Eine Lernbehinderung muss dabei kein prinzipielles Entwicklungshindernis sein.

1.2.4 Die Bedeutung von Wertschätzung und Ressourcenorientierung für Bildungsfähigkeit

Für die Anerkennung von Bildungsfähigkeit sind Wertschätzung und Ressourcenorientierung unabdingbar. Sie gehören zu den allgemein anerkannten psychologischen Grundsätzen beraterischen Handelns und sind auch aus pädagogischer Perspektive relevant. Indem sie bei den Ratsuchenden eine positive, konstruktive, nach vorn gerichtete Haltung anregen, tragen sie zur Förderung von Lern-, Bildungs- und Entwicklungsprozessen bei. Dabei sind diese Prinzipien keinesfalls selbsterklärend oder selbstverständlich. So begegnen den Beratenden bei den Ratsuchenden beispielsweise schlechte Noten, unentschuldigte Fehltage, Lernbehinderungen, Prüfungsangst, Drogenmissbrauch, Verhaltensauffälligkeiten oder Behinderungen. Oder es fallen z. B. Brüche im Lebenslauf, Kündigungen, Krankheit, fehlende Qualifikation, fehlende Sprachkenntnisse, nicht gefragte oder veraltete Qualifikationen ins Auge. Die Umsetzung der Ressourcenorientierung ist in der Beratungspraxis durchaus nicht leicht, da Ressourcen von den Ratsuchenden oft nicht auf den ersten Blick deutlich oder von ihnen selbst kommuniziert werden. Schlechte Noten, Brüche im Lebenslauf, fehlende Qualifikationen und/oder Sprachkenntnisse können mitunter eine Berufsberatung schwierig erscheinen lassen und den Blick auf Ressourcen der Ratsuchenden verstellen. Deswegen ist es wichtig, positive, zukunftsträchtige Potenziale aufzudecken und durch eine *konkrete*, realitätsbezogene Wertschätzung zu motivieren und zu ermutigen (vgl. z. B. Bamberger 2022). Nicht selten begegnen uns bei den Ratsuchenden Ängste und ein erschüttertes Selbstvertrauen auf der einen Seite oder ein überzogenes Selbstbewusstsein und Selbstüberschätzung auf der anderen. Wenn es gelingt, gemeinsam mit den Ratsuchenden reale Stärken und Potenziale herauszuarbeiten, ermöglicht das in beiden Fällen einen Schritt zu einer realistischeren Selbstwahrnehmung und damit zu einer zukunftsweisenden Selbsteinschätzung.

> Vor einigen Wochen suchte mich Erkan in meiner Sprechstunde auf, kurz vor dem Ende der dreizehnten Klasse und damit kurz vor dem Abitur. Er wollte die Schule vorzeitig, ohne Abitur verlassen. Seine Eltern waren ebenfalls anwesend. Es stellte sich heraus, dass Erkan aus übergroßer Angst die Schule bereits häufiger nicht mehr besucht hatte. Der Vater sagte, der Junge solle zur Vernunft kommen, er könne das Abitur schaffen, wenn er sich nur richtig anstrenge. Erkan sank immer mehr in sich zusammen, schaute zu Boden und

> schwieg. Es gelang, den Vater zum Schweigen zu bringen und den Gesprächsfaden mit dem Jugendlichen wieder aufzunehmen. Es zeigte sich, dass Erkan unter keinen Umständen bereit war, die Abiturprüfungen abzulegen. In der Beratung fand er den Mut, eine andere Idee zu äußern. Er wolle eine Ausbildung bei der Polizei machen oder sich für ein Freiwilliges Soziales Jahr bewerben. Hier ließen sich nahtlos Wertschätzung und Ressourcenorientierung anschließen. Anerkennung verdiente, dass Erkan überhaupt in die Beratung gekommen war, dass er sich eigenständig Gedanken über seine Zukunft gemacht und bereits recherchiert hatte. Ressourcen zeigten sich im schulischen Werdegang, da er die Voraussetzungen für die Fachhochschulreife mitbrachte, in seinen charakterlichen Eigenschaften, die ihn für den Polizeidienst prädestinierten und in seinem klar begründeten Entscheidungsverhalten, sich nicht weiter dem Druck der Schule und des Elternhauses zu unterwerfen. Es bedurfte lediglich einer Ermutigung durch mich als Beraterin jenseits von Schulabstinenz und Versagensängsten.

Bildungsfähigkeit muss keine abstrakte Annahme bleiben, sondern lässt sich methodisch umsetzen. Neben einer Haltung des Interesses und der Verantwortung können zum Beispiel das Eisbergmodell, die Hebammenkunst des Sokrates, eine Haltung der Offenheit und deren methodische Umsetzung sowie Ressourcenorientierung und Wertschätzung Schritte sein, um Bildungsfähigkeit konkret anzuerkennen und im Beratungsalltag zu realisieren.

1.3 Aufforderung zum eigenständigen Denken und Handeln

In unserer Theaterszene setzt Galilei nicht einfach das heliozentrische Weltbild an die Stelle des geozentrischen, sondern er lehrt seinen Schüler „sehen", indem er ihm anschaulich eine andere Weltsicht vermittelt. Mithilfe von Waschschüsselständer und Stuhl zeigt er dem Jungen, dass eine andere Sicht auf die Welt möglich ist. Wie alle anderen ist Andrea fest davon überzeugt, die Sonne drehe sich um die Erde. Galilei geht es nicht darum, ein neues Dogma an die Stelle des alten zu setzen, sondern das alte infrage zu stellen und selbst neue Möglichkeiten zu denken. Das tut er, indem er dem Jungen einen anderen Weg demonstriert, ihm diesen Weg *zeigt*.

1 Bildungs- und Berufsberatung als pädagogische Aufgabe

Das Zeigen dient in der Beratung dazu, Erkenntnisprozesse anzuregen und auf Sachverhalte hinzuweisen, sie zu veranschaulichen, ohne zu werten. Über das dozierende Vermitteln und Fragen hinaus ist das Zeigen anschaulich, ermöglicht unmittelbar einleuchtende Erkenntnisse und überlässt dem Ratsuchenden selbst das Urteil. Wie im Beispiel des Galilei soll das Zeigen „Sehen lehren", d. h. die Ratsuchenden anregen, durch sinnliche Erfahrungen sich selbstständig neue Erkenntnisse zu erschließen. Einige Beispiele in den folgenden Unterkapiteln sollen dies verdeutlichen.

1.3.1 Veranschaulichen von Berufsinhalten und Voraussetzungen

Beispiel
Stefan, Schüler der 11. Klasse eines Gymnasiums, mit einem Notendurchschnitt von 2,8 möchte Tiermedizin studieren. Damit erfüllt er die schulischen Voraussetzungen nicht. Außerdem hat er nur vage Vorstellungen von dem angestrebten Beruf. Zeigen heißt hier zunächst, seine Vorstellungen im Gespräch zu konkretisieren – z. B. versorgt ein Tierarzt nicht nur Kleintiere, sondern auch Groß- und Nutztiere, bekämpft Tierseuchen, untersucht Schlachttiere, kontrolliert die Hygiene oder schläfert Tiere ein.

Ein schwieriges Thema sind die Zulassungsbeschränkungen. Teilt der/die Berufsberatende dem Jugendlichen einfach mit, dass sein Schnitt nicht genügt, überzeugt das oft nicht, sorgt für Enttäuschung und lässt kaum weiterführende Perspektiven zu.

Im genannten Beispiel lassen sich auf dem Internetportal „Hochschulstart" die Bewerber- und Studienplatzzahlen zeigen (Abb. 1.2):

Diese Demonstration regte den Jugendlichen an, von selbst die Chancen in Bezug auf seinen Abschluss zu erkennen. Dem Schüler wurden zwei Möglichkeiten aufgezeigt: entweder, seinen Notendurchschnitt bis zum Abitur entsprechend zu verbessern oder es zunächst mit einer Ausbildung zum Tiermedizinischen Fachangestellten zu versuchen. Dadurch konnte die Beratung zwei Wege aufzeigen, wie das Zeil trotz nicht optimaler Voraussetzungen zu erreichen sei.

Wintersemester 2024/25 – Tiermedizin

Bewerbungen und Studienplätze aufgeteilt nach Studienorten

Datenstand: Ende Koordiniertes Nachrücken, 01.10.2024

Studienort	Bewerbungen Gesamt	Studienplätze	Bewerbungen/Bewerbende pro Studienplatz
Berlin FU	4.084	199	21
Giessen U	3.944	210	19
Hannover VetH	4.071	261	16
Leipzig U	4.042	134	30
München U	4.132	313	13

Tabelle 16: *Verhältnis von Bewerbungen und Studienplätzen an den einzelnen Studienorten Tiermedizin*

5.186 Bewerbende haben insgesamt **20.273 Bewerbungen** in Tiermedizin abgegeben. Von den 5 zur Verfügung stehenden Studienorten wurden durchschnittlich 4 Studienorte ausgewählt.

Abb. 1.2 Bewerbungen und Studienplätze in Tiermedizin aufgeteilt nach Studienorten. (Hochschulstart 2025)

1.3.2 Veranschaulichung durch Skalierung

Ein Beispiel für den Einsatz von Skalierung ist der Fall einer Studentin, die den Studiengang wechseln wollte und sich nicht zwischen Wirtschaftsinformatik und Wirtschaftsingenieurwesen entscheiden konnte. Im Gespräch wurden Gesichtspunkte für die Entscheidung herausgearbeitet, ohne dass eine Präferenz erkennbar war. Die Veranschaulichung mithilfe einer Skalierung brachte den entscheidenden Anstoß. Zehn auf der Skala bedeutet „voll und ganz zutreffend" und Null „überhaupt nicht zutreffend". Die Visualisierung führte der Studentin ihr wichtigstes Entscheidungskriterium anschaulich vor Augen (inwiefern es sich um eine konkrete, nicht verkopfte Tätigkeit handelt, Abb. 1.3). Dies war letztlich ausschlaggebend für ihre Wahl für das Studium des Wirtschaftsingenieurswesens.

1 Bildungs- und Berufsberatung als pädagogische Aufgabe 15

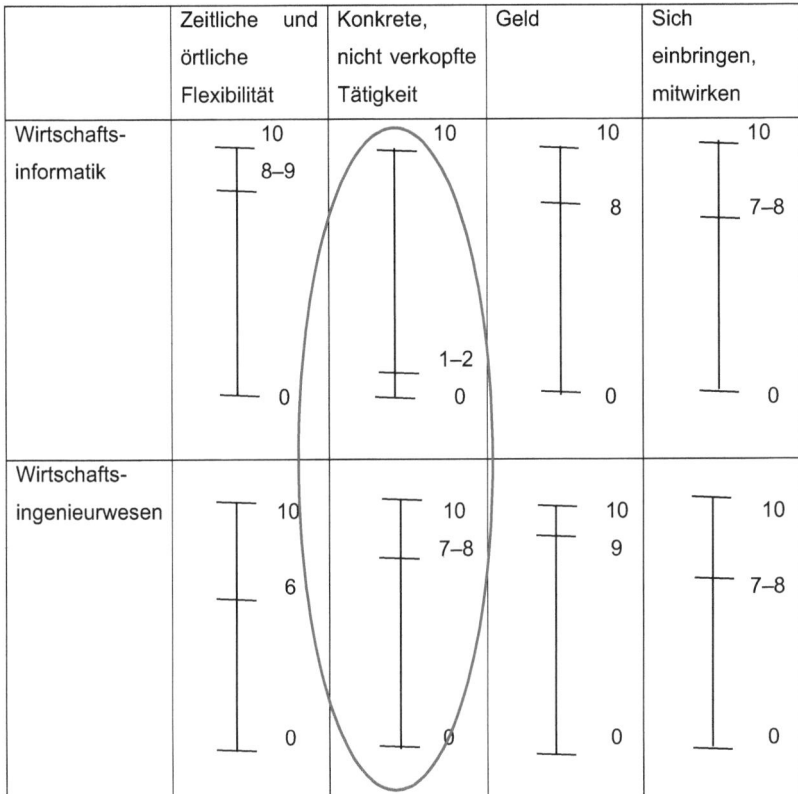

Abb. 1.3 Veranschaulichung durch Skalierung – Fallbeispiel einer Studentin. (Quelle: eigene Darstellung)

1.3.3 Veranschaulichen durch Wissenstests und Aufnahmeverfahren

Oft geht es in Beratungsgesprächen nicht nur um die Berufs- und Studienneigung, sondern auch um die Eignung, d. h. um die Klärung der schulischen sowie der fachlichen Voraussetzungen. Die Agentur für Arbeit bietet dafür studienfeldbezogene Beratungstests für sieben verschiedene Studienrichtungen an (Bundesagentur für Arbeit 2025). Jedoch können Beratende selbst im Gespräch die Eignung und die Voraussetzungen der Ratsuchenden problematisieren – durch Zeigen.

> Sandra, eine Abiturientin, kam in die Beratungssprechstunde, weil sie Journalismus studieren wollte. Der Berater rief die Homepage der Henri-Nannen-Schule auf, einer renommierten Schule für Journalismus, und präsentierte der Schülerin einen Wissenstest des Aufnahmeverfahrens aus den letzten Jahren (Abb. 1.4). Sandra konnte nicht eine einzige Frage beantworten. Damit konfrontiert, war sie bereit, mit dem Berater ehrlich über das Pro und Kontra ihrer Studienwahl zu sprechen. Hätte er sie nur nach ihrem Allgemeinwissen oder ihren politischen Kenntnissen gefragt, wäre es zu diesem Austausch wahrscheinlich nicht gekommen. Ein halbes Jahr später bekam der Berater eine E-Mail von Sandra, sie sei nun in den Studiengang aufgenommen worden. Das Gespräch mit dem Berater und ihre Erfahrung mit dem Test hatten ihr den Anstoß gegeben, sich mit den Fragen und Themengebieten intensiv auseinanderzusetzen, sodass sie sich noch einmal intensive Gedanken über ihre Studienwahl machte und den Test tatsächlich bestanden hat.

1. Welche Bundesministerinnen und Bundesminister der vergangenen 15 Jahre traten im Zusammenhang mit einer Plagiatsaffäre um ihre Dissertation zurück?
Antwort ⌄

2. Wie heißen jeweils die beiden Parteivorsitzenden von SPD, AfD und Bündnis 90/Die Grünen?
Antwort ⌄

3. Bis wann will Deutschland dem Entwurf für die Novellierung des Bundes-Klimaschutzgesetzes zufolge Klimaneutralität erreicht haben?
Antwort ⌄

4. Nennen Sie die Themen von zwei Untersuchungsausschüssen aus der aktuellen Legislaturperiode des Bundestages!

Abb. 1.4 Auszug aus dem Wissenstest 2021 der Henri-Nannen-Schule (2025)

1 Bildungs- und Berufsberatung als pädagogische Aufgabe

1.3.4 Planungsschritte visualisieren

Wenn Beratende Schülerinnen und Schülern mit vierzehn oder fünfzehn Jahren erklären, wann sie sich wie wofür bewerben müssen, werden viele Informationen nach einem Beratungsgespräch schlichtweg vergessen. Im Nachgang versendete E-Mails mit Gesprächsprotokollen haben für diese Zielgruppe oft wenig nachhaltigen Informationsgehalt. Auch hier kann das Zeigen durch Visualisierung unterstützend wirken und die Selbstständigkeit anregen, wie folgendes Beispiel zeigt (Abb. 1.5):

> Die Beraterin bespricht die verschiedenen Alternativen gemeinsam mit dem Ratsuchenden und zeichnet diese im Verlauf des Gesprächs Schritt für Schritt auf. Anschließend überlegt sie mit ihm, welche Schritte er realisieren muss, um seine Ziele zu erreichen. Diese Schritte werden auf Post-ITs notiert und entsprechend der Zeitleiste eingeklebt. Zum Schluss kann der Ratsuchende diese individuelle Visualisierung mitnehmen, um sich bei seiner weiteren Planung daran zu orientieren.

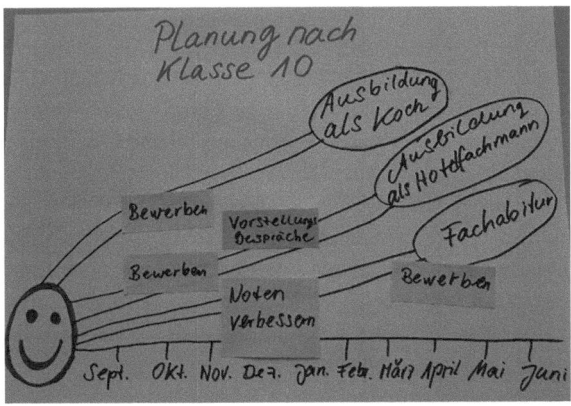

Abb. 1.5 Drei Wege – Planungsschritte in der 10. Klasse. (Quelle: eigene Darstellung, Inspiration durch Eybisch-Klimpel 2023)

1.3.5 Zeigen der weiteren Planungsschritte mithilfe von Arbeitsaufträgen

Wichtig ist es, die Ratsuchenden konkret zum selbstständigen Handeln anzuregen. Dafür ist es sinnvoll, im Gespräch Arbeitsaufträge zu entwickeln und diese zu visualisieren. Mein Kollege Roland Biens schlägt dafür einen vorbereiteten Protokollbogen vor. Die Ratsuchenden bringen, bis auf ganz wenige Ausnahmen, kein Schreibzeug in die Beratung mit. Der Protokollbogen enthält auf der Vorderseite die Kontaktdaten des/der Beratenden und Platz für Notizen. Auf der Rückseite finden sich wichtige Links für die weitere Recherche, die mit einem QR-Code für eine problemlose Handhabung versehen sind, z. B. von BERUFENET, Planet Beruf, Stellenbörsen oder Selbsterkundungstools. Während des Gesprächs werden Arbeitsschritte, die der/die Jugendliche anschließend realisieren soll, vom Beratenden festgehalten. Gibt der/die Beratende am Ende des Gesprächs diesen handgeschriebenen, gemeinsam mit dem/der Jugendlichen entwickelten Bogen in die Hand, besitzt dieser – anders als per E-Mail versendete Informationen – eine persönliche Bedeutung. Folgende Beispiele einer Ausbildungs- und einer Studienberatung zeigen, wie solche Arbeitsaufträge aussehen können.

> **Beispiel**
> Said besucht die 12. Klasse und wird diese mit dem theoretischen Teil der Fachhochschulreife verlassen. Er steht in Mathematik auf einer 3–, in Deutsch auf 3– und in Englisch auf einer 2+. Er möchte den praktischen Teil durch eine Ausbildung zum Bankkaufmann erwerben, und anschließend BWL studieren. Er möchte Kunden beraten, mit Kunden reden, ihnen weiterhelfen, andere Länder kennenlernen, interessiert sich für Währungen und hat gute Englischkenntnisse. Um den Beruf kennenzulernen, plant er zunächst ein Praktikum in einer Bank in den Osterferien. Einen Plan B hat er noch nicht. Im Gespräch konnten jedoch zwei weitere Berufe herausgearbeitet werden, die ihn interessieren: Kaufmann für Versicherungen und Finanzanlagen sowie Groß- und Außenhandelskaufmann. Zur Umsetzung von Praktikum und Bewerbungen wurden folgende Schritte besprochen:
>
> a) Information über alle drei Berufe auf BERUFENET recherchieren
> b) Fertigstellung der Bewerbungsunterlagen für das Praktikum bis 10.03. des laufenden Jahres und Übersendung per Mail an die Berufsberaterin
> c) Versendung der Bewerbungsunterlagen für das Praktikum am 11.03.

1 Bildungs- und Berufsberatung als pädagogische Aufgabe

d) Recherche für ein Auslandsjahr parallel zum Praktikum in den Osterferien
e) Hospitationen für Kaufmann für Versicherungen und Finanzanlagen sowie Groß- und Außenhandelskaufmann nach Möglichkeit bis Ende April
f) Bewerbungen für eine Ausbildung als Bankkaufmann und weitere nach dem Praktikum
g) nächster Termin bei der Berufsberatung Ende April zum Stand der Information, der Bewerbungen, vielleicht Beratung zum Auslandsjahr

Beispiel
Tanja strebt das Abitur nach 13 Jahren an und besucht jetzt die 12. Klasse. Zu Beginn der Oberstufe hatte sie einen Notendurchschnitt von 3,5. Inzwischen hat sie sich verbessert und strebt einen Zweier-Schnitt an. Sie möchte direkt nach dem Abi studieren, weil man dann – so Tanja – gutes Geld verdienen, sich selbst beweisen und einen guten Status erreichen könne. Sie hat Notenausfälle in Mathe und Bio. Ihre Stärken und Vorlieben liegen in Englisch, Deutsch, Kunst und Philosophie. Sie mag Kinder, hilft gern anderen Menschen, z. B. bei Hausaufgaben, und ist sozial orientiert. Zunächst interessiert sie sich für ein Jura- oder Lehramtsstudium, findet das aber sehr lang und befürchtet, dass sie den NC nicht schafft. Die Anregung der Berufsberaterin für ein Studium der Sozialen Arbeit schließt sie aus. Sie sucht deswegen nach Alternativen. Ihr Ziel ist es, die Studienorientierung bis zum Ende der 12. Klasse abzuschließen und die Studienbewerbung für das Wintersemester nach dem Abitur zu realisieren. Folgende Schritte wurden in der Beratung für die Herausarbeitung realistischer Studienperspektiven besprochen:

1) Teilnahme am Tag der offenen Tür an der Hochschule für Wirtschaft und Recht Berlin. Arbeitsauftrag: Ansprechpartner für Hospitationen in möglichen Studienfächern finden und Information über duale Studiengänge suchen
2) Vorstellung bei Life e.V. für ein Technisches Jahr für junge Frauen
3) Kontakt zur allgemeinen Studienberatung an der Humboldt-Universität und an der Freien Universität – telefonisch – für Recherche nach dem Numerus clausus für Lehramt Deutsch/Englisch und Jura

> 4) Recherche nach alternativen Studiengängen auf BERUFENET – Rechtspflege – BWL/Business Administration – Wirtschaftsrecht (wurden gemeinsam mit Tanja besprochen)
> 5) Organisation von Hospitationen oder Informationsgesprächen bei Vertretern der entsprechenden Berufe und Studienrichtungen.
>
> Das Gespräch fand im März statt. Ein Folgetermin mit der Berufsberaterin ist für Anfang Juli des laufenden Schuljahres geplant.

Die ausgewählten Beispiele zu den unterschiedlichen Methoden dienen als Anregung, das Zeigen stärker in den Beratungsalltag einzubeziehen. Das Zeigen ermöglicht es den Ratsuchenden, Sachverhalte sinnfällig und anschaulich zu erfassen, sodass sie selbstständig zu einem Urteil und zu einer Bewertung gelangen. Wichtig ist es, diese Urteile und Wertungen in den weiteren Verlauf der Beratung einzubeziehen und die Ratsuchenden damit nicht allein zu lassen. Indem vorgegebene Meinungen und Urteile seitens der Beratenden vermieden werden, wird bei den Ratsuchenden selbstständiges Urteilen und Handeln angeregt.

1.4 Pädagogische Angemessenheit

Was pädagogische Angemessenheit bedeutet, wird wiederum mit Blick auf die Theaterszene von Brecht deutlich. Galilei möchte seinem Schüler ein äußerst komplexes Weltbild vermitteln. Er hätte ihm Modelle oder Grafiken zeigen können, mit ihm durch ein Fernglas in den Sternenhimmel schauen oder versuchen können, ihm den Unterschied zwischen beiden Weltbildern zu erklären. All das tut Galilei nicht. Stattdessen übersetzt er mit einfachen Alltagsgegenständen eine komplizierte Theorie in die Lebensrealität und Alltagspraxis des Jungen. Seine Mittel und Methoden sind dem Kenntnisstand und Erfahrungshorizont seines Schülers angemessen.

Genau darum geht es auch in der Beratung. Beratende haben gegenüber den Ratsuchenden einen Kompetenz- und Wissensvorsprung. Es würde wenig helfen, diesen einfach zu präsentieren unter dem Motto: So musst du es machen. Beratende sollten vielmehr Wege finden, um an die Erfahrungen, den Kenntnisstand und den intellektuellen Horizont der Ratsuchenden anzuknüpfen und von dort aus mit ihnen gemeinsam neue Wege entwickeln, d. h. pädagogisch angemessen beraten. Exemplarisch seien hier drei Methoden beschrieben.

1.4.1 Die sieben Schritte

Der Verein „Frau und Beruf e. V." in Berlin hat sich auf die berufliche Beratung von Frauen in beruflichen Übergangssituationen spezialisiert. Ratsuchende, die zu einem Beratungstermin kommen, erhalten zunächst einem Umschlag, der sieben Karten mit folgenden Titeln enthält:

- Abschied nehmen und Bilanz ziehen
- Den Horizont der beruflichen Möglichkeiten öffnen
- Joboptionen recherchieren
- Fokus setzen
- Berufliches Profil schärfen
- Angebot auf den Punkt bringen
- In Verhandlung gehen

(Frau und Beruf e.V. o.J.)

Auf der Rückseite jeder Karte finden sich Erklärungen und Fragen zu jedem Punkt, mit denen die Ratsuchende sich auf das Gespräch vorbereiten kann. Das Beratungsgespräch orientiert sich an den genannten Themen.

Pädagogisch angemessen ist diese Methode, weil sie den beruflichen Orientierungsprozess in Teilziele sequenziert, die für die Ratsuchende konkret fassbar und praktikabel sind. Allein das Thema „Den beruflichen Übergang finden" wäre für sich genommen abstrakt und berücksichtigt nicht den individuell sehr unterschiedlichen beruflichen Alltag und die Lebensrealität. Erst die Formulierung konkreter Teilziele ermöglicht den Bezug auf die bisherigen beruflichen Erfahrungen und eine praxisbezogene Entwicklung neuer Entwürfe.

1.4.2 Die Wertequadrate von Schulz von Thun

Manchmal ist die Klärung von Werten oder Motiven für eine berufliche Neu- und Umorientierung notwendig, wie bereits die Beschäftigung mit dem Eisbergmodell gezeigt hat. Oft hilft es wenig, einfach nur zu wissen, nach welchen Werten man strebt: Selbstverwirklichung, Sicherheit, Glück oder Lebensgenuss. Mithilfe der Wertequadrate nach Schulz von Thun (2021, vgl. Abb. 1.6) können Werte in Beziehung zueinander gesetzt werden zu einem Mehr oder Weniger, einer Übertreibung oder einem ausgewogenen Maß. Dies ermöglicht, berufliche Pläne und Vorstellungen zu prüfen und zu hinterfragen.

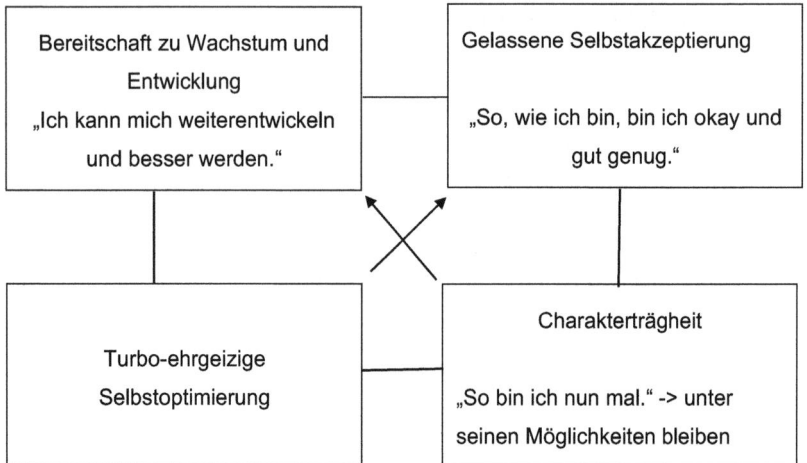

Abb. 1.6 Selbstverwirklichung in dialektischer Balance. (Schulz von Thun 2021, S. 188)

Der Wert, um den es in diesem Bespiel geht, ist die Selbstverwirklichung. In ihrer übersteigerten Form zeigt sich die Bereitschaft zu persönlichem Wachstum und zur Entwicklung als „turbo-ehrgeizige Selbstoptimierung". Der andere Pol der Selbstverwirklichung, die gelassene Selbstakzeptanz, kann dagegen in eine gewisse Charakterträgheit abgleiten. Die Pfeile, die von diesen scheinbaren Fehlentwicklungen ausgehen, zeigen, dass diese ein Potenzial beinhalten, zu charakterlicher Balance und Reife zu finden, Lebensklugheit zu entwickeln und das rechte Maß im aristotelischen Sinne zu finden. Wiese der/die Beratende den Ratsuchenden darauf hin, seine Ansprüche auf Selbstverwirklichung seien möglicherweise unrealistisch, würde dieser ihm/ihr erstens so einem wertenden Urteil kaum Gehör schenken und zweitens nicht zu einer kritischen Selbstreflexion angeregt werden. Das Wertequadrat veranschaulicht nicht nur die Extrempositionen der Selbstverwirklichung, sondern auch, wie diese als Ausgangspunkt für eine gelungene Entwicklung dienen können.

So wird eine dualistische Gegenüberstellung von Gut und Böse, Entweder – Oder vermieden und gezeigt, dass auch in scheinbar falschen oder kritikwürdigen Werten und Eigenschaften ein Entwicklungspotenzial steckt, das es zu erkennen gilt. In der Beratung kann dieses Modell den Beratenden helfen, vorschnelle Urteile zu vermeiden, Potenziale gemeinsam mit den Ratsuchenden zu entdecken und neue Wege für die persönliche und berufliche Entwicklung aufzuzeigen. Wertequadrate können Beraterinnen mit ein wenig Übung selbst entwerfen. Sie dienen dazu, die Selbstreflexion auf beiden Seiten anzuregen, ggf. auch Praxisbezüge herzustellen, ohne selbst wertend einzugreifen.

1.4.3 Assoziative und narrative Methoden

Etwas pädagogisch angemessen zu vermitteln, heißt auch, Anforderungen der Realität so zu übersetzen, dass die Ratsuchenden sie auf ihre persönlichen Erfahrungen beziehen und in den eigenen Wissenshorizont einordnen können. Dafür ist es mitunter notwendig, Abstand zur Realität zu gewinnen, neue Impulse zu setzen oder Fantasie und Vorstellungskraft bei Fragen der Berufswahl und des beruflichen Übergangs anzuregen. Dafür eignen sich assoziative und narrative Methoden in besonderer Weise.

Eine Möglichkeit ist die Arbeit mit Bildkarten. Die Ratsuchende wählt unter verschiedenen Karten eine aus und assoziiert ihre Vorstellungen, während die Beraterin mitschreibt. Die Autorin hat selbst ein Kartenset hergestellt, das verschiedene Werte symbolisiert – der Adler die Freiheit, Mutter, Vater und Kinder die Familie oder der blaue Planet den Einsatz für Ökologie und Umweltschutz. Es gibt auch vorgefertigte Sets zu kaufen, die sich speziell an Jugendliche richten. Bei der Auswahl der Karten geht es noch nicht um konkrete berufliche Bezüge, sondern mehr um ein Lebensmotto, dem dann auch die Berufswahl folgen kann. Aus den Vorstellungen und Assoziationen beim Betrachten der Karten wählt die Ratsuchende die bedeutsamsten aus. Dann wird sie aufgefordert, daraus für sich einen Leitsatz für ihr Leben zu formulieren. Ich habe diese Methode selbst ausprobiert und den Satz gefunden „Ich finde meine Natur und ruhe in mir." Dieser Satz, sofern er als stimmig empfunden wird, dient nun als Prüfstein für weitere Überlegungen zur beruflichen Entwicklung (vgl. Zürcher Ressourcenmodell, Storch und Krause 2022). Die Formulierung dieses Leitsatzes hat mir geholfen, meine eigene berufliche Entwicklung nicht nur nach rationalen Kriterien zu beurteilen. Vielmehr hat dieser Satz die emotionale Seite der Entscheidung aktiviert, nämlich, ob sie sich gut anfühlt, ob sie stimmig ist und ob sie meinen inneren Bedürfnissen und Wünschen entspricht. Mit Bildern und Assoziationen lässt sich in der Beratung ein Bezug zur Emotionalität herstellen, ohne dass Ratsuchende ihre Emotionalität preisgeben oder thematisieren müssen.

Ähnlich verläuft die Arbeit mit sogenannten Ressourcenbildern (vgl. Schreiber 2022). Ratsuchende wählen dabei unter eine Fülle von Bildern dasjenige aus, das am besten zur eigenen Situation passt. Dann versuchen sie, eine Geschichte zu dem

Bild zu erfinden. Im anschließenden Beratungsgespräch entschlüsseln die Ratsuchenden Gedanken und Ideen zur Geschichte und machen sie für die aktuelle berufliche Situation fruchtbar.

Eine weitere Methode heißt „Ampeltorte". Sie stammt aus dem Case-Management, lässt sich aber auch für die berufliche Beratung nutzen. Die Methode ermöglicht einen Überblick über die Gesamtsituation. Die Ratsuchenden zeichnen dafür einen Kreis auf ein DIN-A4-Blatt. Der Kreis stellt die Gesamtheit des eigenen beruflichen Entscheidungsprozesses dar. Dieser wird in drei Bereiche (grün, gelb, rot) unterteilt: Der grüne Bereich steht für Zufriedenheit (Das läuft gut. Das bringe ich mit). Der gelbe Bereich steht für Aufgaben, die geklärt werden müssen und auch können. Rot steht für Schwierigkeiten und Probleme. In der Folge fragt der/die Beratende, welche Erkenntnisse oder Fragen dem grünen, gelben oder roten Bereich zugeordnet werden können. Anschließend arbeiten Ratsuchende und Beratende gemeinsam heraus, welche Veränderungen und Ziele wünschenswert sind und welche Ressourcen unterstützend wirken können. Es wird überlegt, welche Optionen es gibt, welche Hindernisse bewältigt werden müssen und wie erste Schritte aussehen können (vgl. Fachgruppe CM 2018, S 42). Die Ampeltorte hilft, sich einen Überblick über den eigenen Prozess der beruflichen Entwicklung zu verschaffen und neben offenen Fragen und Schwierigkeiten das bereits Erreichte und Gelungene zu würdigen.

1.5   Gleichwertigkeit verschiedener Berufswege

Im Beispiel des Galilei geht es um die Vermittlung eines neuen Weltbildes. Galilei zeigt die Möglichkeiten dieses neuen Weltbildes auf, entwirft eine Vision veränderter Bildungswege und eines veränderten gesellschaftlichen Zusammenlebens. Aber – er verurteilt das alte Weltbild nicht. Er zeigt neue, andere Perspektiven, ohne zu werten.

Auch Bildungs- und Berufsberatung sollte auf Wertung verzichten, will sie die Ratsuchenden nicht nach eigenen Prämissen beeinflussen und lenken. Beratende befinden sich jedoch in einem doppelten Dilemma: Zum einen kann es sein, dass Ratsuchende einen beruflichen Weg wählen, für den sie nicht die entsprechenden Voraussetzungen und Fähigkeiten mitbringen und der damit unrealistisch erscheint. Zum anderen steht der Arbeitsmarkt mit seinen Bedürfnissen nach Fachkräften bisweilen im Gegensatz zu den Bildungsaspirationen von Jugendlichen. Die Kluft zwischen dem, was der Arbeitsmarkt braucht, und

1 Bildungs- und Berufsberatung als pädagogische Aufgabe

den individuellen Bedürfnissen und Berufswünschen wird zunehmend größer, Stichwort Akademisierung. Oftmals kommen beide Aspekte zusammen, wie das folgende Beispiel zeigt:

> Violeta besucht die 10. Klasse einer Gesamtschule. Ihr Notendurchschnitt liegt bei 3,3. Ihr größter Wunsch ist es, im Anschluss ein berufliches Gymnasium zu besuchen, um anschließend zu studieren. Die Beraterin spricht mit ihr darüber, dass sie mit diesem Durchschnitt den Übergang ins Gymnasium nicht schaffen kann. Sie klärt sie nun über die verschiedenen Möglichkeiten und Wege zum Abitur bzw. Studium auf – die Fachhochschulreife am Oberstufenzentrum und daran anschließend das Abitur, eine Ausbildung mit anschließendem Besuch des Oberstufenzentrums oder eine berufliche Laufbahn mit einem anschließenden Studium ohne Abitur. Viele Schülerinnen und Schüler kennen diese verschiedenen Wege gar nicht oder lehnen sie aus intuitiven Gründen ab. Aufgabe von Beratung ist es, diese Wege aufzuzeigen und auch die Bereitschaft dafür zu wecken. Violeta bekommt am Ende des 10. Klasse keine Gymnasialempfehlung, kann sich nun aber zwischen verschiedenen Möglichkeiten für die Fachhochschulreife, das Abitur, Ausbildung und Studium entscheiden.

Ein „Abberaten" oder „Umberaten" erweist sich im Allgemeinen als unmöglich, da Jugendliche oft fest auf bestimmte Abschlüsse, wie Abitur oder Fachabitur, orientiert sind oder konkrete Berufswünsche wie Zahnarzt, Architekt/-in, KfZ-Mechatroniker/-in oder Kosmetiker haben, unabhängig davon, ob ihre schulischen Leistungen dafür ausreichen oder ob ihre Berufswünsche mit dem Arbeitsmarkt kompatibel sind. Beratende sollten hier nicht wertend eingreifen, sondern können aufklärend tätig werden: erklären und zeigen, für welchen Werdegang welche Voraussetzungen und Fähigkeiten benötigt werden, wie diese ggf. erworben oder verbessert werden können, wie die Lage am Arbeitsmarkt ist oder was es eigentlich heißt, zu studieren. Dafür benötigen Beratende die entsprechenden fachlichen Kenntnisse, wie z. B. Kenntnisse der Berufskunde, des Arbeitsmarktes, der Bedeutung der Digitalisierung in einzelnen Berufen oder des demografischen Wandels. *Aufklärung* statt Wertung und Bewertung ist eine Möglichkeit, Ratsuchende nicht manipulativ zu beeinflussen. Das bedeutet für Beratende, letztlich die Wünsche der Ratsuchenden zu respektieren und sie, soweit es möglich ist, bei der Umsetzung zu unterstützen.

> **Beispiel**
> Tim, 18 Jahre, hat die Schule vor zwei Jahren verlassen, eine Ausbildung zum Industriemechaniker abgebrochen und hat keine Idee für einen neuen Beruf. Im Gespräch mit der Berufsberaterin äußert er den Wunsch, drei Gespräche beim Berufspsychologischen Service der Agentur für Arbeit wahrzunehmen. Dies deutet darauf hin, dass bei ihm offensichtlich große Ängste vor den Anforderungen einer neuen Ausbildung und vor einem erneuten Scheitern vorhanden sind. In einem weiteren Gespräch mit der Berufsberaterin zeigt Tim zwar Interesse für den Beruf des U-Bahn- und Busfahrers, schwenkt dann aber plötzlich um und entwickelt die Idee, Fahrkartenkontrolleur werden zu wollen. Dies erfordert eine vierwöchige Schulung, aber keine Ausbildung. Noch in der Sprechstunde schreibt er eine E-Mail an die Rekrutierungabteilung der Berliner Verkehrsbetriebe
> Der Jugendliche hat für sich einen Weg in die Berufstätigkeit entdeckt und umgeht die für ihn angstbesetzte Ausbildung. Diese Entscheidung ist eine eigenständige Entscheidung des Jugendlichen. Sie ist nicht weniger legitim als die für eine reguläre Ausbildung. Selbst wenn die Beraterin überzeugt ist, dass eine reguläre Ausbildung mehr Sicherheit, ein besseres Einkommen und eine bessere Qualifikation garantiert, kann sie nur weitere Perspektiven aufzeigen, falls sich im Laufe der Zeit doch ein Ausbildungswunsch einstellt.

Wenn wir berufliche Wege als gleichwertig anerkennen, lassen sich Lern- und Bildungsprozesse durch die Erweiterung von Erfahrung und Umgang anregen (Herbarth, zit. n. Benner 2015, S. 259). Beratende können und sollen an Vorhandenes anknüpfen, Erfahrungen erkennen und freilegen und dabei auch den Umgang und die sozialen Beziehungen der Ratsuchenden thematisieren. Nicht selten sind es Eltern, die hinter den Aspirationen auf das Abitur stecken und damit oft für Druck und Verunsicherung bei den Kindern sorgen. Ratsuchende kommen mit ihren Vorstellungen und Meinungen in die Beratung. Daran kann die Vermittlung neuen Wissens und neuer Kompetenzen anknüpfen, um Lernen zu ermöglichen. Neues entsteht nie aus dem Nichts, sondern schließt immer an das Vorhandene an, wie die folgende Abb. 1.7 veranschaulicht:

1 Bildungs- und Berufsberatung als pädagogische Aufgabe

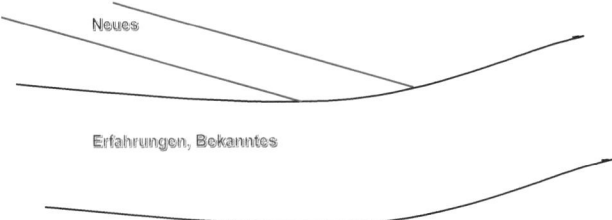

Abb. 1.7 Entstehung von Neuem aus Erfahrungen und Bekanntem. (Quelle: eigene Darstellung)

1.6 Fragen in Bezug auf die eigene Beratungspraxis

Will man als Beraterin oder Berater Lern- und Bildungsprozesse anstoßen, können folgende Fragen Anregungen für die Selbstreflexion des beraterischen Handelns bieten:

- Durch welche konkreten Einstellungen, Fragen oder durch welche Art der Zuwendung gelingt es mir, Interesse bei den Ratsuchenden zu entwickeln?
- Wie übernehme ich Verantwortung für die Ratsuchenden?
- Bin ich bereit, prinzipielle Offenheit in der Beratung zuzulassen? Wie kann ich Begrenzungen und Einschränkungen des eigenen Beratungshandelns reflektieren?
- Wie vermittle ich Wertschätzung und Ressourcenorientierung, auch bei vermuteten oder offensichtlichen Defiziten?
- Wann habe ich in der Beratung schon einmal etwas gezeigt bzw. visualisiert oder wo und wie könnte ich etwas zeigen?
- Wie kann ich narrative oder assoziative Methoden in die Beratung einbinden?
- Wie steht es um mein fachliches Wissen? Wie kann ich es erweitern?

Aufgabe zur Selbstreflexion von Beratenden
Schließen möchte ich das Kapitel mit einer Aufgabe für Sie persönlich. Das Wertequadrat haben Sie kennengelernt. Es dient dazu, Entwicklungsmöglichkeiten mit ihren Extrempositionen, aber auch mit ihrem Optimum auszuloten. Finden Sie Ihr persönliches Wertequadrat – entweder für Ihre individuelle berufliche Entwicklung oder auch für Ihre Beratungspraxis. Ich wünsche Ihnen viel Erfolg!

Anliegen und Bedürfnisse als Legitimation von Beratung

Jana Swiderski

Nur Anliegen und Bedürfnisse legitimieren Beratung und müssen daher artikuliert werden. Wie können Beratende dabei helfen, Bedürfnisse zu thematisieren und diese unter verschiedenen Gesichtspunkten zu analysieren?

Stellen Sie sich auf der einen Seite Dana vor, 16 Jahre, etliche unentschuldigte Fehltage, kein Schulabschluss und erhebliche Defizite in der sozial-emotionalen Kompetenz. Und auf der anderen Seite Stevan, Abiturient, 17 Jahre, Notendurchschnitt von 1,1 mit der Perspektive auf ein Medizin- oder Jurastudium. Wahrscheinlich wird Stevan mit einem bestimmten Anliegen in die Beratung kommen, wie er seine Studienpläne realisieren und organisieren kann. Jugendliche wie Dana hingegen sitzen oft vor der Beraterin und haben keine Ideen, wie es nach der Schule weitergehen soll. Unterschiedliche Anliegen und Bedürfnisse sowie auch scheinbar nicht vorhandene Anliegen erfordern individuelles methodisches Vorgehen.

Beratung legitimiert sich durch das Anliegen der Ratsuchenden. Sie kommen oft mit einem bestimmten Problem, mit Fragen oder mit Wünschen und Vorstellungen. Insbesondere im Rahmen einer obligatorischen Beratung in der Schule kommt es vor, dass Ratsuchende kein Anliegen formulieren können. Worauf soll sich Beratung dann beziehen? Die Analyse der Beratungsbedürfnisse dient in diesem Fall dazu, Hintergrundinformationen zu erheben und konkret auf die Lage der Ratsuchenden einzugehen.

J. Swiderski (✉)
Bundesagentur für Arbeit, Berlin, Deutschland
E-Mail: jana@ac-event.info

© Der/die Autor(en), exklusiv lizenziert an Springer Fachmedien
Wiesbaden GmbH, ein Teil von Springer Nature 2025
J. Swiderski, *Berufs- und Bildungsberatung aus pädagogischer Perspektive*, https://doi.org/10.1007/978-3-658-49112-3_2

Sofern ein Anliegen vorhanden ist, erschließen sich durch den Bezug auf Beratungsbedürfnisse konkrete, auf die Situation der Ratsuchenden bezogene Lösungsmöglichkeiten. Bei einem Abiturienten mit Notendurchschnitt 1,1 und klaren Studienplänen wären das wahrscheinlich die Zulassungsvoraussetzungen und der Numerus clausus, das Zulassungsverfahren oder die Studienorte. Es kann aber auch sinnvoll sein, feststehende Wünsche und Pläne zu hinterfragen, z. B., ob die Motivation begründet erscheint. Wenn kein Anliegen formuliert wird, lässt dieses sich durch die Analyse der Beratungsbedürfnisse möglicherweise herausfinden. Solche Bedürfnisse können ganz allgemein eine tragfähige Zukunftsperspektive, die ökonomische und soziale Selbstständigkeit und der Weg dahin sein.

Was ein Bedürfnis ist, sollte von den Ratsuchenden selbst artikuliert werden. Nur so lässt sich vermeiden, dass der/die Beratende den Ratsuchenden bestimmte Bedürfnisse unterstellt. Erst das Anliegen des/der Ratsuchenden, begründet durch dessen/deren Bedürfnisse, legitimiert die Beratung. Die Bedürfnisse und Motive der Ratsuchenden bilden sozusagen den „unteren Teil des Eisbergs" (vgl. Abschn. 1.2.1). Um konkrete Fragen nach Bedürfnissen stellen zu können, helfen psychologisch begründete Beratungsansätze. Das Erfragen der Bedürfnisse fördert die Artikulation von Bedürfnissen.

Das folgende Kap. 2 zeigt Fragemöglichkeiten mit Bezug auf verschiedene Beratungsansätze auf: Stärken- und Ressourcenorientierung, den systemischen, den lösungsorientierten und den personenzentrierten Ansatz (vgl. Abb. 2.1). Es wird zudem gezeigt, wie Bedürfnisse von unterschiedlichen Zielgruppen in die Beratung einbezogen werden können.

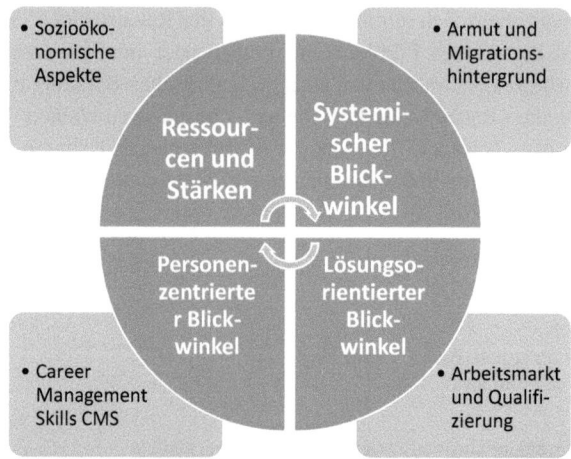

Abb. 2.1 Beratungsbedürfnisse aus verschiedenen Blickwinkeln analysieren. (Quelle: eigene Darstellung)

2.1 Bedürfnisse analysieren

> **Beispiel**
> Tom hat den mittleren Schulabschluss mit einem Durchschnitt von 2,5 erworben, stand in Deutsch und Mathematik auf der Note 2 und in Englisch auf einer 3+. Er wirkt sehr zurückgezogen und berichtet von einer psychiatrisch diagnostizierten Erkrankung. Er hat den starken Wunsch nach einer Ausbildung und möchte Fachinformatiker für Systemintegration werden. Er kennt sich mit verschiedenen Programmiersprachen aus und möchte sich unbedingt bewerben.
>
> Auf den ersten Blick hat Tom ein konkretes Beratungsanliegen: Er möchte Fachinformatiker für Systemintegration werden. Dem entgegen steht seine Erkrankung. Außerdem könnte sein introvertiertes Wesen den Bewerbungsprozess, insbesondere Vorstellungsgespräche, erschweren. Daher stellt sich die Frage, wie er sein Ziel trotz bestehender Einschränkungen erreichen kann und welche Bedürfnisse für sein Handeln leitend sind. Dieser Frage soll im Folgenden nachgegangen werden.

2.1.1 Stärken- und Ressourcenorientierung

Der Bezug auf Stärken und Ressourcen trägt dem Bedürfnis nach einer positiven und konstruktiven Ausrichtung der Beratung Rechnung. Stärkenorientierung meint zunächst die „Ausrichtung der Beratung an den Interessen und Willen der Ratsuchenden" (Ehlers et al. 2017, S. 37), ohne die Probleme der Personen außer Acht zu lassen. Stärken sind als personenbezogene Kraftquellen zu verstehen und wirken als innere Motivatoren. Bezogen auf das obige Beispiel könnte in der Beratung gemeinsam mit Tom der Schwerpunkt auf seine gute schulische Laufbahn, auf die Beschäftigung mit den Programmiersprachen und auf andere mögliche persönliche Stärken, die zu erfragen wären, gelegt werden.

Ressourcen dagegen sind Mittel zur Lösung von Problemen, die dem Ratsuchenden zur Verfügung stehen (vgl. Rechtien und Irsch 2006). Oft kennen Ratsuchende ihre Ressourcen nicht. Beratende können dabei unterstützen, diese herauszufinden, seien es psychische, soziale oder materielle Ressourcen. Folgende Fragen lassen sich in Bezug auf das Fallbeispiel mit Tom formulieren, um Stärken und Ressourcen zu fokussieren:

- Wie hast du so einen guten Schulabschluss mit so guten Noten in Deutsch, Mathe und Englisch geschafft?
- Wie ist es dir gelungen, verschiedene Programmiersprachen zu erlernen?

- Wie gelingt es dir, trotz deiner Erkrankung, deinen Alltag zu bewältigen?
- Welche Fähigkeiten bringst du für den Beruf des Fachinformatikers für Systemintegration mit?
- Von wem kannst du dafür Unterstützung erhalten?

2.1.2 Der personenzentrierte Blickwinkel

Der personenzentrierte Ansatz unterstützt Bedürfnisse nach Anerkennung, Selbstständigkeit und persönlicher Bestätigung. Die ratsuchende Person steht im Zentrum der Beratung (vgl. Rogers 2009. vgl. explizit zur personenzentrierten Berufsberatung: Griepentrog 2025). Das heißt, der/die Beratende akzeptiert die Ratsuchenden als Experten ihrer selbst und stellt lediglich helfende Fragen. Damit sind die Ratsuchenden mitverantwortlich für den Beratungserfolg. Dieser Ansatz erweist sich als komplementär zu den bereits besprochenen Prinzipien der Bildungsfähigkeit sowie der Aufforderung zum eigenständigen Denken und Handeln. In Bezug auf das Fallbeispiel lassen sich u. a. folgende Fragen stellen:

- Wie bist du darauf gekommen, Fachinformatiker für Systemintegration werden zu wollen?
- Was musst du als Fachinformatiker können?
- Du bist eine recht zurückhaltende Persönlichkeit. Welche Gedanken hast du dir über deine Bewerbungsgespräche gemacht?
- Wie stellst du dir deinen Arbeitsalltag vor?
- Wie beurteilst du deine gesundheitliche Situation? Wie kannst du den Arbeitsalltag bewältigen?

2.1.3 Der systemische Blickwinkel

Der systemische Blickwinkel trägt dem Bedürfnis jedes Menschen nach sozialer Einbindung und nach sozialen Beziehungen Rechnung. Unter einem System wird ein Beziehungsgefüge verstanden, das von einem Beobachter so gesehen oder interpretiert wird (vgl. Bamberger 2015, S. 30). Menschen und damit auch Ratsuchende können in unterschiedliche Systeme eingebunden sein, z. B. Familie, Peer Group oder Schulklasse. Sie können emotional, kognitiv oder durch

Verhalten mit diesen Systemen verbunden sein (vgl. Weber 2014, S. 143). Bezogen auf das Fallbeispiel lassen sich folgende Fragen aus systemischer Sicht stellen:

- Was sagen deine Eltern zu deinem Ausbildungswunsch?
- Welchen Rat würde dir dein bester Freund für deine Bewerbungsgespräche geben?
- Wenn du dein künftiger Ausbilder wärst, warum würdest du dich einstellen?
- Was würde Mitbewerber/-innen dir für Tipps für die Bewerbung geben?
- Was würde dein/-e behandelnde/-r Arzt/Ärztin dazu sagen, wenn du morgen mit einer Vollzeitausbildung anfängst?

2.1.4 Der lösungsorientierte Blickwinkel

Der lösungsorientierte Blickwinkel richtet sich direkt auf das Anliegen der Ratsuchenden und die Verwirklichung der damit verbundenen Bedürfnisse. Er löst routinierte Denk- und Sichtweisen auf und ermöglicht ein Sich-neu-Orientieren durch Perspektivwechsel. Er ist zukunftsorientiert. Das bedeutet, nicht das Problem, sondern mögliche Lösungen stehen im Mittelpunkt der Beratung. Auch hier richtet sich der Blick auf Ressourcen und es werden Teilziele und Teilschritte festgelegt. Auf Warum-Fragen wird verzichtet, da diese wieder zum Problem führen würden. Stattdessen stellt der/die Beratende die typische Wunderfrage: Stell dir vor, über Nacht wäre ein Wunder passiert. Woran würdest du das beim Aufwachen merken? (vgl. Bamberger 2015, S. 101). Mittels der Wunderfrage werden die Ziele, Wünsche und Ressourcen der Ratsuchenden deutlich. Eine ehrlich und konkret geäußerte Wertschätzung unterstreicht die wohlwollende Haltung der Beraterin gegenüber der Ratsuchenden und ermöglicht eine konstruktive Beschäftigung mit ihrem Beratungsanliegen. In Bezug auf das Fallbeispiel Tom lassen sich folgende Fragen stellen:

- Welche Stärken, Fähigkeiten und Mittel bringst du mit, um dich erfolgreich für die Ausbildung zum Fachinformatiker zu bewerben?
- Gibt es Momente und Situationen, in denen du weniger schüchtern und mehr zugewandt und aufgeschlossen bist?
- Was willst du als Erstes, Zweites und Drittes für deine erfolgreiche Bewerbung tun?
- Welche Hilfen hast du, trotz deiner Erkrankung, deine Ausbildung zu bewältigen?
- Wie wäre es, wenn über Nacht ein Wunder geschähe? Woran würdest du es merken? (Zum weiterführenden Umgang mit diesen Fragen in der Beratung vgl. Bamberger ebd.)

2.2 Rahmenbedingungen berücksichtigen

Die besprochenen Beratungsansätze erfragen die persönlichen Bedürfnisse, Wünsche und Vorlieben der Ratsuchenden. Zusätzlich ist jede/-r Ratsuchende im Kontext der jeweiligen Rahmenbedingungen zu betrachten, d. h. der sozialen und ökonomischen Verhältnisse oder anderer Lebensumstände, die für die Beratung ebenso relevant sein können. Oft spielen Armut und Migrationserfahrungen eine Rolle, die Platzierung am Arbeitsmarkt sowie dafür notwendige Qualifikationen und Fähigkeiten. Entsprechende Fragestellungen werden auch hier folgend anhand eines Fallbeispiels entwickelt.

> **Beispiel**
> Adam, 18 Jahre, ist mit 15 Jahren aus Polen nach Deutschland gekommen. Er hat die Schule sowie ein Oberstufenzentrum ohne Abschluss verlassen und spricht Deutsch auf dem Level B1. Nach diversen Minijobs und Praktika hat er nun eine von der Arbeitsagentur angebotene Berufsvorbereitung angetreten. Zum Zeitpunkt der Beratung übernachtet Adam bei seiner Schwester in Berlin-Hohenschönhausen. Die schwierige Beziehung zu seinen Eltern, die ebenfalls in Berlin leben, hat sich aber verbessert. Bei einem Wohnungsverein gibt es nur betreutes Gruppenwohnen. Er möchte jedoch nicht mit Menschen zusammenleben, die er nicht kennt. Er sucht eine eigene Wohnung und möchte mit einem Freund zusammen eine WG gründen.
>
> Seine beruflichen Interessen gehen in Richtung Einzelhandel und Sicherheitsgewerbe. Er bewirbt sich für eine Ausbildung. Ausbildungsreife, d. h., ein begründeter Berufswunsch verbunden mit den entsprechenden kognitiven, motivationalen und physischen Fähigkeiten, kann nun vorausgesetzt werden. Die Eignung als Verkäufer ist wahrscheinlich. Ob Servicekraft für Schutz und Sicherheit geht, hängt davon ab, ob er einen Eintrag im Führungszeugnis bekommen wird, da er an körperlichen Auseinandersetzungen beteiligt war. Der Anwalt geht davon aus, dass es keinen Eintrag geben werde.
>
> Aufgrund des schwierigen persönlichen Hintergrunds bietet der/die Beratende dem Jugendlichen ein Programm für die sozialpädagogische Unterstützung sowie Stütz- und Förderunterricht während der Ausbildung an, um den Ausbildungserfolg abzusichern. Die Ziele bestehen zunächst darin, die Wohnsituation zu klären und eine Ausbildung im Einzelhandel oder Sicherheitsbereich zu realisieren.

2.2.1 Soziökonomische Aspekte: Armut und Migrationshintergrund

Um den individuellen Beratungsbedürfnissen der Ratsuchenden Rechnung zu tragen, ist Wissen über ihre sozialen und ökonomischen Rahmenbedingungen notwendig: Wissen über mögliche Benachteiligungen, über familiäre und soziale Verhältnisse, über ökonomische Gegebenheiten wie z. B. Bürgergeldbezug oder Schulden, über vorhandene formelle und informelle Kompetenzen, die Schullaufbahn, mögliche gesellschaftliche Stigmatisierungen, sprachliche Fähigkeiten oder Betreuungsverhältnisse. Vom soziökonomischen Hintergrund hängt es mitunter ab, inwiefern Ratsuchende überhaupt offen für Prozesse der Berufswahl oder der beruflichen Veränderung und Neuorientierung sind. Am Beispiel von Adam lassen sich folgende Fragen stellen:

- Welches Sprachlevel hat Adam erreicht?
- Welche Möglichkeiten für eine akzeptable Wohnsituation hat Adam?
- Welche informellen Kompetenzen hat er durch Minijobs und Praktika erworben?
- Wie beeinflusst das Verhältnis zu seinen Eltern die Ausbildungssuche?
- Wie würde sich ein Eintrag im Führungszeugnis auf seine Ausbildungssuche auswirken?
- Lassen die finanziellen Verhältnisse und die Wohnsituation die Konzentration auf die Ausbildungssuche zu?

Insbesondere Armut wie auch der Migrationshintergrund haben einen signifikanten Einfluss auf die Bildungs- und Berufsbiografie. Armut bezeichnet

„die Unfähigkeit, menschliche Grundbedürfnisse zu befriedigen. [...] Als absolute Armut ist dabei ein Zustand definiert, in dem sich ein Mensch die Befriedigung seiner wirtschaftlichen und sozialen Grundbedürfnisse nicht leisten kann. Relative Armut beschreibt Armut im Verhältnis zum jeweiligen Umfeld eines Menschen" (Bundesministerium für wirtschaftliche Zusammenarbeit und Entwicklung 2022).

Das größte Armutsrisiko tragen Haushalte mit drei und mehr Kindern, Alleinerziehende sowie nicht Erwerbstätige und Personen mit niedrigem Bildungsniveau (vgl. Schneider et al. 2022, S. 3). Hier stellt sich die Frage, inwiefern ein Zusammenhang zwischen Armut und dem erreichten Bildungsniveau besteht. Inwiefern sind ökonomische und soziale Voraussetzungen ausschlaggebend für den Bildungserfolg, die Bildungsaspiration sowie den späteren ökonomischen und sozialen Status? (vgl. Ditton und Maaz 2022).

Ein Migrationshintergrund muss nicht, aber kann diese Zusammenhänge zusätzlich verstärken. Nach Definition des Statistischen Bundesamtes (2022) hat eine Person einen „Migrationshintergrund, wenn sie selbst oder mindestens ein Elternteil nicht mit deutscher Staatsangehörigkeit geboren wurde". Diese Menschen sind überproportional oft in den unteren sozioökonomischen Schichten vertreten (vgl. Geißler 2014: S 290). Daneben können sprachliche Probleme den Bildungserfolg infrage stellen. An dieser Stelle soll der komplexe Zusammenhang zwischen sozioökonomischen Faktoren, Migrationshintergrund, Sprachentwicklung und Bildungserfolg lediglich angedeutet werden. Wichtig für Beratende ist es, für mögliche Zusammenhänge sensibilisiert zu sein und diese, wenn möglich, zu berücksichtigen. Anhand des Fallbeispiels lassen sich folgende Fragen entwickeln:

- Über welche finanziellen Ressourcen verfügt Adam (nicht)?
- Welche sprachlichen Kompetenzen sind für seine Ausbildungswünsche erforderlich?
- Welche formale Bildung hat Adam erreicht?
- Pflegt er nur Kontakte zu seinen Landsleuten oder hat er Möglichkeiten, sich in soziale Kontakte mit Deutschen zu integrieren – vor allem, um sich sprachlich weiterzuentwickeln?
- Welche notwendigen wirtschaftlichen und sozialen Bedürfnisse kann Adam sich nicht erfüllen? Behindert dies die Ausbildungssuche? Welche Möglichkeiten der Kompensation gibt es?

2.2.2 Qualifizierung, Ausbildungs- und Arbeitsmarkt

Einem Report des Bundesinstituts für Berufsbildung (BIBB) zufolge (vgl. Kalinowski: BIBB-Datenreport 2023) besteht ein Zusammenhang zwischen einer zuverlässigen Integration in den Arbeitsmarkt und den Bildungsabschlüssen. Das heißt: Fehlende oder niedrige schulische Bildungsabschlüsse führen oft dazu, dass keine formale Qualifikation in Form eines Ausbildungs- oder Studienabschlusses erworben wird. Das wiederum korreliert stark mit Erwerbslosigkeit. Mit dem Vorliegen eines Bildungsabschlusses ab der mittleren Reife steigt die Chance der formalen Qualifizierung, also des Erwerbs eines Ausbildungs- oder Studienabschlusses. Vom Vorhandensein formaler Qualifikationen hängt nicht nur ein geringeres oder höheres Einkommen ab, sondern auch die Attraktivität der Arbeitsbedingungen und damit Würde und Sinnstiftung der Arbeit schlechthin (vgl. Nixdorf und Swiderski 2024). Berufs- und Bildungsberatung bezieht sich nicht nur auf den Ausbildungs- und Arbeitsmarkt, sondern grundsätzlich auf Lebens- und Zukunftsperspektiven, die den Fähigkeiten und Interessen der Ratsuchenden entsprechen und zugleich Sinnstiftung und Lebensqualität ermöglichen. Bezogen auf das Fallbeispiel wären folgende Fragen denkbar:

- Wie kann die Berufsvorbereitung zur Ausbildungsreife beitragen?
- Genügen die schulischen Voraussetzungen für die Ausbildung im Einzelhandel oder Sicherheitsgewerbe?
- Welche Unterstützungsmaßnahmen sind für den Ausbildungserfolg notwendig?
- Wie tragfähig ist die Motivation des Bewerbers?

Nicht nur der Ausbildungs- und Arbeitsmarkt, sondern insbesondere die Ausbildungsreife – schulische Kenntnisse, soziale Kompetenz und Motivation – sind notwendig für Aufnahme und Erfolg einer Ausbildung. Eine staatliche Ausbildungsgarantie (vgl. Heil 2023) kann nur wirken, wenn Jugendliche befähigt und motiviert sind, angebotene Ausbildungen anzutreten und durchzuhalten. Fehlen die schulischen und motivationalen Voraussetzungen, stellt das die Wirksamkeit einer Ausbildungsgarantie infrage. Diese kann als Bindeglied und Verstärker für die Ausbildungsaufnahme fungieren, nicht aber als ursächlicher Treiber für eine erfolgreiche Einmündung in Ausbildung und Studium. Grundsteine dafür müssen vor allem durch Elternhaus und Schule gelegt werden.

2.2.3 Career Management Skills

Zwar nicht beim Eintritt in den Ausbildungs- und Arbeitsmarkt, aber perspektivisch gewinnen sogenannte Career Management Skills (CMS) an Bedeutung. Der Arbeitsmarkt befindet sich, bedingt durch den technischen Wandel, im ständigen Fluss Berufliche Wege verlaufen oft nicht mehr stabil und kontinuierlich. Es bedarf berufsbiografischer Gestaltungskompetenzen, um Veränderung und Wandel auf dem Arbeitsmarkt individuell zu bewältigen. Mit der im Dezember 2019 gestarteten politischen Reforminitiative CAREERS ABOUT ME wird europaweit ein Instrumentarium zur Förderung von Laufbahn- und Gestaltungskompetenzen zur Verfügung gestellt. Dieses umfasst sechs Bereiche: Selbsterkundung, Erkundung neuer Horizonte, Aufbau von Beziehungen, Entwicklung eigener Stärken, Überwachen und Reflektieren eigener Erfahrung sowie Gestaltung der eigenen Berufsbiografie (vgl. Iannis et al. 2022, S. 15 ff.). Der Initiative zugrunde liegt der Gedanke, dass nur diejenigen Chancen haben, immer wieder auf dem Ausbildungs- und

Arbeitsmarkt Fuß zu fassen und sich zu entwickeln, die über Fähigkeiten zur Gestaltung ihrer individuellen Berufsbiografie verfügen. Berufs- und Bildungsberatung trägt dazu bei, diese Fähigkeiten zu unterstützen. Zu realisieren sind die CMS jedoch in einem mehrstufigen Lernprozess, der weit über das Beratungsgeschehen hinausgeht (vgl. Iannis et al. 2022, S. 12).

2.3 Paradoxien in der bedürfnisorientierten Beratung

Insbesondere zwei Fallkonstellationen lassen eine Orientierung an Anliegen und Bedürfnissen der Ratsuchenden nahezu paradox erscheinen.

(1) Häufig tritt der Fall auf, dass Schülerinnen und Schüler mit sehr niedrigen schulischen Prognosen, entweder einem fehlenden Schulabschluss, einem Hauptschulabschluss oder einem erweiterten Hauptschulabschluss das Abitur anstreben. Unabhängig vom schulischen Leistungsstand besteht bei ihnen die feste Überzeugung, mit genügend gutem Willen und Anstrengungsbereitschaft den Sprung in die gymnasiale Oberstufe zu schaffen und über die Fähigkeiten für ein anschließendes Studium, oftmals Medizin, Psychologie, Architektur oder Jura, zu verfügen. Eine berufliche Ausbildung erscheint vielen Jugendlichen als ein Versagen im System, als minderprivilegiert hinsichtlich Status, Vergütung, Entwicklungsmöglichkeiten und Arbeitsbedingungen. Berater können hier nicht überzeugen. Eine Beratung entsprechend den Wünschen und Bedürfnissen würde unrealistischen Selbsteinschätzungen Vorschub leisten und ein wahrscheinliches Scheitern der Bildungsaspirationen unterstützen. Dagegen sind diese Jugendlichen für eine auf ihre Kenntnisse und Fähigkeiten bezogene Berufsberatung nicht zugänglich. Eigentlich bedürfen sie einer ihren Fähigkeiten und den Möglichkeiten des Arbeitsmarktes angemessenen Beratung, andererseits lehnen sie gerade diese Beratung ab. In diesem Fall bleibt der Beratung lediglich die Aufklärung – über wahrscheinliche Folgen ihrer ambitionierten Bildungsaspirationen – und das Aufzeigen möglicher alternativer beruflicher Wege, die dem realen Leistungsvermögen der Ratsuchenden entsprechen. Im Falle eines missglückten Übergangs in die Oberstufe, einer fehlenden nachschulischen Perspektive durch fehlende Vorbereitung eines beruflichen Weges, kann Berufsberatung helfen, neue Lösungen zu entwickeln. Ein nahtloser Übergang von Jugendlichen mit anscheinend unrealistischen Bildungsaspirationen in den Ausbildungs- und Arbeitsmarkt ist aber in vielen Fällen unwahrscheinlich.

(2) Ein zweiter paradoxer Fall liegt vor, wenn Ratsuchende keine beruflichen Vorstellungen haben und mit einer gewissen Hilflosigkeit ohne konkrete Vorstellungen in die Beratung kommen. Da sie kein Anliegen formulieren, erschließen sich die Bedürfnisse für die Beratenden zunächst nur schwer oder gar nicht. Das aber entzieht der Beratung eigentlich die Grundlage. In diesem Fall gilt es, Anliegen und Bedürfnisse erst einmal zu ergründen:
- Kann der/die Ratsuchende sich nicht entscheiden?
- Fehlt es ihm/ihr an beruflichem Wissen?
- Fühlt er/sie sich überhaupt bereit für das Berufsleben? Oder möchte er/sie einen höheren Schulabschluss erreichen?
- Welche Hinderungsgründe bei der Berufswahl gibt es, z. B. die Angst, eine Entscheidung für den Rest des Lebens zu treffen?
- Wie sieht die Motivation aus? Ist sie tragfähig für eine Beratung?
- Welche Einflüsse kommen von den Eltern?
- Welche Werte sind wichtig?
- Welche Interessen werden verfolgt?
- Welche Erfahrungen wurden ggf. bereits durch Praktika gesammelt?
- Was kann ausgeschlossen werden?

Fragen nach Anliegen und Bedürfnissen ermöglichen einen Einstieg in die Beratung, wenn vordergründig kein Anliegen vorliegt. Sie sensibilisieren die Ratsuchenden für Fragen der Berufswahl und der konkreten Gestaltung der beruflichen Perspektive.

2.4 Die Relevanz von Anliegensklärung und Bedürfnisorientierung

Neben ihrem gesetzlichen Auftrag benötigt Beratung einen Auftrag von Seiten der Ratsuchenden in Form eines Anliegens. Ist dies nicht erkennbar, dient die Herausarbeitung von Beratungsbedürfnissen dazu, ein Anliegen erst bewusst zu machen und zu formulieren (vgl. Abschn. 2.3). Dabei ist der Einbezug einer Stärken- und Ressourcenorientierung, von verschiedenen Beratungsansätze, aber auch die Berücksichtigung sozioökonomischer Hintergründe hilfreich. Letztlich wird Beratung erfolgreich sein, wenn sie versucht, gemeinsam mit den Ratsuchenden deren Anliegen und Bedürfnisse herauszuarbeiten und dies als offenen Prozess versteht. Wünsche der Eltern, Ansprüche von Arbeitsmarkt und Gesellschaft, des Bildungswesens oder auch die Zielkennzahlen der Agentur für Arbeit sind dafür nicht relevant. Erfolg heißt nicht, bestimmte Berufs- und Bildungswege zu realisieren. Erfolg in der Beratung kann nur heißen, Ratsuchende zu unterstützen, sich ihrer Bedürfnisse in Bezug auf die Berufswahl bewusst zu werden, ihre Beratungsanliegen zu erkennen, um dann – allein oder gemeinsam – mögliche Wege zur Umsetzung dieses Anliegens zu suchen und eine tragfähige berufliche Perspektive zu entwickeln. Wie dies für unterschiedliche Zielgruppen aussehen kann, wird im nächsten Kapitel dargestellt.

Wer braucht was? Umgang mit unterschiedlichen Zielgruppen

3

Jana Swiderski

Unterschiedliche Zielgruppen haben unterschiedliche Bedürfnisse. Dafür spielen neben biografischen Erfahrungen besonders sozio-ökonomische Faktoren, Bildungsniveau oder Statusdenken eine Rolle. Wie kann es Beratenden gelingen, auf wiederkehrende Haltungen, Erwartungen oder Entscheidungsmuster adressatengerecht einzugehen?

Strenggenommen ist jede Beratung individuell, sodass die Kategorisierung der Ratsuchenden in Zielgruppen an sich fragwürdig erscheint. Bestimmte Fragen und Probleme kehren aber je nach Position im Prozess der Berufswahl, nach sozialer Lage oder Bildungsgrad der Ratsuchenden wieder. Daher hat es durchaus seine Berechtigung, wenn sich Beratende häufig anzutreffende Fragestellungen, Bedürfnisse und Interessen unterschiedlicher Zielgruppen unabhängig vom Einzelfall bewusst machen. In diesem Kapitel sollen ausgewählte Zielgruppen betrachtet werden, wie bildungsferne Jugendliche, Abiturientinnen, Studienzweifler und Akademiker:innen. Insbesondere bei diesen Zielgruppen kann das Gespräch über spezifische Bedürfnisse und Motive zur Entwicklung einer stimmigen Berufs- und Lebensperspektive beitragen.

Wesentliche Gedanken dieses Kapitels verdanke ich der gemeinsamen Arbeit mit Studierenden der Hochschule der Agentur für Arbeit im Seminar „Bildungsferne Kund:innen in der Beratung" im Wintersemester 2022/23.

J. Swiderski (✉)
Bundesagentur für Arbeit, Berlin, Deutschland
E-Mail: jana@ac-event.info

Menschen, die schon lange im Berufsleben stehen, neigen dazu, ihre Tätigkeit als „Job" zu verstehen und sie pragmatisch als etwas zu betrachten, das notwendigerweise getan werden muss, unabhängig davon, ob und wie viel persönliche Befriedigung und Erfüllung sie bringt. Jugendliche, d. h. Menschen zu Beginn ihres Einstiegs ins Berufsleben, dagegen betrachten die Berufswahl als grundlegenden Baustein ihrer Lebensqualität. Sie wünschen sich z. B. Spaß an der Arbeit, Abwechslung im Arbeitsalltag, die Umsetzung eigener Neigungen und Fähigkeiten oder eine gute Vereinbarkeit von Beruf und Privatleben (vgl. Calmbach et al. 2020, S. 242 f.). Bei der Wahl des passenden Berufes geht es somit nicht nur um eine berufliche Perspektive, sondern um den Anspruch auf Glück und Erfüllung im eigenen Leben. Berufsberatung ist zum Teil gleichzeitig Lebensberatung. Es genügt in vielen Fällen nicht, nur berufsbezogen zu fragen und zu argumentieren, wenn man als Beratende/r nicht gleichzeitig ein Verständnis für die Lebensperspektive der Ratsuchenden entwickelt.

3.1 „Ich will dieses Leben nicht mehr" – Beratung von bildungsfernen Jugendlichen

Das Aufzeigen einer positiven Lebensperspektive hat für sogenannte bildungsferne Jugendliche eine besondere Relevanz, also Jugendliche aus sozial schwachen Familien, oftmals mit Migrationshintergrund, mangelnden Sprachkenntnissen und niedrigen oder fehlenden Bildungsabschlüssen. Die Bezeichnung „bildungsfern" ist umstritten, da der Begriff defizitorientiert ist. Er bezeichnet Personenkreise mit einem vergleichsweise geringen Maß an Bildung, einer Distanz oder dem Ausschluss vom Bildungssystem (vgl. Erler und Ingolf 2010). Der Begriff kann abwertend konnotiert sein im Sinne von ungebildet oder von mangelhafter (schulischer) Bildung (vgl. DWDS 2025). Es fehlt an formeller Bildung in Form von reglementierten Schul- und Berufsabschlüssen. Damit verbunden sind die Tradierung niedriger Bildung in der Familie und im sozialen Kontext, der Mangel an Ressourcen wie finanzielle und materielle Ausstattung, sprachliche Defizite oder fehlende familiäre erzieherische Einflussnahme. Weitere Faktoren sind Herkunft und Migrationshintergrund, die Beschränkung auf ein enges sozialräumliches Umfeld in Schule und „Kiez" sowie Selbstzuschreibungen, zu den Verlierern dieser Gesellschaft zu gehören, aber auch Vorurteile der Gesellschaft. Bildungsferne Jugendliche sind häufiger politisch uninformiert, sozial weniger engagiert und weisen einen hohen Fernsehkonsum auf (vgl. Detjen 2007). Aus diesen komplexen Voraussetzungen resultieren möglicherweise kognitive Nachteile, wie eine geringe Auffassungsgabe, Lernschwierigkeiten oder gravierende Motivationsdefizite (vgl.

Detjen a.a.O.; Becker 2009). Die Einordnung als bildungsfern hat vor allem statistische Vorteile, da Daten zu Bildungs- und Schulabschlüssen einfacher zu erheben sind.

So haben im Jahr 2021 47.500 junge Menschen die Schule verlassen, ohne mindestens den Hauptschulabschluss erreicht zu haben Das entspricht einem Anteil von etwas mehr als sechs Prozent aller gleichaltrigen Jugendlichen. Zwei Drittel der jungen Erwachsenen zwischen 20 und 34 Jahren ohne Schulabschluss verfügen auch nicht über eine Berufsausbildung. Das hat Folgen für die Integration in den Arbeitsmarkt. Die Arbeitslosenquote bei ungelernten Personen ist fast sechsmal so hoch wie bei Personen mit Berufsausbildung (vgl. Bertelsmann-Stiftung 2023). Aus diesem Grund ist konstruktive Berufs- und Bildungsberatung nicht nur eine individuelle, sondern eine gesellschaftlich und volkswirtschaftlich notwendige Aufgabe.

Vor einigen Wochen erzählte mir Ibo, ein 18-jähriger Iraker, der schon lange in Deutschland zur Schule geht, seine Geschichte. Anfangs schien die Sache einfach. Er hatte den erweiterten Hauptschulabschluss erworben mit akzeptablen Noten. Er hatte den Wunsch, einen Beruf mit Bezug zum Sport zu erlernen und entschied sich mit meiner Unterstützung für die Ausbildung als Fachkraft für Bäderbetriebe, also als Mitarbeiter in Schwimmhallen und Freibädern. Als er keinen Ausbildungsplatz bekam, entschied er sich alternativ für Kaufmann im Einzelhandel. Bei einem Folgegespräch zeigte sich jedoch, dass er sich letztendlich nicht beworben hatte und diesen Beruf doch nicht erlernen wollte. Ich hatte mir Zeit für Ibo genommen und er begann, mir seine Geschichte zu erzählen.

> „Nein, Verkäufer will ich nicht werden. Und die Ausbildung damals mit dem Oberflächenbeschichter, das war nichts für mich. Ich hätte das nie bis zum Schluss durchgehalten. Ich will den mittleren Schulabschluss (MSA) machen und einen besseren Beruf. Ich will was mit Sport machen. Gibt es Bürgergeld bei MSA? Meine Eltern haben kein Geld. Ich mache auch Sport. Ich bin Kämpfer. In Berlin ist die Sportförderung schlecht, es gibt nur wenige Amateurkämpfe. In Bochum bekomme ich eine richtige Förderung. Ich habe das recherchiert, in Nordrhein-Westfalen wird mehr getan für den Sport, da kann ich Profi werden. Wissen Sie, ich boxe. Ich will mal Profiboxer werden und damit Geld verdienen. Das können Sie sich jetzt vielleicht nicht vorstellen. Ich will dieses Leben nicht mehr. Kein Geld, keine Freunde, keine Zukunft. Ich träume. Ich träume den ganzen Tag von einer Boxerkarriere. Ich habe Freunde, aber niemanden, der mich so richtig versteht. Ich bin ziemlich einsam, weil ich niemanden habe, mit dem ich wirklich reden kann. Aber meinen Traum, den habe ich."

Wenn ich als Berufsberaterin eine Chance haben will, Ibos Blick für erste realistische berufliche Schritte zu öffnen, muss ich Verständnis und Empathie aufbringen. Der Jugendliche hat sich vertrauensvoll geöffnet und mich an seinen Träumen und an seinen Problemen teilhaben lassen. Als Beraterin akzeptiere ich, dass die Boxerkarriere und der Umzug nach Bochum bei ihm Priorität haben. Würde ich versuchen, ihm diesen Traum als unrealistisch auszureden, wäre damit die Kommunikation höchstwahrscheinlich beendet. Dies gilt auch für Jugendliche mit Wünschen wie Influencer, Sänger, Model oder Fußballer, ebenso wie für den allgegenwärtigen Wunsch nach dem Abitur unabhängig von den dafür erforderlichen schulischen Leistungen.

In der Beratung gilt es, Wünsche und Träume ernst zu nehmen, die einzelnen Schritte gedanklich durchzuspielen, dabei gleichzeitig die Langwierigkeit und auch die Möglichkeit der Nichterfüllung aufzuzeigen und für diesen Fall eine realitätsbezogene Alternative zu entwickeln. Letztlich bedeutet es auch, den Jugendlichen die Verantwortung für sich selbst zuzugestehen. Beratung heißt eben nicht Betreuung auf Schritt und Tritt, sondern Hilfe zur Selbsthilfe. Welche allgemeinen Gesichtspunkte gibt es aus dieser Perspektive für die Beratung von bildungsfernen Jugendlichen wie Ibo und anderen, die ggf. weitaus stärker benachteiligt sind?

Nicht nur in Großstädten und sozialen Brennpunkten stellt sich die Beratung bildungsferner Jugendlicher als qualitative und quantitative Herausforderung in der täglichen Praxis. Eine bloße Defizitorientierung erlaubt keine konstruktive Entwicklung von Perspektiven. Um gemeinsam mit den Ratsuchenden tragfähige Zukunftsperspektiven zu entwickeln, bedarf es auf Seiten der Beratenden eines spezifischen Wissens sowie zielgruppenbezogener Fähigkeiten im Umgang mit dieser Klientel.

In Bezug auf das Wissen sind folgende Schwerpunkte zu nennen: (a) Wissen über Benachteiligung und soziale Hintergründe, (b) Wissen über Unterstützungsangebote und Qualifizierungsmöglichkeiten und (c) Wissen über Beziehungsarbeit und den Umgang mit der Individualität der Jugendlichen. Mit Blick auf das Beispiel von Ibo bedeutet das, die Situation des Jugendlichen nicht nur als Ergebnis seiner Biografie und seiner individuellen Entwicklung zu betrachten, sondern seine Benachteiligung mit Bezug auf soziale, ökonomische und kulturelle Faktoren zu verstehen. Um gemeinsam mit Ibo eine berufliche Perspektive, vielleicht sogar eine Zukunftsperspektive zu erarbeiten, muss der/die Beratende neben berufskundlichem Wissen alternative Bildungswege und Qualifizierungsmöglichkeiten sowie Netzwerkpartner kennen wie die Jugendhilfe, Bildungsträger und andere Unterstützungsmöglichkeiten für Jugendliche. Beziehungsarbeit und der Umgang mit Individualität bedeuten am Beispiel von Ibo, Verständnis und Geduld für seine Geschichte aufzubringen und eine Vorstellung seiner Lebensrealität zu entwickeln.

Dazu zählen auch, seine familiäre Situation, seine Wohnsituation, seine finanziellen Verhältnisse z. B. Schulden oder eventuelle gesundheitliche (Sucht-)Probleme einzubeziehen. Sicherlich kann und soll Berufsberatung keine ganzheitliche Betreuung der Ratsuchenden leisten. Aber in dem Moment, wo nicht nur Träume, sondern Minderwertigkeitsgefühle, finanzielle Sorgen, die Wohnsituation, das Verhältnis zu den Eltern oder gesundheitliche Probleme das Denken und Fühlen der Ratsuchenden dominieren, hemmt dies die Motivation für die Suche nach einer Ausbildung. Beratende können diese Hemmnisse thematisieren, um bei den Jugendlichen eine Veränderung der Perspektive auf die eigene Berufs- und Lebensplanung anzuregen.

Dafür bedarf es bei Beratenden weiterer Fähigkeiten: (a) Kundenorientierung und Rollenbewusstsein, (b) Unvoreingenommenheit, Interesse und Ergebnisoffenheit sowie (c) Methodenflexibilität und Ressourcenorientierung. Kundenorientierung im Falle von Ibo bedeutet, sich auf seinen Fragehorizont, seine Themen und seine Zielvorstellungen einzustellen. Weder der Arbeitsmarkt noch institutionelle Kennzahlen noch die Vorstellungen des/der Beratenden sind für die Beratung zielführend. Stattdessen sollte ein von Empathie und Geduld getragener Dialog über die beruflichen Zielvorstellungen des Jugendlichen im Zentrum stehen. Berufsberatung ist ergebnisoffen, da sie nicht auf vorher definierte Ziele hinarbeitet, sondern Zielvorstellungen sich unter Umständen erst im und durch den Beratungsprozess beim Jugendlichen herausbilden oder auch verändern. Berufsberatung findet ihre Grenzen, wo sie über Fragen von Berufs- und Studienwahl im engeren Sinn hinausgeht und wo psychologisch-therapeutische Hilfestellungen indiziert und geboten oder wo sozialarbeiterische Maßnahmen angebracht sind. Berufsberatung kann beim Finden weiterführender Angebote wie Psychotherapie oder auch der Jugendberufshilfe unterstützen.

Beratende sollten nahbar wirken, um eine vertrauensvolle Gesprächsatmosphäre aufzubauen. Dazu gehört das aktive Zuhören, aber auch das Aushalten von Schweigen, Pausen und Stille. Ein konstruktiver Dialog gelingt, wenn der/die Beratende dem Jugendlichen unvoreingenommen gegenübertritt, sich als Person einbringt und aufrichtiges Interesse zeigt. Gleichzeitig dient eine professionelle Distanz der eigenen Psychohygiene und signalisiert Professionalität und Fachkompetenz. Unter diesen Voraussetzungen und mittels flexibler Methoden können die Ressourcen und Kompetenzen des Ratsuchenden als Grundlage für die Berufsorientierung herausgearbeitet werden.

So haben Jugendliche mit Migrationshintergrund wie Ibo gelernt, sich an die kulturellen Standards der deutschen Mehrheitsgesellschaft anzupassen. Sie erbringen damit eine hohe Integrations- und Transformationsleistung (vgl. Yagdi 2020). Ihre interkulturelle Kompetenz ist stark ausgeprägt, oft ist wie auch familiäre

Ressourcen, Verantwortungsbewusstsein oder das Verständnis für andere. Auch wenn die bildungsbezogenen Voraussetzungen individuell mitunter nicht gut sind, hat Bildung bei dieser Zielgruppe einen hohen Stellenwert, weil sie als Weg für den sozialen Aufstieg gesehen wird (vgl. Yagdi 2020). Auch hier ist Ressourcenorientierung in der Beratung ein wichtiges Mittel, um den Blick der Jugendlichen weg von ihren Defiziten hin zu ihren Fähigkeiten und Stärken mit Blick auf mögliche berufliche Entwicklungen und Perspektiven zu lenken.

Methodisch bieten sich dafür u. a. der lösungsorientierte Blick, der personenzentrierte sowie der systemische Blick auf den Ratsuchenden an. Eine ausführliche Checkliste mit Vorschlägen für die Beratung bildungsferner Kundinnen und Kunden findet sich im Anhang. Sie berücksichtigt die Rahmenbedingungen ebenso wie die erwähnten methodischen Ansätze. Diese werden hier kurz mit Bezug auf das Fallbeispiel aufgegriffen.

Die lösungsorientierte Perspektive rückt vergangene Probleme in den Hintergrund und konzentriert sich auf die Lösung des Problems. Im Falle von Ibo spielen Gründe für seine soziale Benachteiligung, seine Schulschwierigkeiten oder für seinen Ausbildungsabbruch eine untergeordnete Rolle. Vielmehr richtet sich der Blick auf künftige Ziele, wie den mittleren Schulabschluss, eine erstrebenswerte Ausbildung und den Sport. Da Ibo sich als sozialen Versager sieht, gilt es, seine Ressourcen zu aktivieren. Dies trägt zu einer positiven Gesprächsatmosphäre bei und lenkt Ibo von seinen schwierigen Lebensumständen ab. Eine auffallende Ressource ist seine Fähigkeit zur differenzierten Selbstreflexion und zur verbalen Artikulation seiner Bedürfnisse, weiterhin das Vorhandensein eines Schulabschlusses sowie regelmäßiger Schulbesuch ohne unentschuldigte Fehltage, seine sportliche und körperliche Fitness sowie seine soziale Kompetenz, die er durch freundliches und höfliches Auftreten beweist. Das gemeinsame Herausarbeiten dieser Ressourcen soll Ibo helfen, neue Perspektiven einzunehmen, einen positiven Blick auf sich selbst zu gewinnen und Selbstvertrauen für die aktive Entwicklung seiner beruflichen und gesamten Lebensperspektive zu entwickeln.

Die personenzentrierte Herangehensweise in der Beratung akzeptiert Ibo als Experten seiner selbst. Der/die Beratende schlägt keine Lösungswege vor, sondern regt zum selbstständigen Überlegen an. Dies deckt sich mit den pädagogischen Prinzipien der Bildungsfähigkeit als Grundannahme des beraterischen Handelns sowie der Aufforderung zum eigenständigen Denken und Handeln. Aufgabe der Beratung ist es, dem Jugendlichen unterstützend und helfend zur Seite zu stehen und insbesondere offene Fragen zu stellen. Das trägt dazu bei, den Prozess der Lösungsfindung zu strukturieren. Der/die Beratende kann so neue Aspekte einbringen, ohne eine bestimmte Sichtweise vorzugeben.

Die systemische Sichtweise bezieht die sozialen Bezüge des Jugendlichen (Familie, Peer Group, schulische Kontakte oder Sport- und Freizeitkontakte) in die Beratung ein. So können individuelle Handlungsspielräume herausgearbeitet werden (vgl. Weber 2014, S. 157 f.). Im Falle von Ibo könnten das z. B. Kommunikationspartner sein. Ibo selbst sieht sich aufgrund seiner Fähigkeit zum tiefgründigen Nachdenken in seiner Familie und in seinem Freundeskreis ziemlich isoliert. Vielleicht gäbe es aber wenigstens eine mögliche Ansprechperson, an die er bisher nicht gedacht hat oder sich nicht getraut hat, sich ihr anzuvertrauen. Wenn Jugendliche isoliert sind und sich insbesondere die Kommunikation mit den Eltern schwierig oder gar nicht gestaltet, kann dies ein großes Hemmnis für die Berufsfindung sein. Eine systemische Sicht sollte versuchen, den Jugendlichen beim Finden von Kommunikationspartnern und Kommunikationsanlässen zu unterstützen, sodass Ibo in der Folge z. B. einen Freund oder eine Freundin in die Beratung mitbringt.

3.2 „... so endest du, wenn du nicht fleißig bist!" – Hauptsache Abitur

Vor einiger Zeit wurde ich beim Spazierengehen Zeugin einer Unterhaltung zwischen Vater und Sohn, die für Beratungssituationen symptomatisch ist.

> Ein Vater und sein etwa zwölfjähriger Sohn beobachten einen Arbeiter, der die Pflastersteine auf dem Gehweg mit einem schweren Hammer festklopft. Daraufhin ermahnt der Vater seinen Sohn: „Guck dir den Mann genau an. So endest du, wenn du in der Schule nicht fleißig bist. Also, streng dich an und lerne und mach dein Abitur."

Diese Sichtweise spiegelt sich in meiner täglichen beraterischen Praxis in der Schule wider. Viele, wenn nicht die meisten Schülerinnen und Schüler wollen Abitur machen oder die Fachhochschulreife erwerben unabhängig von ihrem schulischen Leistungsstand oder ihrer Studieneignung. Oft spielen die Geringschätzung von körperlicher oder handwerklicher Arbeit eine Rolle sowie das Streben nach sozialem Aufstieg, Status, höherem Einkommen, Sicherheit und beruflichen Entwicklungsmöglichkeiten (vgl. dazu auch Nida-Rümelin 2014). Nicht selten sind es die Eltern, die höhere Bildungsaspirationen einfordern, manchmal zum Unmut ihrer Kinder.

Dabei fällt auf, dass Bildungsaspirationen häufig extrinsisch, also von außen motiviert sind, d. h. durch das Streben nach Werten, die nicht im Lernen und in der Bildung selbst begründet sind, wie eben Status oder Einkommen. Eine intrinsische Motivation, beruhend auf Bildungsinteressen und Interessen an fachlichen Fragestellungen spielt in vielen Fällen keine oder eine nur untergeordnete Rolle. Daraus resultieren vier immer wiederkehrende Problemstellungen in der Beratung von Jugendlichen, die das Abitur anstreben:

- „Ich weiß nicht, was ich will." – Abiturientinnen wollen studieren, haben aber nicht die geringste Vorstellung, was sie studieren möchten.
- Da schulische Leistungen von den Notenvorgaben des Numerus clausus im gewünschten Fach bisweilen weit entfernt sind, sind Studienwünsche nicht auf direktem Wege realisierbar.
- Studienreife und intrinsische Motivation fehlen.
- Aufgrund schulischer Überforderung in der Abiturstufe kommt es zum Schul- oder Studienabbruch.

Diese Aspekte werden im Folgenden näher ausgeführt.

3.2.1 „Ich weiß nicht, was ich will"

Keine Beratung oder kein Test kann einem Jugendlichen sagen, was bzw. ob er oder sie studieren soll. Dafür muss jede/-r selbst die Verantwortung übernehmen (vgl. Grüneberg 2019, S. VI). Um Jugendlichen zu helfen, sich für ein bestimmtes Studium zu entscheiden, gilt es, die Motivation zu problematisieren und sie anzuregen, die Persönlichkeit in Bezug auf den Studienwunsch zu hinterfragen und zu beurteilen. Grüneberg schlägt dafür die Erforschung eigener Ziele, Werte und Interessen sowie die Analyse von Stärken und Schwächen vor (vgl. Grüneberg 2019, S. VI). Dabei handelt es sich um einen komplexen Prozess, der über bloße Beratung hinausgeht und eines zeitintensiven Coachings bedarf. Hier stellt sich wieder die Frage von extrinsischer und intrinsischer Motivation. Liegt beim Ratsuchenden eine intrinsische Motivation für einen bestimmten Studienwunsch vor, also einem Studienwunsch, der durch das persönliche Interesse an einem bestimmten Fach, einer Sache oder einem gesellschaftlichen Auftrag begründet ist, stellen sich in der Beratung z. B. Fragen nach einem geeigneten Studiengang oder -ort sowie nach der Studieneignung des Aspiranten. Es handelt sich um ein spezifisches Studieninteresse. Ein unspezifischer Studienwunsch resultiert meist aus extrinsischen, also aus nicht sachlichen, nicht gesellschaftlichen und nicht fachspezifischen Motiven.

In diesem Fall ist es Aufgabe von Beratung, die Ratsuchenden für ihre Motive und mögliche fachliche Interessen zu sensibilisieren, um die intrinsische Motivation zu finden.

Dass Jugendliche von der zehnten Klasse in die gymnasiale Oberstufe wechseln, ist – unabhängig vom erforderlichen Notendurschnitt – nicht selten durch einen möglichen Zeitgewinn und das Aufschieben von Entscheidungen sowie die Angst vor Neuem begründet. Zum einen können sich Jugendliche am Ende der zehnten Klasse oft noch nicht für eine bestimmte berufliche Laufbahn entscheiden, zum anderen ist ihnen die Schule mit ihren Anforderungen vertraut, sodass sie mit dem weiteren Schulbesuch zunächst der Scheu vor Beruf und Arbeit als dem Unbekannten und völlig Neuen aus dem Weg gehen. Die Entscheidung für das Abitur muss daher keine Entscheidung für ein Studium sein. Welche Fragen in dieser Phase außerdem gestellt werden können, zeigt die Checkliste im Anhang.

Zu vielen Studienberufen gibt es verwandte Ausbildungsberufe, die den Ratsuchenden oft nicht bewusst oder bekannt sind. Beratung kann daher solche Parallelberufe aufzeigen (Bauzeichner/-in und Architekt/-in, Apotheker/-in und Pharmazeutisch-technische Assistent/-in oder Sozialpädagogik und Erzieher/-in). Beim Übergang in die Abiturstufe ist außerdem zu fragen, wie die Ratsuchenden zu ihren Noten gekommen sind – Leichtigkeit beim Lernen und Lernfreude oder große Anstrengung, vielleicht sogar Nachhilfe und keine Lust auf Lernen. Dies ist für eine spätere Studienentscheidung von Bedeutung.

Neben dem Hinterfragen der Motivation hilft es, den Druck aus der Entscheidungssituation zu nehmen und den Jugendlichen Zeit zu geben, Erfahrungen zu machen und sich selbst zu entdecken. Zunächst stellt der/die Beratende die Frage: Was ist der nächste wichtige Schritt, der dich in deiner Persönlichkeitsentwicklung weiterbringt? Es geht um kleine, konkrete Schritte und um die Herausarbeitung von Teilzielen, die in Bezug auf das große Ziel der Studienentscheidung weiterhelfen können.

Die Schulzeit bietet den Jugendlichen, abgesehen von einem dreiwöchigen Schülerpraktikum, kaum Möglichkeiten, praktische Erfahrungen in der Berufswelt zu sammeln. Eine Chance, sowohl praktische Erfahrungen zu sammeln als auch Bedenkzeit zu gewinnen, ist ein Gap-Year in Form eines Freiwilligen Sozialen Jahres, eines Freiwilligen Ökologischen Jahres, eines Auslandsjahrs usw. Daneben bieten sich verschiedene, weniger zeitintensive Möglichkeiten für die Gewinnung von Informationen, aber auch das Sammeln von praktischen Erfahrungen an, wie sie Kötter und Kursawe (2015) vorschlagen. Die Schreibtisch-Recherche kann dazu beitragen, einen ersten Überblick über das Studium und damit verbundene Berufsperspektiven zu gewinnen. Dazu gehört es z. B. auch, Menschen, die den Beruf bereits ausüben, einfach anzurufen und Fragen zu deren Studium oder deren beruflicher Tätigkeit zu stellen. Eine weitere Möglichkeit ist die Feldforschung: Welches berufliche Feld oder Studienfeld interessiert mich? Welche Orte will ich besuchen, um mich zu informieren? Wen könnte ich treffen und fragen? Welche Fragen habe ich? (vgl. Kötter und Kursawe 2015, S. 220). Die Ergebnisse sollten für eine spätere Auswertung dokumentiert werden. Daneben können sich die Jugendlichen um ein- oder zweitägige Hospitanzen oder um Kurzzeit-Praktika, die auch in den Ferien zu bewältigen sind, bemühen. Der Berater sollte dazu anregen, konkrete, eigene Erfahrungen zu machen und persönliche Eindrücke zu sammeln. Fehlt es in der Schulzeit an praktischen Erfahrungen, werden diese später manchmal mit Erfahrungen des Scheiterns in Ausbildung oder Studium bezahlt, was mitunter als Verlust an Lebenszeit empfunden wird.

3.2.2 Medizin, Psychologie, Jura – wenn der Notendurchschnitt nicht reicht

In manchen Fällen sind Studienwünsche unrealistisch, weil die schulischen Leistungen von den Notenvorgaben des Numerus clausus im gewünschten Fach stark abweichen. Beratende können dann die Motivation hinterfragen, alternative Wege zum gewünschten Studium aufzeigen oder Interesse für alternative Studiengänge anregen. Besonders häufig werden Medizin, Psychologie oder Jura als Studienwünsche genannt, obwohl die schulischen Leistungen kaum Erfolg bei der Bewerbung erwarten lassen. Nicht selten spielen Status und Prestige eine Rolle für den Studienwunsch. Um dies zu problematisieren, hinterfragt der/die Beratende das fachliche Interesse, die fachlichen Voraussetzungen und mögliche praktische Erfahrungen bei den Ratsuchenden. Auch ist es sinnvoll zu fragen, ob den Ratsuchenden die Studiendauer oder der Lernaufwand für das Studium bewusst sind. Wenn möglich, regt der/die Beratende bei einem Medizinstudium den Besuch von Probevorlesungen, die Ausleihe von Fachbüchern z. B. über Anatomie oder die Hospitation bei einem niedergelassenen Arzt oder in einem Krankenhaus an. Mitunter bietet sich zunächst auch der Weg über eine fachspezifische Ausbildung an – entweder, um in einer bestimmten Quote berücksichtigt zu werden, wie bei Medizin, oder als Praxisbezug, zum Sammeln von Wartesemestern und als Vorbereitung für ein alternatives Studium. Weiterhin sollten alternative Studiengänge im entsprechenden Themengebiet berücksichtigt werden. Sie sind eine Möglichkeit, den fachlichen Bezug des Studienwunsches beizubehalten, z. B. Physician Assistant, Medizinpädagogik (beide mit vorgeschalteter Ausbildung), Therapiewissenschaften oder Pflegewissenschaft in der Medizin, Soziale Arbeit in der Psychologie oder das Studium der Rechtspflege oder der Sozialwissenschaften bei Jura, haben mitunter aber einen speziellen Schwerpunkt, der den Interessen und Fähigkeiten der Ratsuchenden entgegenkommt.

Neben dem Hinterfragen der Motivation kann der/die Beratende verschiedene Bildungswege aufzeigen: den Unterschied zwischen einer Universität und einer Hochschule für angewandte Wissenschaften, das Duale Studium, eine Ausbildung mit anschließendem Fachhochschulstudium oder auch ein berufsbegleitendes Studium und auch die Aufstiegschancen nach einer Ausbildung, wie Fachwirt oder Meister. Dabei geht es immer auch nicht nur um den schulischen Leistungsstand, sondern auch um persönliche Reifung. Beratende können den Ratsuchenden deutlich machen, dass für Unternehmen vor allem praktische Erfahrung und Persönlichkeit gefragt sind. Reine Bachelorabsolventen gelten oft als zu jung und unerfahren, sodass ein Studium allein noch keine Garantie für eine spätere Beschäftigung darstellt. Vielmehr gelingt der Einstieg in ein Unternehmen vor allem durch die Verknüpfung von Ausbildung und/oder Studium, praktischer Erfahrung sowie Persönlichkeitsentwicklung. Entscheidend ist, bei den Ratsuchenden die einseitige Studienausrichtung zu thematisieren und alternative Wege hin zur fachlichen, zur praktischen, aber auch zur Persönlichkeitsentwicklung aufzuzeigen.

Ob Ratsuchende über die Fähigkeiten verfügen, ein Studium erfolgreich zu bewältigen, kann in der Beratung nicht festgestellt, sondern lediglich besprochen werden. Für bestimmte Studienrichtungen kann an Integrierten Sekundarschulen und Gymnasien der Studienfeldbezogene Beratungstest (SFBT) der Agentur für Arbeit herangezogen werden. Dieser wird vom Berufspsychologischen Service angeboten.[1] Im Gespräch sollte die Beraterin Unterschiede des schulischen Lernens zum Hochschullernen verdeutlichen, Fähigkeiten zum Selbstmanagement im Studium aufzeigen, Lernformen wie Vorlesung, Seminar und umfangreiches Selbststudium erklären oder auch Finanzierungs-, Wohn- und Krankenversicherungsfragen ansprechen (vgl. dazu Koeder 2019). Da Studienabbruchquoten in einigen Fächern sogar über 50 % liegen (https://www.studis-online.de/Studieren/art-2683-studienabbruchstudie-2022.php, Zugriff 24.04.2025), kommt insbesondere der Beratung von eher schwachen Schülern in der Abiturstufe besondere Bedeutung für die Prävention von Studienabbrüchen zu.

---

[1] Über die gesamte Angebotspalette der Agentur für Arbeit für die Berufsberatung informiert folgendes Merkblatt (2022): https://www.arbeitsagentur.de/datei/merkblatt-11-berufsberatung_ba033920.pdf

3.2.3 Schulabbruch aufgrund schulischer Überforderung in der Abiturstufe

In einigen Fällen kommt es in der Abiturstufe zu Schulabbrüchen, oft aufgrund von schulischer Überforderung. Auch hier können Beratende verschiedene Möglichkeiten aufzeigen. Zum einen wird die auf einem Gymnasium oder in der Abiturstufe einer Sekundarschule absolvierte Zeit unter bestimmten Voraussetzungen als theoretischer Teil der Fachhochschulreife anerkannt. Den praktischen Teil erwirbt der/die Schüler/-in dann z. B. durch ein qualifiziertes Praktikum, eine Ausbildung oder ein Freiwilliges Soziales Jahr. Doch auch wenn dieser Weg erfolgreich war, stellt sich im Anschluss wieder die Frage nach einer Studienneigung bzw. -eignung, Aufstiegsmöglichkeiten nach einer Ausbildung, Praxiserfahrung und Persönlichkeitsentwicklung.

Letztlich nimmt Beratung den Jugendlichen also nicht ihre eigenen Erfahrungen und vor allem nicht die Entscheidung ab. Erst der Einstieg in ein Studium zeigt, ob dessen Anforderungen bewältigt werden oder nicht. Da die Bildungs- und Studienaspirationen vieler Abiturientinnen hoch sind, wirkt Beratung in Bezug auf Studienabbrüche nur bedingt präventiv.

3.2.4 Den Blickwinkel ändern – Studienzweifel konstruktiv bearbeiten

Studienzweifel haben vielfältige Gründe. Als Hauptgründe für Studienabbrüche werden falsche Erwartungen an das Studium und mangelnde Motivation genannt (vgl. Engel und Branig 2020, S. 104). Aufgabe von Beratung ist es, Selbstklärung und Selbsterkenntnis der Studienzweiflerinnen anzuregen und mögliche Alternativen aufzuzeigen. Die Beratung von Studienzweiflern und Studienabbrechern ist ein komplexes Thema (vgl. dazu u. a. Schulze-Stocker et al. 2020; Grüneberg et al. 2021). Wiederkehrende Themen aus der Beratungspraxis, die zum Teil miteinander einhergehen, sind dabei:

- Motivationsprobleme im Studium
- Studienperspektive = Arbeitsmarktperspektive?
- Interessen und Fächerwahl

Motivationsprobleme im Studium gehen oft mit der bereits erwähnten Differenz von extrinsischen und intrinsischen Motiven einher. Ein Studium dauert drei bis sechs Jahre. Extrinsische Motive wie Einkommen, Karriere oder Status tragen selten über diese Zeit, da ihre Erfüllung jenseits des Studiums liegt. Das Studium selbst besteht in der vertieften Beschäftigung mit fachlichen Inhalten. Wenn für diese Inhalte wenig oder kein Interesse aufgebracht wird, leidet die Motivation.

Fehlende Studienmotivation hängt bisweilen aber auch mit einer unsicheren Arbeitsmarktperspektive zusammen. Denn wozu studieren, wenn man hinterher keinen Job bekommt? Selten ist es möglich, bereits auf konkrete Bewerbungen hinzuarbeiten. Und oft ist Studierenden gar nicht bewusst, welche beruflichen Optionen sie mit dem Studienabschluss haben. Oder sie kommen nicht auf die einfachsten Möglichkeiten, danach zu recherchieren, wie z. B. im Fall eines Studenten des Wirtschaftsrechts. Er saß ratlos in meiner Sprechstunde und wusste nicht, welche Wege er nach dem Studium einschlagen könnte. Eine einfache Googlerecherche ergab z. B. Wirtschaftsprüfer, Steuerberater, Insolvenzverwalter oder die Beschäftigung in Rechtsabteilungen von Unternehmen und in Kanzleien. Diese Ratlosigkeit ist möglicherweise auf fehlende Eigeninitiative und Selbstständigkeit zurückzuführen, die hinterfragt werden müsste. Dabei zeigt sich wieder die Bedeutung von praktischen Erfahrungen. Wer Feldforschung betrieben und das Berufsfeld durch Hospitationen oder Praktika kennengelernt hat, wird in Bezug auf seine berufliche Zukunft zumindest konstruktive Fragen stellen.

Insbesondere in der Endphase des Studiums kann es sein, dass ein Job winkt, wie im Fall von Caroline R., und den Abschluss des Studiums infrage stellt.

Beispiel
Caroline studiert Business Administration im Bachelor und steht kurz vor dem Abschluss. Einerseits möchte sie ihrer Abschlussarbeit ausreichend Zeit und Konzentration widmen, andererseits hat sie bereits ein interessantes Angebot von einem Strumpfhosenhersteller, wo sie in den Marketing-Sales-Bereich einsteigen könnte. Sie möchte den Abschluss ihres Studiums und den Berufseinstieg optimal miteinander vereinbaren. Bei einer Ganztagsstelle bei dem Strumpfhosenhersteller wäre die Konzentration auf die Bachelorarbeit fraglich. Eine ausschließliche Konzentration auf die Bachelorarbeit und keine Berufstätigkeit wäre Caroline zu langweilig und zu wenig anspruchsvoll.

Letztlich wurde bei einem anderen Arbeitgeber eine Lösung gefunden, bei dem eine Teilzeitbeschäftigung für sie möglich war, sodass sie parallel zur Anstellung auch ihr Studium abschließen konnte. Eine praktische Problemlösung.

Zweifel am Studiengang oder -abschluss können aber selbst dann vorliegen, wenn ein in der Sache begründetes fachliches Interesse am Fach vorliegt. Das folgende Beispiel dient zur Illustration einer komplexen Beratungsaufgabe im Fall von fachlichen Interessenüberschneidungen oder -konflikten.

> **Beispiel**
> Nada hat ein Master-Studium Non-Profit-Management/Public Governance in Berlin begonnen. Davor studierte sie in den Niederlanden in den Bereichen Projektmanagement und Nachhaltigkeit. Sie ist sich nicht sicher, ob der aktuelle Studiengang der richtige für sie ist, da vor allem rechtliche und administrative Themen behandelt werden. Nada interessiert sich mehr für die inhaltliche und thematische Arbeit als für die Rahmenbedingungen. Außerdem hat sie viele andere Interessen. Sie möchte einen sinnstiftenden Studiengang bzw. eine sinnstiftende berufliche Tätigkeit finden, die der Welt und den Menschen guttut.
>
> In der Beratung wurden hier zunächst die thematischen Interessen von Nada eingegrenzt: Public Health, soziale Gerechtigkeit und Frauenrechte. Zur Eingrenzung und Gewichtung der Interessen wurden eine Mindmap und Skalierungsfragen eingesetzt. Im Gespräch wurden drei Lösungsmöglichkeiten für sie herausgearbeitet:
>
> - Ein Studiengangswechsel als Möglichkeit eines stärker interessenbezogenen Studiums – mit der Gefahr eines erneuten Auftretens des Problems
> - Einfließen der thematischen Interessen in das bestehende Studium, z. B. beim Verfassen von Belegarbeiten oder der Masterarbeit
> - Vorbereitung des Berufseinstiegs und Beschäftigung mit inhaltlich interessierenden Fragestellungen durch frühzeitige Schaffung eines Netzwerks zu potenziellen Arbeitgebern

Es zeigt sich, dass das Studium mit den beruflichen Perspektiven eng verknüpft ist. Die beruflichen Perspektiven sind hier ebenfalls durch ein intrinsisches Motiv, nämlich ein gesellschaftliches Anliegen, gestützt. Dadurch steht im vorliegenden Beispiel das Wie in Frage, nicht aber das Was und das Warum.

3.3 Wie weiter? Ratsuchende im Erwerbsleben

Auch im Berufsleben, mit abgeschlossener Ausbildung und Studium oder auch ohne, kann es immer wieder Situationen geben, in denen eine berufliche Neuorientierung notwendig wird. Da der Schwerpunkt dieser Darstellung auf der Phase von Schule, Ausbildung und Studium liegt, werden nur einige schlaglichtartige Akzente gesetzt. Insbesondere der kontinuierliche Wandel der modernen Arbeits- und Berufswelt verlangt von den Einzelnen berufliche Anpassungen, wie es später in Kap. 5 konkreter thematisiert wird. Was dem einen als Herausforderung und Entwicklungsmöglichkeit erscheint, bedeutet der anderen Überforderung und Überlastung. In der modernen Arbeitswelt muss fast jeder einmal oder mehrmals berufliche Übergänge bewältigen, sei es aufgrund befristeter Anstellungen oder von Teilzeit-Arbeitsverträgen, gesundheitlichen oder familiär bedingten Arbeitsunterbrechungen, Betriebsschließungen oder anderweitig verursachter Arbeitslosigkeit. Oder aufgrund eigener Veränderungs- und Entwicklungswünsche.

Von Arbeitslosigkeit betroffene Menschen werden vor allem von der Agentur für Arbeit und den Jobcentern beraten (vgl. Nixdorf und Swiderski 2022). Bildungsträger und Coachingangebote hingegen wenden sich oft an Menschen mit expliziten Veränderungs- und Entwicklungswünschen. Ein Beispiel dafür ist der Verein Frau und Beruf e.V. in Berlin. Dort coacht Cornelia Eybisch-Klimpel Frauen mit und ohne akademischen Berufshintergrund und beschreibt deren Anliegen wie folgt:

> **Beispiel**
> „Frauen kommen in der Regel zu uns, weil sie aus unterschiedlichen Gründen mit ihrer beruflichen Situation unzufrieden sind und sie zum Besseren ändern möchten. Die Gründe für die Unzufriedenheit sind vielfältig. Viele Anstellungen sind prekär und befristet, manche Frauen haben aktuell keinen Job und sind arbeitslos. Mal geht es um Überforderung, mal um Unterforderung, mal ist es der cholerische Chef, mal die mangelnde Anerkennung, mal die schlechte Bezahlung, mal die schlechte Organisation in der Abteilung, die die Mitarbeiter überfordert, oder einfach die Tatsache, dass die Stelle nicht den eigenen Fähigkeiten entspricht. Häufig sind Akademikerinnen unter ihren Möglichkeiten angestellt, was mit Frustration und Selbstzweifeln einhergeht. Dann geht es meist darum, eine Jobidee zu entwickeln, die zu ihren Erfahrungen, Fähigkeiten und Wünschen passt. Darauf auf-

> bauend bieten wir eine Reihe zur strategisch ausgerichteten Job-Recherche an, damit diese Jobideen in der Arbeitswelt (im Fachaustausch, in Gesprächen, auf Veranstaltungen) exploriert und erschlossen werden können. Hierzu gehören Vorträge und spezialisierte, moderierte Erfolgsteams.
> Mit dem Beratungsprozess entwickeln sich auch die Erwartungen und Anliegen unserer Klientinnen. Geht es am Anfang häufig darum, eine den eigenen Kompetenzen entsprechende, befriedigende, sinnstiftende, finanziell lohnende Jobidee zu entwickeln, ist die Frage im weiteren Verlauf eher: Wie und wo finde ich diesen Job? Wer kann mir weiterhelfen? Wie kriege ich einen Fuß in die Tür?"
> (persönlicher Austausch mit Cornelia Eybisch-Klimpel)

Die in diesem Buch aufgezeigten Prinzipien und Methoden, sowohl der pädagogisch begründete Ansatz als auch die psychologisch begründeten Beratungsansätze, sind ebenfalls in der Berufsberatung im Erwerbsleben zielführend. Auch bei Menschen mit einer vorhandenen Berufsbiografie ist es wichtig, Bildungsfähigkeit in Bezug auf die Bereitschaft für neue Wege zu unterstellen und zu fördern. Aufforderung zu selbstständigem Denken und Handeln kann heißen: Wann hat der/die Ratsuchende sich zuletzt selbstständig Informationen beschafft? Welche Recherchewege kennt er/sie? Wie knüpft er/sie Netzwerke? Das Zeigen als Prinzip der Beratung kann hier modifiziert werden als Entdecken der eigenen Möglichkeiten und Ressourcen, als Hinweisen auf neue Anregungen wie Vorträge oder Veranstaltungen. Das Prinzip der Gleichwertigkeit aller Berufswege kann z. B. bedeuten, die Frage zu stellen, wo Veränderungen angestrebt werden sollen – jenseits der bisherigen Tätigkeit oder vielleicht auch innerhalb des ausgeübten Berufes oder neben dem Hauptberuf?

Bei aller Notwendigkeit und Chance, die Bildungsberatung dem/der Einzelnen im Erwerbsleben bietet, gilt es aber auch hier zu beachten, dass diese/-r nicht die alleinige Verantwortung für das Gelingen seiner beruflichen Entwicklung und Veränderung trägt. Diese liegt letztlich auch in den vorgefundenen Grenzen der ökonomischen, sozialen und gesellschaftlichen Bedingungen begründet.

3.4 Aufgaben für die eigene Beratungspraxis

Versuchen Sie, die pädagogischen Prinzipien Bildungsfähigkeit, Aufforderung zum selbstständigen Denken und Handeln, pädagogische Angemessenheit sowie Gleichwertigkeit aller Bildungswege an folgendem Fallbeispiel beraterisch zu kon-

3 Wer braucht was? Umgang mit unterschiedlichen Zielgruppen

kretisieren. Greifen Sie dabei methodische Anregungen der vorherigen Kapitel auf. Wenn möglich, setzen Sie Ihre Ideen und Impulse gemeinsam mit Kolleginnen oder Kollegen in einem Rollenspiel um. Im Idealfall gibt es eine/n Ratsuchenden, eine/n Beratenden und zwei Beobachtende in abwechselnden Rollen. Formulieren Sie vor dem Rollenspiel Beobachtungsaufträge zu den einzelnen Aspekten.

> Baran besucht derzeit die 11. Klasse. Er kommt mit den Lehrern nicht zurecht. Er hat unentschuldigte Fehlzeiten und möchte die Schule abbrechen. Die Eltern drängen auf das Abitur, aber er selbst möchte das nicht. Der Schüler möchte Frisör werden. Andere Alternativen kommen für ihn nicht infrage.

Wie kann Beratung motivieren? Motivation, Widerstände, Rolle der Eltern

4

Jana Swiderski

Motivation ist für den Berufswahlprozess entscheidend. Doch nicht immer erscheinen Ratsuchende motiviert. Wie lässt sich Motivation durch Beratung fördern? Welche Möglichkeiten und Methoden für einen konstruktiven Umgang mit Widerständen gibt es? Und welche Rolle spielen die Eltern und wie können sie eingebunden werden?

Immer wieder frage ich mich: Wie gehe ich damit um, wenn Ratsuchende anscheinend keine Motivation zeigen? Hat meine Beratung dann überhaupt einen Sinn? Ich befinde mich als Beraterin in einer paradoxen Situation, die bereits in Abschn. 2.3 kurz thematisiert wurde: Einerseits bedarf es eines Anliegens und eines Motivs seitens der Ratsuchenden, das meine Beratung legitimiert. Andererseits berate ich nicht selten Jugendliche, die eigentlich kein Anliegen und kein Motiv haben. Es fehlen jegliche Vorstellungen von einer beruflichen Zukunft und es sind keine berufsbezogenen Aktivitäten erkennbar. Welche Berechtigung hat Beratung in diesen Fällen? Welche Berechtigung hat Beratung, wenn bei den Ratsuchenden kaum oder keine Motivation erkennbar ist? Kann oder sollte Beratung motivieren? Oder ist vielmehr Motivation eine wichtige Voraussetzung von Bildungs- und Berufsberatung? Nur wer ansatzweise motiviert ist, wird zur Beratung erscheinen und für ein Gespräch aufgeschlossen sein. Wer motiviert ist, entwickelt die Bereitschaft, über seinen beruflichen Werdegang nachzudenken, ein bestimmtes berufliches Ziel zu verfolgen und konkrete Schritte dafür zu unternehmen. Wenn Ratsuchende unmotiviert sind und nur in der Beratung erscheinen, weil Schule

---

J. Swiderski (✉)
Bundesagentur für Arbeit, Berlin, Deutschland
E-Mail: jana@ac-event.info

© Der/die Autor(en), exklusiv lizenziert an Springer Fachmedien Wiesbaden GmbH, ein Teil von Springer Nature 2025
J. Swiderski, *Berufs- und Bildungsberatung aus pädagogischer Perspektive*, https://doi.org/10.1007/978-3-658-49112-3_4

oder Eltern das wollen, wie weckt der/die Beratende dann Interesse für die Berufswahl und fördert Motivation? Wie kann der Teufelskreis von fehlender Motivation und fehlender Leistungsfähigkeit durchbrochen werden? Und wie wirkt Beratung motivierend bzw. nimmt auf Motivation Einfluss? Welche Rolle spielen dabei die Eltern? Diesen Fragen widmet sich das folgende Kapitel.

4.1 Was ist Motivation? Und was bedeutet sie für den Berufswahlprozess?

Motivation beinhaltet die Fragen nach dem Wozu und nach dem Wie (vgl. Heckhausen und Heckhausen 2010, S. 1). Die Frage „Wozu?" bezieht sich auf die gewählten Ziele, die angestrebt werden oder von denen man sich zurückzieht. Im Fall der Berufswahl z. B. eine Ausbildung zur Chemielaborantin oder zum Hörgeräteakustiker oder auch der Ausschluss bestimmter Berufswege wie Pflege oder Kindererziehung. Die Frage nach dem Wie bezieht sich darauf, wie man nach einem Entschluss tatsächlich zum Handeln kommt, also das Streben nach praktischer Wirksamkeit (vgl. Heckhausen/Heckhausen, ebd.). Eine Jugendliche hätte dann nicht nur den Wunsch, Chemielaborantin zu werden, sondern verfolgt auch konkrete Aktivitäten zur Umsetzung dieses Wunsches, indem sie das Berufsbild recherchiert, ihre Bewerbungsunterlagen optimiert, Rückmeldungen von Lehrern oder Eltern wünscht oder nach Ausbildungsplätzen sucht. Ohne hier näher auf die psychologische Komplexität des Motivationsgeschehens eingehen zu können, beeinflussen intrinsische und extrinsische Anreize die Motivation (vgl. a. a. O., S. 5). Die Jugendliche im vorliegenden Beispiel hat ein intrinsisches, in ihrer Person liegendes Interesse an Naturwissenschaften entwickelt und in den entsprechenden Schulfächern gute Leistungen gezeigt oder sie hat z. B. in einer naturwissenschaftlichen Experimentier-AG mitgearbeitet. Extrinsische Anreize sind im Gegensatz dazu von außen gegeben und können das Gehalt, die Wohnortnähe oder die gute Vereinbarkeit von Beruf und Familie sein. Intrinsische wie extrinsische Anreize besitzen „Aufforderungscharakter" zu entsprechendem Handeln (vgl. a. a. O., S. 5). Das heißt, die Jugendliche wird durch diese Reize angeregt, tätig zu werden und etwas für die Realisierung ihrer Ziele zu unternehmen.

Unabhängig von intrinsischen und extrinsischen Anreizen befinden sich Jugendliche bei der Berufswahl vielleicht zum ersten Mal in ihrem Leben in einer Situation, in der sie ganz für sich selbst Entscheidungen treffen müsse. Das stellt eine große Herausforderung, vielleicht sogar Überforderung dar:

"Es gibt keine Entscheidung ohne diese Erfahrung der Unentscheidbarkeit, keine Bestimmung ohne die Erfahrung der Unbestimmbarkeit, keine Entscheidung ohne die Möglichkeit der Kritik dieser Entscheidung." (Baecker 1994, S. 165)

Motivation ist die Grundlage, um überhaupt Entscheidungen treffen zu können. Liegt eine berufliche Motivation tatsächlich vor, sind Jugendliche in ihrem beruflichen Entscheidungsprozess bereits fortgeschritten. Die Ausgangssituation der meisten Jugendlichen im Übergang von der Schule in Ausbildung und Studium ist eine andere. Viele haben bis zu diesem Zeitpunkt kaum Berührung und Erfahrung mit Beruf und Arbeit. In ihren Entscheidungen sind sie vor allem durch Eltern und Lehrkräfte beeinflusst. Die Aufgabe, sich für einen Beruf, der bis dahin noch kein zentrales Lebensthema war, entscheiden zu müssen, fordert eine plötzliche und ungewohnte Verantwortung. Dadurch können große Unsicherheiten entstehen. Jugendliche befinden sich im Prozess der Selbstfindung, sie sind formbar und veränderbar. Anscheinend fehlende Motivation kann daher als Normalfall im „Prozess der Berufsfindung im Sinne der Ausbildung eines beruflichen Selbstkonzepts" (Rübner und Höft 2016, S. 9) verstanden werden.

Mit anderen Worten: Beratung am Übergang von Schule zu Beruf kann Motivation nicht voraussetzen. Vielmehr sollte Beratung Motivation (zutage) fördern, also zur Bildung von Motivation beitragen. Dafür reicht es in der Beratung nicht, bestimmte Motive als attraktiv zu „verkaufen", da dies zur Demotivierung beiträgt:

"Wer motiviert wird, achtet dann nicht auf das, was er tun soll und die guten Gründe, die es dafür geben mag. Sondern er achtet nur noch auf die Absicht – und ist verstimmt. [...] Die Absicht der Motivation ruiniert die Freiwilligkeit." (Baecker 1994, S. 121)

Dreh- und Angelpunkt von Motivation durch Beratung ist die Aufforderung zum selbstständigen Denken und Handeln und damit die Förderung der Selbstwirksamkeit. Dazu können gehören:

- Herausarbeiten von Stärken und Ressourcen
- Herausarbeiten von Interessen
- Anregen zur Beschäftigung mit Berufsbildern
- Anregen von Gesprächen mit Expertinnen/Experten und zu Hospitationen
- Anregen von freiwilligen Praktika
- Anbieten von Elterngesprächen
- Kontinuierliche Begleitung des Berufsfindungsprozesses

In Bezug auf eine nicht erkennbare oder fehlende Motivation lassen sich zwei Fälle unterscheiden: der eine Fall, der auf Unorientiertheit und laufende Entwicklungsprozesse zurückgeht und der andere Fall, der sich in offensichtlichem Desinteresse sowie Passivität in Bezug auf berufliche Entscheidungsfragen äußert. Wie Beratung damit umgehen kann, wird im Folgenden näher beleuchtet.

4.2 Fehlende Motivation und unzureichende Leistungsfähigkeit – ein Teufelskreis?

Insbesondere Jugendliche mit schwachen schulischen Leistungen oder gar einer Gefährdung des Schulabschlusses lassen oft wenig bis gar keine Motivation erkennen, ihre berufliche Laufbahn zu gestalten und an den Voraussetzungen dafür zu arbeiten. Ursache und Wirkung bedingen sich in diesen Fällen wechselseitig. Zum einen führen schwache schulische Leistungen zur Kapitulation vor den Anforderungen des Ausbildungsmarktes und damit zu Desinteresse und Demotivation. Umgekehrt trägt nicht vorhandene Motivation zu einem Abfall der schulischen Leistungen bei. Die Kombination aus Demotivation und unzureichenden schulischen Leistungen bis hin zum fehlenden Schulabschluss schmälert die Chancen am Ausbildungsmarkt. Dazu kann das Gefühl der Perspektivlosigkeit kommen und die Befürchtung, mit schlechten Leistungen sowieso keine Chance zu haben. Wenn Beratende und Schule keine Abhilfe schaffen, bleibt nicht selten eine Betreuung durch das Jugendamt der letzte Ausweg.

Anscheinend fehlende Motivation zeigt sich auch bei Jugendlichen mit durchschnittlichem Leistungsniveau. In solchen Fällen sollte der/die Beratende im Gespräch versuchen, die Gründe dafür herauszufinden, um dann zu versuchen, die Jugendlichen in der Beratung und durch Beratung zu motivieren. Ein Grund für fehlende Motivation kann Desinteresse sein. Nicht wenige Schüler/-innen wissen auf die Frage nach ihren Interessen keine Antwort. Liegen keine Interessen vor, gibt es auch keine Anreize, die zu einer intrinsischen oder extrinsischen Motivation führen könnten. Erst, wenn Menschen an Themen interessiert sind, können ihnen berufliche Aufgaben und Entwicklungsmöglichkeiten als Anreiz erscheinen.

Ein weiterer Grund für fehlende Motivation kann eine mangelnde berufliche Orientierung sein. Die Jugendliche hat weder schulische noch außerschulische Erfahrungen mit Berufen und der Arbeitswelt. Wenn überhaupt sind Arztserien, Anwaltsdokus, Kriminalfilme oder Social Media hauptsächliche Informationsquellen. Nur wenige Jugendliche haben schon einmal am Schraubstock gestanden, einen Messschieber bedient, einen Schaltkreis aufgebaut, ein Brettchen gesägt oder eine technische Zeichnung angefertigt. Oder ein Beet angelegt, eine Decke genäht oder auch nur eine Glühlampe gewechselt. Oft findet die erste Begegnung mit der

Arbeitswelt im Schulpraktikum statt, das jedoch nicht immer nach Interessen, sondern nach praktischen Gesichtspunkten ausgewählt wird (z. B. der Supermarkt oder die Drogerie um die Ecke). Auch gibt es Fälle, in denen ein oder beide Elternteile keiner Berufstätigkeit nachgehen, wodurch positive Vorbilder fehlen. Die Berufswahl erscheint vielfach als eine Aufgabe, für die es kaum eine Erfahrungsgrundlage und Wissensbasis gibt. Fehlende Motivation ist dann ein Ausdruck von Hilflosigkeit und Überforderung. In diesen Fällen ist es wichtig anzuregen, neben der Recherche und Informationsgewinnung eigene berufliche Erfahrungen zu machen. In meiner Beratungspraxis schlage ich den Schülern und Schülerinnen immer wieder vor, Gespräche mit Berufsvertretern zu führen, Hospitationsmöglichkeiten anzufragen und sich freiwillige, kürzere, dafür häufigere Praktika in den Ferien zu organisieren.

Aber auch Entscheidungsdruck oder die Angst vor Entscheidungen führen dazu, dass Jugendliche als unmotiviert erscheinen. Wenn Jugendliche das Gefühl haben, ihre gesamte zukünftige Existenz hänge von ihrer Berufswahl ab, kann das dazu führen, die Entscheidung lieber aufzuschieben. Wenn der Druck, sich entscheiden zu müssen, als zu groß empfunden wird, erfolgt der Rückzug von Zielen und Motiven. Auch hier spielt mitunter fehlende Erfahrung im Berufskontext eine Rolle, die dann seitens der Beratung als praktikable Lösung anzuregen wären.

Bei Motivationsdefiziten sollte es nicht Ziel von Beratung sein, berufliche Motive und Ziele um jeden Preis zu forcieren. Vielmehr sollte Beratung persönliche Entwicklung und berufliche Erfahrung ermöglichen und unterstützen. Tendieren Jugendliche dazu, ihr Entscheidungsproblem durch eine Verlängerung der Schullaufbahn aufzuschieben, sollte abgewogen werden. Diese Verlängerung hat dann einen Sinn, wenn diese Zeit für unterschiedliche berufliche Erfahrungen genutzt wird. Verfrühte Entscheidungen für eine Ausbildung oder ein Studium führen nicht selten zu Ausbildungsabbrüchen und Studienabbrüchen. Wie die Unterstützung der Motivation in der Praxis aussehen kann, soll das Beispiel von Josi zeigen.

> **Beispiel**
> Josi, 18 Jahre, erscheint mit ihrer Mutter in meiner Sprechstunde. Sie hat das Abitur mit 2,3 abgeschlossen, möchte eine Ausbildung oder ein Studium machen, hat aber keine Vorstellungen oder Ideen. Jedoch schließt sie Pflege und Kinderbetreuung kategorisch aus. Stärken und Interessen kann sie nicht benennen. Sie erscheint nicht interessiert und nicht motiviert. Dies spiegelte sich in einem lustlosen, gelangweilten Gesichtsausdruck wider und in einer anfangs teilnahmslosen, desinteressierten Haltung gegenüber mir als Beraterin.

> Um einen Anknüpfungspunkt für das Gespräch über berufliche Wege zu finden, versuchte ich, ihre Interessen weiter zu hinterfragen. Dass jemand gar keine Interessen hat, ist unwahrscheinlich. Im Gespräch kristallisierte sich eine Affinität für technische Zusammenhänge und technische Berufe heraus. In Berlin gibt es die Möglichkeit für ein technisches Jahr für junge Frauen, in dem in unterschiedlichen Betrieben Praktika absolviert werden mit dem Ziel der Berufs- oder Studienfindung und der Möglichkeit der Einmündung in einen Betrieb. Dieses Angebot habe ich mit Josi besprochen und sie wollte sich dafür bewerben. Zur Überbrückung der Zeit bis zum Beginn des technischen Jahres habe ich Josi Expertengespräche und Hospitationen in technischen Berufen vorgeschlagen, wie Mechatronikerin, Elektronikerin oder Fachinformatikerin. Außerdem wurden Termine für die Bewerbung für eine Ausbildung bzw. für ein Studium besprochen.

Mit Sicherheit hat Josi das Gespräch nicht hoch motiviert verlassen. Aber es wurden erste Schritte für die Berufsorientierung besprochen. Das ist das Wichtigste: konkrete Aufgaben stellen, praktische Schritte vereinbaren und wenn möglich, eine terminliche Planung ins Auge fassen, auch wenn das genaue Ziel noch nicht klar ist. Am Beispiel von Josi wird deutlich, dass die Berufs- und Studienwahl ein Entwicklungsprozess ist, bei dem die Motivation nicht am Anfang, sondern vielmehr am Ende steht.

4.3 Wie zeigen sich Widerstände in der Beratung?

Widerstände bei Jugendlichen können sich zum einen in Bezug auf die Beratung an sich zeigen. Dies äußert sich entweder darin, dass Beratung gar nicht erst aufgesucht wird. Werden diese Jugendlichen durch Eltern, Schule oder Jobcenter zur Beratung genötigt, treten nicht selten abwehrende Kommunikation durch ausbleibende Gesprächsbereitschaft, ein überheblicher Habitus oder aggressive Verhaltensweisen auf. Zum anderen können sich Widerstände in Bezug auf den eigentlichen Berufswahlprozess zeigen.

Für einen konstruktiven Umgang mit Widerständen in der Beratung können diese als „Lernanlass" (vgl. Franz 2014, S. 275) verstanden werden, der eigene Erfahrungen ermöglicht. Das heißt auch, negative Erfahrungen nicht um jeden Preis verhindern zu wollen, sondern zuzulassen.

4 Wie kann Beratung motivieren? Motivation, Widerstände, Rolle der Eltern

> Tim, 15 Jahre, Schüler der 10. Klasse, kam in meine Sprechstunde und setzte sich breitbeinig und mit verschränkten Armen mir gegenüber. „Ich mache Abi.", so sein kurzes, aber eindeutiges Statement. Die Schulprognose und der aktuelle Notenspiegel sprachen eindeutig dagegen. Diese Argumente überzeugten den Schüler nicht und er blieb bei seinem Standpunkt. Ein Folgegespräch änderte daran nichts. Wie zu erwarten, schaffte er den Sprung in die Oberstufe nicht und wiederholt nun die 10. Klasse.

Widerstände werfen Fragen auf und sind durch Beratung nicht ohne weiteres zu beheben. Zum Beispiel,: Warum ist der Ratsuchende widerständig? Aus welchen Gründen? Kann Beratung bei der Suche nach Begründungen für Widerstände überhaupt helfen? Hier stellen sich ethische Fragen, wie: Will und muss ich als Beraterin die Ratsuchenden von einem geradlinigen, störungsfreien Weg ins Berufsleben überzeugen oder lasse ich Um- und Irrwege bis hin zum zeitweiligen oder dauerhaften Scheitern zu? Letztlich liegt der tatsächliche berufliche Weg nicht im Verantwortungsbereich der Beratenden. Daher bleibt es die/der Ratsuchende selbst, der das Ziel vorgibt. Wir als Beratende können Fragen stellen, infrage stellen oder Konsequenzen aufzeigen. Widerstände als Lernanlässe zu begreifen, kann auch heißen, ein Lernen aus Fehlern zuzulassen, wie das Beispiel von Lisa-Marie zeigt.

> Lisa-Marie, 18 Jahre, hat das Abitur mit einem Durchschnitt von 3,3 abgelegt, In Deutsch und Mathe steht eine Vier, in Englisch eine Drei auf dem Zeugnis. Ihr einziger Wunsch ist eine Ausbildung als Verwaltungsfachangestellte oder als Sozialversicherungsfachangestellte bzw. ein Studium in der Verwaltung oder Sozialversicherung. Sie ist hoch motiviert, bewirbt sich seit Monaten, jedoch erfolglos. Vorschläge für berufliche Alternativen lehnt sie kategorisch ab. In diesem Fall bleibt nur, ihren Wunsch zu respektieren und abzuwarten, wie sie die dauerhafte Erfahrung der Erfolglosigkeit ihrer Bewerbungen verarbeitet und ob sie irgendwann von selbst Schlüsse daraus zieht und ihren Widerstand aufgibt. Wenn Lernen durch Aufklärung und Beratung nicht angenommen wird, bleibt nur das Lernen durch praktische Erfahrungen. Das braucht mitunter Zeit und kann schmerzhaft sein

Aus pädagogischer Sicht erscheint es sinnvoll und legitim, Jugendliche trotz Widerständen zu beraten, sofern sie es zulassen. Entwicklungs- und Berufsfindungsprozesse sind nicht abgeschlossen, Konsequenzen werden in ihrer Tragweite nicht adäquat eingeschätzt. Sind Demotivierung und Widerstand miteinander verschränkt, stellt das auch hohe Anforderungen an die Motivation des/der Beratenden. Der Fall Marko veranschaulicht die Herausforderungen, die die Verknüpfung von Demotivation und Widerstand an einen Berater stellt.

> **Beispiel**
> Marko, 17 Jahre, macht eine Ausbildung zum Industriemechaniker, will diese aber abbrechen, da sie ihm nicht liegt und nicht seinen Interessen entspricht. Er hat den mittleren Schulabschluss mit 2,7 erreicht, in Deutsch, Mathe und Englisch eine 3. Zunächst hat er Fragen zur Kündigung/Aufhebung seines Ausbildungsvertrags, zum Arbeitslosengeld sowie zum Kindergeld. Als Überbrückung sucht er einen Minijob. In Bezug auf die weitere Perspektive schwankt er zwischen Abitur und Ausbildung. Abitur möchte er machen, um schulisch aufzuholen und um vielleicht zu studieren. Im Vordergrund stehen die aktuellen Herausforderungen, die mit dem Ausbildungsabbruch verbunden sind. Eine berufliche Orientierung möchte er danach in Angriff nehmen.
>
> Eine sozialpädagogisch betreute Maßnahme zur Berufsorientierung wurde vor Aufnahme der Ausbildung bereits ausgeschöpft. Für eine berufliche Neuorientierung hat die Beraterin einen Berufswahltest bei der Agentur für Arbeit vorgeschlagen sowie ein Gespräch über Möglichkeiten an weiterführenden Schulen. In einem ersten Gespräch lehnte Markus die Beratung über eine weitere Ausbildung kategorisch ab, da er sich selbstständig machen wolle entweder im Sicherheitsgewerbe oder im Internethandel. Einwände oder Argumente der Beraterin akzeptierte er nicht.
>
> In einem weiteren Gespräch äußert Marko, dass er sich zunächst selbstständig über Berufe informieren möchte. Jedoch lässt er kaum eine Bereitschaft erkennen, über das Thema Ausbildung ernsthaft nachzudenken. In der Beratung stellte sich heraus, dass er psychologischen Gesprächsbedarf hat. Er vermittelte den Eindruck, dass ihn ein Problem belastet, über das er nicht reden möchte. Das Angebot von drei Beratungen beim Berufspsychologischen Service der Agentur für Arbeit wollte er mit seiner Mutter besprechen. Nach diesen Gesprächen sollte das Thema Berufsorientierung erneut aufgegriffen werden.
>
> Er äußerte nun den Wunsch, Fahrkartenkontrolleur werden zu wollen. Jedoch gibt es für die Ausstellung eines dafür notwendigen Bildungsgutscheins für Jugendliche ohne Erstausbildung keine gesetzliche Grundlage.

> Dies ist für Marko ein harter Rückschlag, da er lange über diese Möglichkeit nachgedacht hat und ihm das als eine tragfähige Perspektive erschien. Sein Zukunftstraum ist geplatzt und damit auch das Interesse an anderen beruflichen Optionen wie U-Bahn- oder Busfahrer, Fachangestellter für Bäderbetriebe oder eine Ausbildung beim Automobilhersteller. Er sitzt in der Beratung ohne wirkliches Interesse, ohne Motivation und ohne eigenständigen Antrieb.

An diesem Beispiel zeigen sich zwei wichtige Aspekte: Die Bedeutung des Interesses und einer intrinsischen Motivation für die Berufswahl sowie die Notwendigkeit des Hinterfragens von Widerständen. Es ist zu vermuten, dass hinter dem Wunsch nach einer selbstständigen Existenz und der Ablehnung von Ausbildungsangeboten die Angst vor einem erneuten Scheitern in einer neuen Ausbildung steht. Dieses Dilemma schien ihm durch eine mehrwöchige Weiterbildung zum Fahrkartenkontrolleur lösbar. Diese war nicht angstbesetzt und entsprach seinem Interesse nach Kontrolle und Ordnung. Hier könnte der Anknüpfungspunkt für eine weitere Beratung sein, beispielsweise für eine Ausbildung im Sicherheitsgewerbe. Eine motivierende Beratung sollte im Fall von Widerständen nach Gründen fragen. Sie sollte bei den Interessen der Ratsuchenden ansetzen, diese Interessen unterstützen und weiterentwickeln. Und sie sollte Stärken und Ressourcen für deren Verwirklichung herausarbeiten und Selbstwirksamkeit fördern.

4.4 Motivation fördern

Motivation wird im Wesentlichen auf drei Wegen gefördert und unterstützt:

- Interesse wecken
- Entscheidungshilfen geben, Entscheidungsspielräume und Alternativen herausarbeiten
- Selbstwirksamkeit und selbstständiges Denken und Handeln anregen

Damit dies gelingt, sollen im Folgenden einige ausgewählte Methoden vorgestellt werden.

4.4.1 Das Ikigai – ein Modell berufsbezogener Motivation und sein Nutzen in der Beratung

Eine verbreitete Methode, nach seinem Beruf oder seiner Berufung zu fragen, bietet das japanische Modell des IKIGAI. Es bedeutet so viel wie „wofür es sich lohnt, morgens aufzustehen" und fragt nach dem Sinn des Lebens (vgl. Genard 2022). Die vier Aspekte des IKIGAI (Abb. 4.1) lassen sich auch auf die Berufsfindung anwenden.

Um Motivation zu fördern, können Ziele thematisiert werden: Was mache ich gern oder was würde ich gern machen? Nicht immer verweisen Tätigkeiten, die Jugendliche gern ausüben, direkt auf eine berufliche Laufbahn, z. B. ein Musikinstrument spielen, tanzen oder auch zocken. Durch Verallgemeinerungen ergeben sich aber mögliche Anhaltspunkte – Kreativität, Bewegungsfreude oder Ausdauer lassen sich durchaus beruflich umsetzen. Die Liebe zur Sache ist für die Berufsausübung nicht ausreichend. Vielmehr bedarf es der dafür erforderlichen Fähigkeiten. Jugendliche können sich fragen: Was mache ich gut? Die Beratenden können hier unterstützen, die Stärken und Ressourcen herauszuarbeiten und auf diese Weise den Aufbau von Selbstvertrauen und Selbstbewusstsein unterstützen. Das Thema Bezahlung ist für die meisten Jugendlichen ein wichtiges Thema – fast jeder will gut verdienen. Viele nennen dieses Motiv an erster Stelle. Hier lässt sich

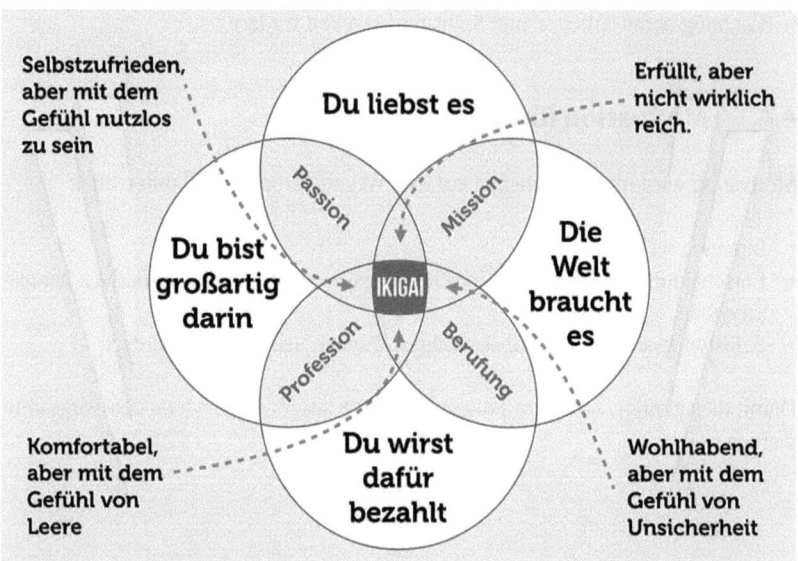

Abb. 4.1 Das IKIGAI mit seinen vier Aspekten. (https://karrierebibel.de/ikigai-modell/)

aber die Frage nach Werten stellen: Was ist dir im Leben wichtig? Was bedeutet etwas für dich? Wo siehst du deine Berufung? Diese Fragen führen unmittelbar zum vierten Aspekt, nämlich zu der Frage, wie sinnstiftend eine Tätigkeit ist und ob es sich dabei um etwas handelt, was die Gesellschaft braucht. Wägt man die drei Aspekte der Neigung, der Fähigkeiten und der Berufung gegen den Aspekt der Bezahlung ab, ergeben sich möglicherweise andere Prioritäten. In jedem Falle lohnt es sich, diese Fragen zu stellen, damit Jugendliche sich ihre Motive bewusst machen und über ihre Motive nachdenken.

4.4.2 Emotionen und Fantasie anregen – mit Bildern und Assoziationen arbeiten

Besonders motivierend wirken Gefühle, Vorstellungen und Fantasien. Assoziationen lassen sich mithilfe von Bildern anregen. Diese sind in vorgefertigten Sammlungen im Handel erhältlich oder man stellt sich seine eigene Bildersammlung her. Zum Beispiel kann der/die Beratende im Gespräch Bilder auf dem Tisch oder Boden auslegen und den/die Jugendliche bitten, sich ein Bild auszusuchen, das als besonders ansprechend empfunden wird. Dazu bildet der/die Jugendliche Assoziationen und aus diesen könnte dann versucht werden, ein Motto für das Leben oder die Berufswahl zu formulieren. Dieses Motto kann dann im weiteren Verlauf der Beratung leitend für die Frage nach geeigneten Berufen sein. Neben fantasiefördernden Bildersammlungen gibt es auch thematisch ausgerichtete Sammlungen wie die Stärkenkarten (2022) oder die Traumberufekarten (2019) des Kreisjugendringes Esslingen.

4.4.3 Die Taktik der kleinen Schritte – die Kamelpfadstrategie nach Sabine Asgodom

Es kommt vor, dass Ratsuchende übermotiviert sind und Ziele anstreben, die aus Sicht der Beratenden als zu groß, unrealistisch oder unerreichbar erscheinen. Gerade an solchen Zielen halten Ratsuchende hartnäckig fest. Mithilfe der „Kamelpfadstrategie" nach Sabine Asgodom (2021, S. 92 ff.) lassen sich große Ziele in kleinere, erreichbare Teilziele verwandeln und die Motivation von hochgesteckten Absichten auf machbare kleine oder erste Schritte lenken.

Die Strategie geht davon aus, dass das übermotivierte Anpeilen eines großen Zieles sich mit dem Ritt auf einem Kamel durch die Wüste vergleichen lässt. Wenn Reiter und Kamel ohne Vorbereitung und ohne Pausen mit voller Kraft durch die Wüste reiten, werden sie irgendwann entkräftet zusammenbrechen und das Ziel wahrscheinlich nicht erreichen. Also kommt es darauf an, zunächst die „Oasen" anzusteuern, den ersten Schritt und kleinere, erreichbare Teilschritte festzulegen. So lässt sich das große Ziel Schritt für Schritt, auf kleinen Teilstrecken und mit Pausen, erreichen. Diese Teilschritte und Teilziele gilt es, in der Beratung zu visualisieren, sodass der Ratsuchende die notwendigen Etappen auch bildlich vor Augen hat. Beratung lenkt so den Blick vom hochgesteckten Ziel auf kleinere, machbare und realistische Teilziele.

> Mithilfe der Kamelpfadstrategie konnte ich gemeinsam mit Mert, 14 Jahre, Schüler der 9. Klasse, eine Lösung für seinen Traumberuf finden, ohne ihn enttäuschen zu müssen. In der Arbeit mit Bildern und Assoziationen wählte er das Bild eines Adlers und formulierte als Motto für seine Berufswahl: „Hoch hinaus". Seit vielen Jahren ist es sein Wunsch, Paläontologe zu werden. Er hat schon Grabungen durchgeführt, allerdings ohne Erfolg. Er kennt die paläontologischen Sammlungen im Berliner Naturkundemuseum. Allerdings liegen die Ergebnisse seines Berufswahltests unter denen von Hauptschülern. Die schulische Prognose liegt etwas günstiger und lässt einen erweiterten Hauptschulabschluss erwarten. Sein Vater ist Security-Mitarbeiter, seine Mutter Reinigungskraft. Er wäre der Erste aus der Familie, der Abitur machen und studieren würde. Er schätzt seine Motivation relativ hoch ein und möchte beruflich seine Fähigkeiten einsetzen und sich weiterentwickeln. Die Grafik veranschaulicht die Teilschritte, die ich mit Mert besprochen habe (Abb. 4.2).

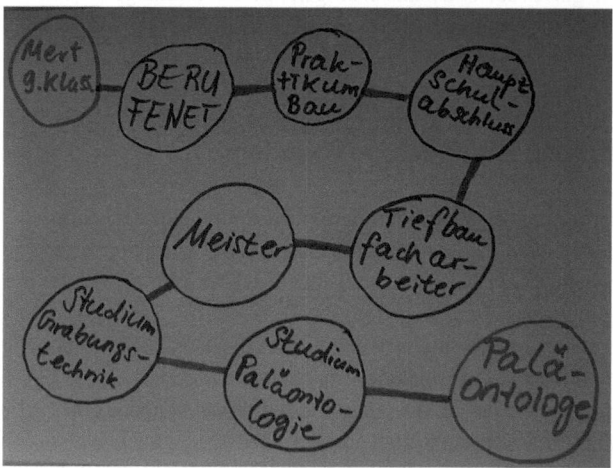

Abb. 4.2 Die Strategie der kleinen Schritte. (Quelle: eigene Darstellung)

Diese Gliederung in Teilschritte sowie die Visualisierung veranschaulicht dem Schüler mögliche Schritte, die er gehen kann, um sein Ziel zu erreichen, ohne ihm seinen großen Traum zu nehmen. Ausbildung, Qualifikation und Berufstätigkeit ermöglichen den Weg zum Hochschulstudium auch ohne Abitur. Aber dieser Weg muss eben erst beschritten werden und die Bereitschaft dafür vorhanden sein. Außerdem kann er sich zwischen zwei Studienalternativen entscheiden, dem Studium für Grabungstechnik, das an einer Berliner Hochschule angeboten wird, oder dem Studium der Paläontologie, dessen Abschluss dann zum Beruf des Paläontologen führt.

Oft sind es Studienfächer wie Medizin, Zahnmedizin, Pharmazie oder Psychologie, die zu den besonders ambitionierten Zielen von Schülerinnen und Schülern mit unzureichenden schulischen Voraussetzungen gehören. Die „Kamelpfadstrategie" hilft insbesondere bei hochgesteckten Zielen, kleinschrittig vorzugehen. Bisweilen kann dennoch die Frage nach Alternativen gestellt werden. Die Enttäuschung von ehrgeizigen beruflichen Aspirationen und das Erden mit Realitätsbezug sind nicht immer vermeidbar.

4.4.4 Entscheidungshilfen geben

Wie eingangs erwähnt, bedarf Motivation eines Zieles. Nicht selten schwanken Ratsuchende zwischen mehreren Zielen, können sich nicht entscheiden und entwickeln dann gar keine Motivation zur Umsetzung eines bestimmten Ziels. In diesen Fällen kann die Motivation durch Entscheidungshilfen gefördert werden. Eine davon ist das KLUG-Modell (https://www.klugentscheiden.org/wiki, Zugriff 26.04.2025), das konkrete didaktische Handreichungen gibt und Unterrichtsmodule zur Entscheidungsfindung anbietet. Um zu einer guten Entscheidung zu gelangen, empfiehlt das Modell eine sogenannte Entscheidungsanalyse. In einem ersten Schritt werden Ziele identifiziert, in einem zweiten Schritt wird versucht, (Handlungs-)Optionen herauszuarbeiten. Diese werden in einem dritten Schritt miteinander verglichen und daraufhin beurteilt, inwiefern sie für die Zielerreichung geeignet sind. In diesem Prozess können Ziele gewichtet und in eine Rangfolge gebracht werden. Im optimalen Fall sollte das Ergebnis der Entscheidungsanalyse mit dem Bauchgefühl des Ratsuchenden übereinstimmen (vgl. ebd.).

Essenziell im Entscheidungsprozess ist die Frage, ob dieser vom Ratsuchenden als stimmig empfunden wird. Die Realisierung der Entscheidung und die Umsetzung des Ziels können äußeren Einflüssen unterliegen, die nicht immer im Einflussbereich des Ratsuchenden liegen. Die Autorin hat diesen Prozess in ihren Beratungen durch Mindmaps, eine Matrix und/oder Skalierungen unterstützt, wie das folgende Fallbeispiel zeigt.

Beispiel
Mia, 18 Jahre, wurde bilingual beschult und hat die Schule mit einem guten Abitur abgeschlossen. Sie interessiert sich für Politik und möchte Internationale Politik studieren. Sie weiß nicht genau, was sie damit später machen möchte. Am liebsten möchte sie zur UNO. Jedoch dauert es Jahre, um dort eine erstrebenswerte Position zu erlangen. Vielleicht möchte sie auch ins Auswärtige Amt oder in eine NGO. Auf jeden Fall strebt sie eine exzellente Ausbildung an. Sie kann sich nicht entscheiden, in welchem Land sie studieren will und an welcher Universität, ob an einer privaten oder an einer öffentlichen Hochschule. Sie möchte keine anonymen Studienbedingungen, gute Netzwerke, eine tolle Studienatmosphäre und eine exzellente Ausbildung. Jedes Mal, wenn eine Hochschule in die engere Wahl kommt, stellt sie sich die Frage, ob diese ihren Ansprüchen genügt und ob es nicht doch eine bessere gibt. Außerdem befürchtet sie, nicht die richtige Wahl zu treffen, wieder von vorn beginnen zu müssen und dadurch Zeit zu verlieren. Sie möchte unbedingt die richtige Entscheidung treffen und sieht sich dabei unter Zeitdruck. Andererseits schiebt sie eine Entscheidung seit Monaten seit ihrem Abitur vor sich her und hat lediglich als Babysitterin gejobbt.

Im Gespräch ergab sich, dass ihre spätere berufliche Position für die Wahl des Studiums für sie nicht ausschlaggebend ist. Zunächst war es Mia wichtig, sich für ein Land zu entscheiden. Sie hatte das Gefühl einer ziemlich großen Beliebigkeit bei der Auswahl des Landes. Um herauszufinden, wo sie wirklich studieren möchte, bekam sie in der Beratung den Auftrag, eine Mindmap mit fünf infrage kommenden Ländern zu zeichnen und zu jedem Land drei positive und drei negative Aspekte zu formulieren.

Aufgrund der negativen Zuschreibungen konnten drei Länder ausgeschlossen werden, sodass letztlich nur die Entscheidung zwischen England und Frankreich übrigblieb. Da die englische Sprache im Gegensatz zu Französisch weltweite Bedeutung hat, fiel die Wahl letztlich auf England. Aber welche Universität? Neben der Orientierung an offiziellen Hochschulrankings bat ich Mia, ihre Kriterien für eine gute Universität oder Hochschule zu formulieren, diese mit den infrage kommenden Hochschulen in eine Matrix einzutragen und für jedes Kriterium zwischen einem und fünf Punkten zu vergeben (Abb. 4.3, Tab. 4.1).

Abb. 4.3 Länder-Mind-Map zur Eingrenzung des Studienortes. (Quelle: eigene Darstellung)

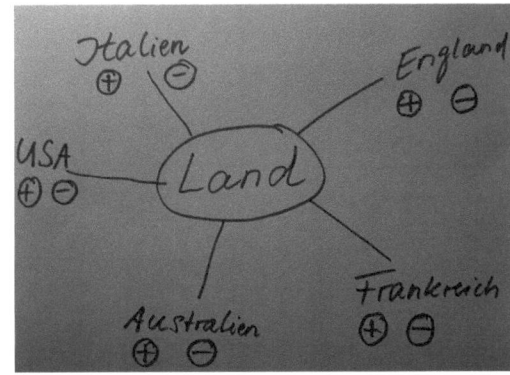

Tab. 4.1 Matrix zur Entscheidungsfindung. (Quelle: eigene Darstellung)

	Renommee	Lehre	Netzwerke	Größe	Unileben	Punkte
Cambridge						
Oxford						
Birmingham						
London						

Anhand der Summe der vergebenen Punkte ergab sich eine Rangfolge der Universitäten. Entscheidend war am Ende jedoch, ob das ermittelte Ergebnis für Mia stimmig war oder nicht. Im Gespräch stellte sich heraus, dass hinter der Unfähigkeit, sich zu entscheiden, die Angst stand, nicht das Richtige oder nicht das Beste zu wählen und damit berufliche Chancen zu verpassen. Die Antwort auf diese Angst können jedoch keine Mindmaps und Matrizen sein. Vielmehr kommt es darauf an, verständnisvoll und einfühlsam darauf einzugehen, zu ermutigen und zu zeigen, dass letztlich jede Entscheidung mit einem Sprung und mit einem Risiko verbunden ist, das man eingehen muss, will man sich weiterentwickeln und den Schritt auf einem neuen Weg wagen.

4.4.5 Dr. Jobs Entscheidungsdrachen – Selbstwirksamkeit unterstützen

Ein anderes Modell, Entscheidungsfaktoren zu visualisieren, ist „Dr. Jobs Entscheidungsdrachen", das mein Kollege Thomas Neubacher-Riens entwickelt hat (Abb. 4.4).

Dr. Jobs Entscheidungsdrachen

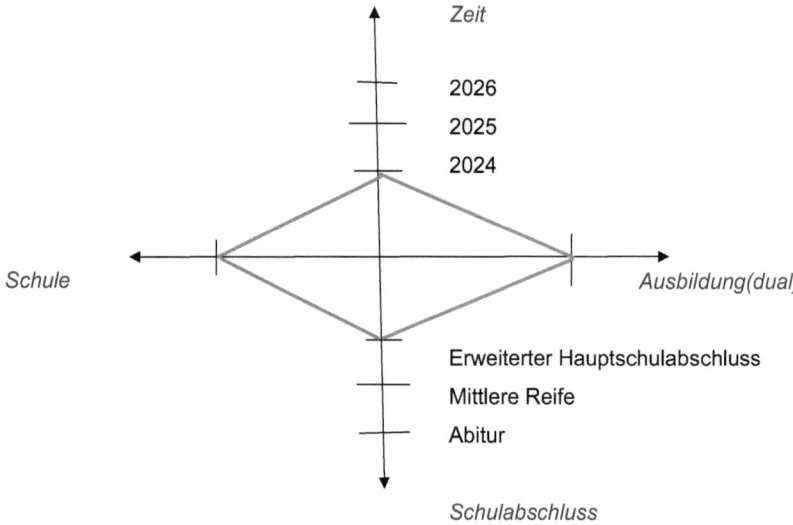

Abb. 4.4 Dr. Jobs Entscheidungsdrachen. (Quelle: eigene Darstellung in Anlehnung an Neubacher-Riens o. J., unveröffentlicht)

Im Koordinatenkreuz werden dafür vier variable Entscheidungsfaktoren (Zeit, Inhalt/Art der Ausbildung, Ausbildungs-/Lernform und Schulabschluss) eingetragen, im vorliegenden Beispiel das Jahr 2024 als Einstieg in die Berufsausbildung, Kauffrau für Büromanagement als gewählte Ausbildung, der erweiterte Hauptschulabschluss als erreichter Schulabschluss und die duale Ausbildung als gewählte Form des Lernens. Die Verbindung aller vier Punkte ergibt einen Drachen, mit dem der/die Ratsuchende sozusagen in die Zukunft fliegen kann. Der Drache kann aber seine Form und Größe verändern, wenn z. B. der Einstieg in die Ausbildung erst 2025 angepeilt wird, weil vorher der mittlere Schulabschluss angestrebt wird, oder weil die Ausbildung eine schulische sein soll oder, weil eine ganz andere Ausbildung, z. B. Physiotherapie, gewählt wird. Der Drache selbst ist sinnbildlich zu verstehen, Form und Größe können, wenn es sich im Gespräch ergibt, individuell gedeutet werden.

Oft wollen Ratsuchende Zeit gewinnen, in der Hoffnung, dass sich der Ausbildungsmarkt verbessert, oder um zusätzliche Inspiration zu finden. Ein möglicher Zeitgewinn erscheint häufig als starke Motivation. In der Beratung können Ratsuchende gemeinsam mit den Beratenden ausprobieren, an welchen Stellschrauben sie drehen möchte. Sie können überlegen, wo Veränderungen möglich und nötig sind und wo nicht. Und der Berater kann anhand der vier Variablen veranschaulichen, welche Konsequenzen welche Veränderung hätte, z. B. ob ein Mittlerer Schulabschluss oder das Abitur, eine schulische oder eine betriebliche Ausbildung oder auch ein Duales Studium zielführend wären. Der Drache verdeutlicht, dass es verschiedene Faktoren für die schulische, berufliche oder hochschulische Entwicklung und für die zeitliche Planung gibt. Er lässt sich flexibel handhaben und ermöglicht den Ratsuchenden, ihre Gedanken und Überlegungen in die Gestaltung des Drachens einzubringen. Dr. Jobs Entscheidungsdrachen kann Motivation fördern, indem er die Selbstwirksamkeit unterstützt.

4.5 Die Rolle der Eltern

Eltern können ihre Kinder in vielfacher Hinsicht bei der Berufs- und Studienwahl unterstützen – emotional, materiell, informatorisch-beratend und durch kritische Rückmeldungen (vgl. auch Bundesagentur für Arbeit et.al. 2020, S. 11). Aber welchen Einfluss haben Eltern auf die Motivation ihrer Kinder bei der Berufs- und Studienwahl? Zunächst können Eltern durch die eigene Berufstätigkeit Vorbilder sein, aber auch zur Abgrenzung anregen – in beiden Richtungen. Die Eltern aus dem Fallbeispiel von Mert, der Paläontologie studieren möchte, sind Reinigungskraft und Wachmann. Mert selbst möchte „hoch hinaus", mehr erreichen als seine Eltern. Auch der umgekehrte Fall ist mir begegnet, in dem ein Professorensohn eine handwerkliche Ausbildung anstrebte, weil ihm die Berufswelt seines Vaters zu theoretisch war und weil er selbst keine akademischen Ambitionen hatte. Schwierig ist die Situation für Kinder aus Haushalten, die jahrelang vom Sozialtransfer leben und deren Elternteile keiner Berufstätigkeit nachgehen; sie können mitunter nur schwer Motivation und berufliche Perspektiven entwickeln. Hohe Bildungsaspirationen gerade dieser Eltern in Bezug auf Abitur und Studium stellen eine Überforderung für die Kinder dar, vor allem wenn Eltern unnötig Druck ausüben. Eigene (unerfüllte) berufliche Wünsche, Werte und Träume werden dann auf die Kinder übertragen (vgl. Nierobisch 2019, S. 32).

Im günstigsten Fall sind Eltern wichtige Bezugspersonen und Gesprächspartner für die Berufswahl. Sie belassen es nicht bei einem Grundsatzgespräch, sondern fragen immer wieder nach, wie es mit der Berufs- und Studienwahl steht. Sie zeigen Interesse, geben nicht zu viele Ratschläge, sind offen für die Ideen ihrer Kinder, unterstützen und stärken sie und zeigen auch eigene Schwächen, z. B., indem sie Episoden von eigenen Erfolgen und Misserfolgen erzählen. Ist das Kind lustlos, nicht orientiert, fragen sie, was dahintersteckt, z. B. Ängste, Überforderung, ein unausgesprochener Hilferuf. Eltern verdeutlichen den Kindern so, dass sie Verantwortung für ihr Leben übernehmen müssen. Kinder haben oft eine andere Zeitperspektive und das Arbeitsleben steht ihnen noch nicht als unmittelbar bevorstehender neuer Lebensabschnitt vor Augen. Kinder streben von sich aus nach Autonomie, wollen viel allein machen, wissen aber oft nicht wie. Manche Kinder sind passiv und reagieren ablehnend auf Angebote. Hier ist es für Eltern oft nicht leicht, eine Balance zwischen Fürsorge und Gewährenlassen zu finden.[1]

Wenn Eltern mit ihren Kindern in die Beratung kommen, wird das entweder von den Kindern gewünscht. Oder Eltern begleiten ihre Kinder aus Sorge um deren berufliche Zukunft. Beratende sollten diese Sorge ernst nehmen, aber dennoch Verständnis hervorrufen, dass die Kinder selbst und nicht sie als Eltern über den beruflichen Weg entscheiden. Für die selbstständige Entwicklung einer beruflichen Perspektive sind auch im Elterngespräch drei Schritte zielführend: Motivation, Wissensvermittlung und Wahlmöglichkeiten sowie erste konkrete Schritte. Entscheidend für die Motivation ist: fragen, fragen, fragen! Welche Ideen hast du dir über deine Berufswahl gemacht? Was gefällt dir an diesem Beruf oder Studium so besonders? Mit welchen Inhalten, Praktiken oder Aufgaben aus diesem Beruf oder Studium hast du dich schon beschäftigt? Dann kann der/die Beratende gemeinsam mit dem Kind und ggf. den Eltern über Pläne und Ideen sprechen. Eltern können sicherlich sagen, was das Kind gut kann, wo seine Stärken liegen. Wenn von Seiten der Eltern Druck entsteht, kann der/die Beratende dies thematisieren, hinterfragen und ggf. mit den Eltern und dem Kind Alternativen entwickeln. Allerdings sind Eltern, die massiv Druck ausüben, ggf. nicht reflektiert genug, sich dies selbst und sogar in Gegenwart einer fremden Person einzugestehen. So ein Gespräch erfordert Fingerspitzengefühl und kommt leicht an Grenzen.

Für Eltern ist es oft wichtig zu erfahren, wo ihre Kinder sich informieren können: Welche Ausbildungs- und Studienmöglichkeiten gibt es überhaupt? Wie können Ausbildungsplätze, Studienplätze, Finanzierungsmöglichkeiten, Wohnmöglichkeiten etc. aussehen? Eltern zeigen hier oft größeres Interesse als ihre Kinder. Sie wollen wissen, für welche Branche ihr Kind geeignet ist, nach welchen Kriterien man einen Arbeitgeber wählt, wann eine Berufs- oder Studienberatung sinnvollerweise erfolgen sollte oder wie man mit dem Druck durch den Numerus clausus bei vielen Studienfächern umgehen kann. Um der „Übermotivation" der

---

[1] Die Anregungen zu diesem Abschnitt verdanke ich hauptsächlich dem Psychologen Oliver Dahm vom Diakonischen Werk Hamburg aus Anlass der Berliner Elternakademie vom 14.12.23. Die Berliner Elternakademie ist ein Online-Angebot für Eltern von Berliner Berufsberaterinnen und -beratern.

Eltern etwas entgegenzuwirken, sollten Beratende ihre Aufmerksamkeit und ihre Fragen stärker an das Kind richten. Letztlich soll das Kind lernen, die organisatorischen Aufgaben im Zusammenhang mit seiner Berufs- und Studienwahl zunehmend selbst zu bewältigen. Sollten diese Aufgaben noch nicht im Bewusstsein des Kindes sein, kann dies gemeinsam mit Eltern und Kindern thematisiert werden.

Für eine mögliche Umsetzung oder Testung der Pläne sollten erste konkrete Schritte besprochen werden. Das kann die Recherche nach Berufen und Studiengängen oder die Anfertigung und der Check von Bewerbungsunterlagen sein, aber auch die Anregung zu Hospitationen, Praktika, Informationsveranstaltungen, Überbrückungsmöglichkeiten durch ein freiwilliges soziales Jahr oder zu Schnupperstudientagen und -semestern. Nicht zuletzt können Eltern ihre Kinder aufbauen, indem sie bei Absagen trösten, Mut machen und ihnen immer wieder als verlässliche Partner zur Seite stehen.

Reflexionsaufgabe

Überlegen Sie sich ein Fallbeispiel aus Ihrem Beratungsalltag und versuchen Sie, die hier vorgeschlagenen Methoden der Motivation – erst einmal in der Theorie – anzuwenden. Arbeiten Sie die Vor- und Nachteile jeder einzelnen Methode heraus. Überlegen sie außerdem, welche Methoden und Strategien Sie selbst bisher zur Unterstützung der Motivation angewandt haben und reflektieren Sie auch hier Vorteile und Nachteile.

Teil II
Reflexionsteil

Wandel der Arbeitswelt – Wandel der Beratung? 5

Jana Swiderski und Christian Philipp Nixdorf

Die Entwicklung von Arbeitsmarkt und Arbeitskräftebedarf lässt sich langfristig kaum prognostizieren. Beratung bezieht sich damit auch auf eine ungewisse Zukunft. Dennoch lassen sich kurzfristig, vielleicht sogar mittelfristig Trends erkennen. Wie können diese Trends in der Beratung berücksichtigt werden und welchen Anforderungen müssen sich Ratsuchende heute stellen?

Der Wandel der Arbeitswelt ist unbestritten. Fachkräftemangel, demografischer Wandel, Digitalisierung und Künstliche Intelligenz, aber auch Green Economy oder New Work sind in aller Munde (vgl. dazu Krings 2023; Rebeggiani et al. 2020; Rump und Eilers 2017; Werther und Bruckner 2018). Schon lange gehört eine jahrzehntelange Beschäftigung bei demselben Arbeitgeber für viele Menschen der Vergangenheit an. Flexibilität, Weiterbildung und Umdenken sind gefragt. Was aber bedeuten diese Transformationen von Arbeit und Arbeitsmarkt für das arbeitende oder nach Arbeit suchende Individuum? Welche Berufe fallen in Zukunft wahrscheinlich weg? Welche neuen Chancen eröffnen sich durch die Digitalisierung? Auf welchen Arbeitsmarkt müssen sich Ratsuchende vorbereiten? Welche (höheren) Qualifikationsanforderungen werden gestellt? Welche Kompetenzen sollten Ratsuchende mitbringen? Wie kann Bildungs- und Berufsberatung in der

---

J. Swiderski (✉)
Bundesagentur für Arbeit, Berlin, Deutschland
E-Mail: jana@ac-event.info

C. P. Nixdorf
Hochschule der Wirtschaft für Management, Mannheim, Deutschland
E-Mail: philipp.nixdorf@hdwm.org

© Der/die Autor(en), exklusiv lizenziert an Springer Fachmedien
Wiesbaden GmbH, ein Teil von Springer Nature 2025
J. Swiderski, *Berufs- und Bildungsberatung aus pädagogischer Perspektive*, https://doi.org/10.1007/978-3-658-49112-3_5

Agentur für Arbeit und im Jobcenter diesen Umständen Rechnung tragen – auch in der Beratung geringqualifizierter und bildungsferner Menschen? Diese Fragen werden im vorliegenden Kapitel erörtert.

5.1 Trends am Arbeitsmarkt

Wandel ist die einzige Konstante – so lautet ein bekanntes Sprichwort. Auch der Arbeitsmarkt in Deutschland verändert sich, und zwar deutlich schneller und tiefgreifender als jemals zuvor. Seit über 20 Jahren gewinnt neben den für wirtschaftlichen Erfolg essenziellen Rohstoffen wie Eisen, Gas, Kohle, Öl, Uran, seltenen Erden etc. eine weitere Ressource an Bedeutung: Daten. Sie bilden die Grundlage für die digitale Transformation und KI-Revolution der Wirtschaft. Die Digitalisierung der Welt verändert alles: unser Verständnis von Arbeit, deren Organisation wie auch die Arbeitsmärkte weltweit (vgl. Knappertsbusch 2023). Neue Phänomene sind im letzten Vierteljahrhundert entstanden: *Agile Development, Just-in-Sequenz-Production, Cloud Computing, Smart Factory* und *Share Economy*. Sie prägen immer mehr Teile des Arbeitsmarktes (vgl. Dangelmaier 2017, S. 10 ff.). Das Akronym „VUKA" charakterisiert die moderne (Arbeits-)Welt 4.0 im Kontext der Digitalisierung (BMAS 2017, S. 198) und steht für *Volatilität, Unsicherheit, Komplexität* und *Ambiguität*.[1] Der rasante Strukturwandel auf technologischer und arbeitsorganisatorischer Ebene, insbesondere in Bezug auf Qualifikationen, verlangt von den Arbeitskräften stetige Anpassung (vgl. Götz et al. 2014, S. 6). Dadurch wird lebenslanges Lernen zu einer Grundvoraussetzung für die Fähigkeit von Arbeitskräften zur Anpassung an die Entwicklung von Arbeitsmarkt und Technologien. Nur eine ständige (Weiter-)Qualifizierung kann verhindern, dass Qualifikationen veralten und Kompetenzlücken entstehen. Prägend für den heutigen Arbeitsmarkt sind vor allem die nachfolgend genannten Gegebenheiten.

5.1.1 Fachkräftemangel

Fachkräftemangel bedeutet, dass die Nachfrage nach qualifizierten Arbeitskräften über einen längeren Zeitraum hinweg über dem Angebot an Arbeitsplätzen liegt. Der Terminus „Fachkräfte" umfasst Personen, die eine anerkannte akademische

---

[1] Seit einigen Jahren wird zur Beschreibung dieser Verhältnisse auch das Akronym *BANI* verwendet Es setzt sich zusammen aus den Erstbuchstaben von *brittle* (brüchig), *anxious* (ängstlich), *non linear* (nicht linear) und *incomprehensible* (undurchschaubar) (vgl. Pinkl 2022).

Ausbildung oder eine anerkannte mindestens zweijährige Berufsausbildung absolviert haben (vgl. Obermeier 2014). Dieser Mangel ist in Deutschland zu einem Problem geworden und betrifft fast alle Wirtschaftsbereiche (vgl. Peichl et al. 2022; Garnitz et al. 2023; Ahlers und Villalobos 2022). In der Pflege, in der Gastronomie, im Handwerk, im Sozial- und Erziehungswesen, auf dem Bau oder in der IT – überall fehlt qualifiziertes Personal. Hickmann und Koneberg (2022) beziffern die Fachkräftelücke im 12-Monats-Durchschnitt von Juli 2021 bis Juli 2022 über alle Berufe hinweg auf etwa 538.000 Stellen. Außerdem genügt die Qualifikation von mehr als der Hälfte der arbeitslosen Menschen in Deutschland, also rund 1,2 Mio. Menschen, nicht den Anforderungen der meisten Stellengesuche (vgl. Bundesagentur für Arbeit 2022, S. 8)

Ahlers et al. (ebd.) weisen auf Basis der WSI-Betriebs- und Personalrätebefragung 2021/22 (N = 2173) aus, dass gut 56 % der vom WSI befragten Betriebe Schwierigkeiten haben, ihre offenen Stellen zu besetzen. Im Juni 2022 waren insgesamt 877.000 Arbeitsstellen zur Vermittlung gemeldet. Das sind so viele wie noch nie in einem Juni seit der Wiedervereinigung.

5.1.2 Demografischer Wandel

Der demografische Wandel steht in direktem Zusammenhang mit dem Fachkräftemangel und beschreibt die Zusammensetzung der Bevölkerung der bundesdeutschen Gesellschaft hinsichtlich Herkunft und Alter:

> „In Deutschland ist der demografische Wandel dadurch gekennzeichnet, dass seit Anfang der 1970er-Jahre die Geburtenrate niedriger ist als die Sterberate, weshalb die Bevölkerungszahl ohne Zuwanderung sinken würde." (Poller et al. 2016)

Hinzu kommt eine steigende Lebenserwartung bei gleichzeitig zurückgehender Geburtenrate. Das führt zu einem größeren Anteil der älteren Bevölkerung im Vergleich zum Anteil der jüngeren Bevölkerung. Wie das Statistische Bundesamt prognostiziert (Stand 2024), wird die Zahl der Menschen in Deutschland ab 67 Jahren bis Mitte der 2030er-Jahre von derzeit 16,4 Mio. auf mindestens 20,0 Mio. steigen. Danach ist mit einer höheren Zahl Hochaltriger, mit einem höheren Pflegebedarf und mit einem entsprechend höheren Bedarf an Pflegekräften zu rechnen (vgl. Statistisches Bundesamt 2024).

Der demografische Wandel bringt diverse Herausforderungen für den Staat, die Gesellschaft und die Wirtschaft mit sich:

„So muss etwa in der gesetzlichen Rentenversicherung die Rente für die momentanen und zukünftigen Rentner der älteren Generation von einer rückläufigen Anzahl von jüngeren Beitragszahlern aufgebracht werden. Ein zunehmender Anteil älterer und alter Menschen an der Gesamtzahl der Bevölkerung führt im Gesundheitsbereich, in der gesetzlichen Kranken- und Pflegeversicherung zu einem steigenden Kostendruck, der über Beiträge der jüngeren Generation finanziert werden muss". (Poller et al. 2016)

Aufgrund des höheren Anteils älterer Arbeitnehmer/-innen ist mit einem Anstieg der Lebensarbeitszeit und damit einem späteren Renteneintritt ebenso zu rechnen wie mit einem weiteren Anstieg des Durchschnittsalters des Kollegiums in den Betrieben. Unternehmen müssen sich noch stärker auf die Bedarfe älter werdender Arbeitnehmer/-innen einstellen, etwa durch betriebliches Gesundheitsmanagement (BGM) und Employee-Assist-Programme (EAP), wenn sie konkurrenzfähig bleiben wollen.

Ein weiterer bedeutender demografischer Faktor ist, dass die Erwerbsbeteiligung von Frauen seit den 1990er-Jahren deutlich zugenommen hat. Im Jahr 2002 waren 44,6 % der Menschen, die einer Erwerbsarbeit nachgingen, Frauen. Bis 2022 ist dieser Anteil auf 46,8 % gestiegen (vgl. Statistisches Bundesamt 2024a). Obwohl fast die Hälfte der arbeitenden Bevölkerung weiblich ist und junge Frauen ähnlich gut qualifiziert sind wie Männer, arbeiten Frauen noch immer „deutlich häufiger als ihre männlichen Kollegen auf Stellen, die unterhalb ihres formalen Qualifikationsniveaus liegen" (Jansen und Malin 2021). In privatwirtschaftlichen Betrieben waren 2022 in Deutschland lediglich 28 % aller Positionen auf der obersten Führungsebene von Frauen besetzt (vgl. Kohaut und Möller 2023). Insgesamt verdienten Frauen 2023 pro Stunde 18 % weniger als Männer (vgl. Statistisches Bundesamt 2024b).

5.1.3 Digitalisierung und KI

FAANG – so lautet ein Akronym, das Geschäftsmodelle der sogenannten Plattformökonomie beschreibt, welche die Digitalisierung hervorgebracht hat. Es steht für *Facebook, Amazon, Apple, Netflix* und *Google*. Durch die systematische, konsequente Verknüpfung von Daten und den Einsatz von KI haben es diese Konzerne geschafft, heute zu den bedeutendsten Unternehmen weltweit zu gehören. Auch die Geschäftsmodelle der sogenannten Sharing-Ökonomie wie z. B. *Uber* und *Airbnb* wären ohne die Digitalisierung, das sogenannte „zweite Maschinenzeitalter" nicht vorstellbar (vgl. Spermann 2020, S. 217). Die Digitalisierung hat diverse völlig neue Berufsfelder hervorgebracht und ebenso zum Niedergang anderer beigetragen. So entstanden in den letzten gut 25 Jahren Berufsfelder wie Cloud-Computing, Digital-Design, Data-Science, App-Entwicklung, Content-Management und Social-Media-Marketing. Gleichzeitig wurden und werden Arbeitsplätze in Branchen, die vor wenigen Jahrzehnten noch als zukunftssicher galten, abgebaut. Im Gesundheitswesen, in der Produktion und in der Logistik kommen Roboter verstärkt zum Einsatz. Im Finanzwesen werden Finanzdatenanalysen immer mehr von Algorithmen ausgeführt, da Computer diese zuverlässiger und schneller als Menschen erledigen. Immer mehr Menschen betreiben Internet-Banking, sodass immer weniger Bankangestellte benötigt werden. Im Einzelhandel streben zahlreiche Geschäfte an, bald ohne Kassenpersonal auszukommen. Das ist in einigen von Amazon geführten Supermärkten in den USA schon heute Realität. In der Flächennutzungs- und Straßenplanung kommt KI ebenso verstärkt zum Einsatz. Gleiches gilt für die Unterhaltungsindustrie, wo mit der KI SORA kürzlich etwas geschaffen wurde, was Branchenkenner/-innen als „Revolution" bezeichnen.[2] Der Güter- und Personenverkehr soll ebenso in naher Zukunft auf menschliche Steuerungskräfte verzichten können Auch das ist teilweise bereits Realität.

Aufgrund umfassender Computerisierung zeichnet sich eine neue Arbeitsrevolution ab (vgl. Arlt et al. 2017, S. 53 ff.). Je standardisierter eine Verrichtung ist, desto wahrscheinlicher ist es, dass sie in den kommenden 25 Jahren computerisiert wird (vgl. Dettmer und Tietz 2014, S. 69). In der Industrie, aber auch in Dienstleistungen, werden in Folge der Digitalisierung wahrscheinlich weniger Menschen benötigt (vgl. Jürgens et al. 2017; Südeküm 2018, 2018a; Stettes 2016).[3] Selbst Denkaufgaben, die klassischerweise im Metier der „white collar jobs", also von Bürojobs mit geistigen oder administrativen Aufgaben, angesiedelt sind, verlagern sich vom Menschen an die Maschinen. Oft zitiert wird diesbezüglich eine Studie von Frey und Osborne (2013), die zum Schluss kommt, dass 47 % der Be-

---

[2] SORA ist ein KI-Modell, das auf große Mengen an Videodaten trainiert wird und darauf abzielt, aus einer Eingabeaufforderung heraus fotorealistische Videos oder hochwertige Animationen erstellen zu können. Eine Konsequenz dessen dürfte der massive Wegfall von Arbeitsplätzen für Schauspieler/-innen, Bühnen- und Maskenbildner/-innen, Cater/-innen usw. sein (vgl. Gruber 2024).

[3] Die Frage, ob durch den technischen Fortschritt wahrscheinlich mehr Arbeitsplätze wegfallen als neue entstehen werden, wird von verschiedenen Forschenden unterschiedlich beantwortet. Einen Überblick über Studien zu dieser Frage findet sich bei Effenberger et al. (2018, S. 17 f.).

schäftigten in den USA in Berufen tätig seien, die bis Mitte der 2030er-Jahre mit hoher Wahrscheinlichkeit automatisiert werden könnten. Gemäß der von den beiden Forschern vorgenommenen Einteilung arbeiten auch in Deutschland ca. 42 % der Beschäftigten in Berufen mit einer hohen Automatisierungswahrscheinlichkeit. Bonin et al. (2015) kommen in einem Bericht für das BMAS allerdings zum Ergebnis, dass diese Prognose einer vorsichtigen Interpretation bedürfe und nicht einfach auf Deutschland übertragbar sei, da gesellschaftliche, rechtliche und ethische Hürden bei der Einführung neuer Technologien von Frey und Osborne (2013) unberücksichtigt blieben.

Auch gelte es zu bedenken, dass sich die Ergebnisse der genannten Studie „nur auf das technische Automatisierungspotential [beziehen]. Dies darf nicht mit möglichen Beschäftigungseffekten gleichgesetzt werden, da Maschinen Arbeitsplätze verändern können, ohne sie zu ersetzen", so Bonin et al. (2015, S. II). Es finden sich gut begründete Prognosen, in denen darauf hingewiesen wird, dass durch die Digitalisierung zwar viele Jobs wegfallen, aber auch neue Stellen in Arbeitsbereichen entstehen, die es zuvor noch nicht gab. Es entstünden durch neue Technologien Berufsfelder, die vor wenigen Jahren noch unbekannt waren. Ob durch die Digitalisierung mehr neue Jobs entstehen, als alte wegfallen, wird diskutiert. Eine Debattenübersicht zu den Positionen unterschiedlicher Forschender bzgl. der Frage, wie die Digitalisierung sich auf den deutschen Arbeitsmarkt auswirkt, findet sich bei Lorenz (2017).

Bei aller Unsicherheit steht fest, dass Computer mittlerweile imstande sind, Fragen bezüglich der Optimierung von Abläufen binnen Sekunden zu entscheiden. Und sie werden immer besser darin. Sie entkoppeln sich dank deep learning vom einprogrammierten Input und lernen eigenständig, optimieren Algorithmen also selbst (vgl. Ruhlig 2014, S. 76). Anders als Angestellte leiden Computer bei der Sichtung vieler Daten nicht unter einem information overload. Das Erfahrungswissen von Menschen kann in vielen Bereichen mit der Arbeit, die ein Algorithmus leistet, nicht mithalten. Es ist unklar, wie viele Arbeitsplätze durch die Einführung neuerer Technologien wegfallen und wie viele neu entstehen. Aber – Arbeit verändert sich. Sie wird anspruchsvoller, denn es sind vor allem gering routinisierbare, komplexe Arbeitsvollzüge, die sich (noch) nicht gänzlich computerisieren lassen. Es kommt daher zu einer massiven Verschiebung von Qualifikationsanforderungen, auf die nicht nur die Betriebe, sondern auch der Staat reagieren müssen. Diese Entwicklungen haben Auswirkungen auf Berufsberatung, da sich berufliche Anforderungsprofile verändern.

5.1.4 Spaltung des Arbeitsmarktes

Die geschilderten Entwicklungen führen dazu, dass der Arbeitsmarkt eine zunehmende Spaltung erfährt. Auf der einen Seite finden sich einfache, repetitive Jobs, die vor allem deshalb nicht computerisiert werden, weil die menschliche Arbeitskraft billiger ist als die Nutzung von KI (oder weil gesellschaftliche und rechtliche Vorbehalte gegen eine gänzliche Computerisierung bestehen). Diese Stellen, zumeist im Einzelhandel, in der Logistik, in der Systemgastronomie und in der einfachen Produktionshilfe, sind meist im Niedriglohnsektor angesiedelt. Darunter fallen Arbeitsverhältnisse, in denen die Beschäftigten mit weniger als 60 % des mittleren Bruttostundenverdienstes aller Beschäftigungsverhältnisse entlohnt werden. Anders als von manchen Kritikern behauptet, wächst der Niedriglohnsektor in Deutschland aktuell allerdings nicht – er ist rückläufig und seit 2013, bezogen auf den gesamten Arbeitsmarkt, von 23 % auf 16 % gesunken (primär durch eine Erhöhung des Mindestlohns) (vgl. Statistisches Bundesamt 2024c).

Auf der anderen Seite bietet der Arbeitsmarkt exzellente Berufschancen für IT-affine Menschen, die programmieren können, über eine hohe Allgemeinbildung verfügen und schnell lernen können (vgl. Keeley 2010; Arnold 2016, S. 5 ff.). Auch Menschen, die in komplexen Dienstleistungsberufen arbeiten, haben weiterhin sehr gute Chancen am Arbeitsmarkt, da sie auf absehbare Zeit weniger Gefahr laufen, durch technischen Fortschritt ersetzt zu werden, wie die Studie „Jobs der Zukunft. Berufswelt bis 2035 – fünf Trends" von Deloitte (2020) zeigt. Darin wird aufgezeigt, dass die Kombination der untersuchten Modelle zu folgenden Ergebnissen über die Arbeitsmärkte 2035 führt:

> „1. Die Jobs der Zukunft erfordern Interaktion mit anderen Menschen sowie Empathie – und sind nur gering automatisierbar. 2. Das Wachstum der Jobs der Zukunft dürfte die Arbeitsplatzverluste überkompensieren. 3. Der Zuwachs an Jobs findet vor allem bei Gesundheits-, Bildungs- und Managementberufen statt. 4. Robotics und Data Analytics – die Schlüsseltechnologien mit dem größten Impact. 5. Die Tätigkeiten von morgen – weniger Routine, mehr analytisches Denken und menschliche Interaktion" (Deloitte, 2020, S. 9).

Welchen Stellen Deloitte zufolge welches Ersetzungs- und Nachfragepotenzial zugeordnet werden kann, zeigt das folgende Schaubild (vgl. Abb. 5.1):

Wahrscheinlich wird der Dienstleistungssektor weiter wachsen. Aber er erfährt auch eine stärkere Spaltung in einfache, schlecht bezahlte und komplexe, gut bezahlte Tätigkeiten. Gut bezahlte Stellen werden weiterhin in den Bereichen

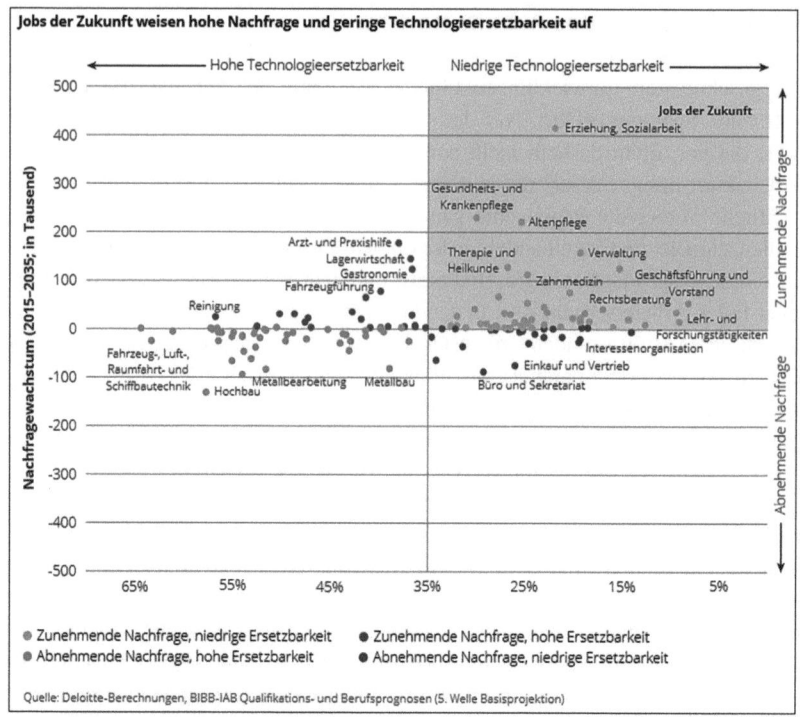

Abb. 5.1 Künftiges Nachfragepotenzial verschiedener Berufsbereiche aufgrund von Ersetzbarkeit durch Technologie. (Deloitte 2020, S. 19)

Beratung, Programmierung, Unterrichtung und Lehre entstehen. Eine weitere Aufwertung im Sinne noch höherer Gehälter ist auch in den Bereichen Medizin und Therapie zu erwarten. Wahrscheinlich ist ferner, dass das Handwerk eine Aufwertung erfahren wird, wo der Fachkräftemangel aktuell besonders stark ist. Dies auch, weil – so steht zu vermuten – gut situierte Menschen sich ihre Träume vom guten Wohnen auch zukünftig von Fachkräften aus dem Handwerk erfüllen lassen werden. Wer sich als Leistungsträger begreift, wird sich auch in Zukunft etwas leisten können und wollen. Wahrscheinlich ist aber ebenso, dass atypische Beschäftigungen, (Schein-)Selbstständigkeit und Outsourcing zunehmen (vgl. Hans-Böckler-Stiftung 2015). Es werden auch weiterhin neue schlecht bezahlte,

5 Wandel der Arbeitswelt – Wandel der Beratung?

unsichere Stellen für Reinigungs-, Callcenter-, Frontdesk-, Fahrtdienst-, Lager-, Verkaufs- sowie Küchenhilfstätigkeiten entstehen. Es wird wahrscheinlich mehr lukrative Betätigungsfelder geben, aber auch mehr prekäre Jobs (vgl. Eichhorst et al. 2015).

Trotz aller Automatisierung wird es in den kommenden Jahren oftmals wahrscheinlich noch immer hinreichend günstig sein, einfache Tätigkeiten von Menschen erledigen zu lassen. Ein Beispiel dafür lässt sich dem Artikel von Joachim Hofer im Handelsblatt vom 21.04.2019 entnehmen, in dem dieser auf den steigenden Personalbedarf des Online-Giganten Amazon eingeht.

> „Bislang sind Menschen von Regal zu Regal geeilt, um all das einzusammeln, was die Kunden auf der Webseite des US-Konzerns ordern. Nun bringen immer häufiger elektrische Helfer die Regale zu den Mitarbeitern. Ein menschenleeres Lager sei trotzdem nicht zu erwarten, beteuert Robert Marhan: ‚Es wird immer eine Kombination aus Menschen und Maschine geben', sagte der Personalchef […]. Die Beschäftigten müssten sich trotz der stetig steigenden Zahl von Maschinen keine Sorgen um ihre Jobs machen. […] ‚Mitunter sorgen Roboter an der einen Stelle sogar dafür, dass an einer anderen mehr Leute gebraucht werden.' Das sei zum Beispiel der Fall, wenn die Roboter sehr schnell arbeiten. Im darauffolgenden, nicht automatisierten Arbeitsschritt sei dann zusätzliches Personal erforderlich." (Hofer 2019)

Jobs für Hilfskräfte ohne formale Qualifikation wird es auch deshalb noch länger geben, weil der Staat diese Jobs wahrscheinlich verstärkt subventionieren wird, um Geringqualifizierten eine Arbeitsperspektive bieten zu können. Anzunehmen ist gleichwohl, dass eine *gute* Arbeit, die angenehme Arbeitskonditionen und ein auskömmliches Einkommen bietet, in Zukunft – noch weit mehr als heute schon – nur noch gut qualifizierte Menschen finden werden (vgl. Bohr 2015, S. 80). Die Zeiten, in denen An- und Ungelernte sich durch gute Leistung hocharbeiten konnten, sind, mit weniger Ausnahmen etwa im Einzelhandel oder in der Systemgastronomie, vorbei.

Ungelernte und Geringqualifizierte haben in Deutschland am Arbeitsmarkt heute fast nur noch in der Zeitarbeit eine Chance auf Einstellung (vgl. Bundesagentur für Arbeit 2023, S. 16). Zeitarbeit bietet nicht nur wenig Planungssicherheit und kaum eine langfristige Perspektive für die meist geringqualifiziert Tätigen, sie kann auch enorm belastend sein, wie ein Faktenblatt der Bundesanstalt für Arbeitsschutz und Arbeitsmedizin (BAuA) mit dem Titel *Arbeitsbedingungen in der Zeitarbeit* (2014) ausweist:

„In der BIBB/BAuA-Erwerbstätigenbefragung haben 479 Zeitarbeitnehmer unter anderem Auskunft zu ihren Arbeitsbedingungen und ihrer Gesundheit gegeben. Diese Einschätzungen werden im Folgenden mit den Einschätzungen der abhängig Beschäftigten verglichen, die nicht in Zeitarbeit tätig sind. […] Die Ergebnisse […] zeigen, dass die Tätigkeit von Zeitarbeitnehmern im Vergleich häufiger körperlich anstrengend und monoton ist, oft findet sie unter ungünstigen Umgebungsbedingungen statt. […]. Mit diesen hohen körperlichen und monotonen Anforderungen gehen auch mehr körperliche Beschwerden einher: Zeitarbeitnehmer berichten deutlich häufiger, Schmerzen in Rücken, Nacken, Beinen und Armen zu haben – und das trotz ihres durchschnittlich jungen Alters." (BAuA 2014)

5.1.5 Arbeitswelt 4.0 – New Work

Im Oktober 2023 waren laut Statistischem Bundesamt etwa 46,1 Mio. Personen mit Wohnort in Deutschland erwerbstätig. Gut 34,7 Mio. davon gingen einer sozialversicherungspflichtigen Tätigkeit nach. Geringfügig Beschäftigte (mit einem nicht sozialversicherungspflichtigen Job unter einem monatlichen Verdienst von 538 €) waren rund 7,6 Mio. Menschen. Das monatliche Durchschnittsgehalt vollzeitbeschäftigter Arbeitnehmer in Deutschland lag 2021 bei ca. 4100 € brutto. Dies allerdings ist nur ein arithmetischer Mittelwert, kein Median. Das Statistische Bundesamt (2024c) weist daher aus, dass aus der Verdienststrukturerhebung 2018 bekannt sei, „dass knapp 2 von 3 Vollzeitbeschäftigten (63 %) weniger verdienen als den gesamtwirtschaftlichen Durchschnittswert; nur ein gutes Drittel (37 %) hat höhere Bruttoverdienste. Dieses Drittel hat so hohe Verdienste, dass der Durchschnittswert für alle Beschäftigten "nach oben" gezogen wird." Die Gehälter sind also höchst ungleich verteilt, was auch für die Arbeitsbedingungen gilt. „Die (monetäre) Kluft zwischen einfacher und qualifizierter Arbeit sowie zwischen formeller und informeller Arbeit hat sich deutlich vergrößert, was zu neuen Formen der Prekarisierung von Arbeit geführt hat" (Krings 2023, S. 4).

Wir haben es in Deutschland also insgesamt mit einer höchst ambivalenten Arbeitswelt zu tun, in der sich gegensätzliche Entwicklungen abzeichnen. Für jene Menschen, die im Niedriglohnsektor arbeiten, bietet die Arbeit oft wenig Gestaltungsmöglichkeiten und nur einen geringen Verdienst. Auf der anderen Seite hat sich unter diversen hoch qualifizierten, besser bezahlten Menschen eine neue Vorstellung von Arbeit – und eine Erwartungshaltung an diese – entwickelt, die seit einigen Jahren unter dem Schlagwort „New Work" diskutiert wird. Der Begriff, der in den 1970er-Jahren ursprünglich vom österreichisch-amerikanischen Sozialphilosophen Frithjof Bergmann geprägt wurde, wird heutzutage mit diversen Vorstellungen aufgeladen, die je nach Kontext unterschiedliche Bedeutungen haben können. Im Allgemeinen beschreibt das New-Work-Konzept Ansätze, Methoden oder Modelle, die in Arbeitsumgebungen eingeführt werden, um Effizienz zu steigern, Innovationen zu fördern oder traditionelle Arbeitsweisen zu verbessern. Anhängerinnen des New-Work-Konzepts betonen die hohe Bedeutung von Selbstbestimmung, Sinnhaftigkeit, Kreativität und individueller Entfaltung am Arbeitsplatz (vgl. Schermuly 2021). Das Ziel der „Neuen Arbeit" ist nicht, „die Menschen von der Arbeit zu befreien, sondern die Arbeit so zu transformieren, damit sie freie, selbstbestimmte, menschliche Wesen hervorbringt", heißt es bei Bergmann (2008, S. 12). Es gehe vielmehr darum, Hierarchien aufzulösen, Mitarbeitenden mehr zu vertrauen, sie zu befähigen, eigenverantwortliches Handeln zu ermöglichen und insgesamt eine Arbeitskultur zu schaffen, die auf Vertrauen, Offenheit und Zusammenarbeit basiert. Autonomie, Freiheit und persönliche Entfaltung stellen im New-Work-Konzept zentrale Werte dar, wobei es auch darum geht, Arbeitsweisen und Organisationsstrukturen an die Anforderungen des digitalen Zeitalters anzupassen und den Wandel in der Arbeitswelt aktiv zu gestalten (vgl. Urban 2023, S. 18 f.).

Neben dem Fokus auf Menschen ist auch die Steigerung der Agilität ein Teil des aktuellen Verständnisses von New Work. Dieses „fasst dabei nicht nur den Trend nach örtlich und zeitlich ungebundenem Arbeiten zusammen, sondern nimmt auch auf eine agilere und projektbasierte Arbeitsweise Bezug" (Amler 2023, S. 73). Gregor Kalchthaler fasst zusammen, dass New Work als Sprung-Innovation verstanden werden solle, wonach das „Management by Objectives" (Steuern über Zielvorgaben) und reine Zahlenorientierung abgelöst werden „von einem neuen Verständnis, in dem der Mensch in den Mittelpunkt gestellt wird. Er wird nicht mehr nur als eine Ressource betrachtet, die ihre Produktivität maximieren muss, sondern auch die Nicht-Arbeitszeit wird zum relevanten und fördernswerten Faktor. Eine Entscheidung für echtes New Work ist also nicht nur eine Zahlenentscheidung, sondern auch eine Überzeugung" (Kalchthaler, zit. nach Bühren et al. 2023, S. 112).

Hofmann et al. (2019, S. 5) erklären es so:

> „Unter New Work verstehen wir erwerbsorientierte Arbeit mit einer Arbeitsweise, die durch ein hohes Maß an Virtualisierung von Arbeitsmitteln, Vernetzung von Personen, Flexibilisierung von Arbeitsorten, -zeiten und -inhalten gekennzeichnet ist. Die digitale Transformation und der damit verbundene Innovationsdruck fordern und fördern zudem zunehmend agile, selbstorganisierte und hochgradig kundenorientierte

Arbeitsprinzipien. Nicht nur das Wann und Wo der Arbeit, sondern auch der Modus der Zusammenarbeit mit Kollegen und Kunden ändern sich. New Work steht auch für die veränderten Erwartungen der Mitarbeitenden in Bezug auf Beteiligung, Autonomie und Sinnstiftung durch die Arbeit. In der Konsequenz verändern sich Anforderungen an Führungskräfte und -systeme weg von Hierarchien hin zu einem coachenden, lateralen und unterstützenden Führungsverständnis."

Diese Vorstellung, dass Arbeit sinnhaft, zu selbst gewählten Zeiten an selbst gewählten Orten stattfinden und dabei ein Viel an Freiraum ermöglichen sollen, kommt gerade bei vielen jüngeren, hoch qualifizierten Menschen, den sogenannten Digital Natives der Generation Z, gut an. Zufriedenheit definieren diese schließlich oftmals nicht mehr allein über monetäre Werte, sondern auch über ihre intrinsische Motivation. Sie wünschen sich sinnhafte Tätigkeiten sowie Individualität und erwarten in ihrem Arbeitsumfeld Diversität, Nachhaltigkeit und Inklusion (vgl. Perna 2022). Auch Covid-19 hat die Wünsche des Arbeitsmarkt-Nachwuchses beeinflusst: „Zukunftsängste sowie die dominierende Sorge vor dem Klimawandel und um die eigene mentale Gesundheit prägen die jungen Generationen", so Barke (2023, S. 151). Auch der Wunsch nach kürzeren Arbeitszeiten, nach Flexibilität und Remote Work ist unter vielen jüngeren Menschen verbreitet. Unternehmen, die junge Talente für sich gewinnen wollen, müssen dem im Rahmen ihrer Personal- und Organisationsentwicklung Rechnung tragen.

Beispielsweise wurde die Grundidee der Initiative „Proud to care e. V." (https://www.proud-to-care.de/) von 200 Azubi-Jugendlichen auf einer Fachtagung 2018 in Berlin entwickelt. Gedanken der New Work sollen in den Bereich der Pflegeberufe einfließen, wie folgender Ausschnitt einer Präsentation der Initiative in der Berufsberatung der Agentur für Arbeit zeigt:

Beispiel
New Work in der Pflege

- Sinnstiftung und Selbstbewusstsein
- Entfaltungsmöglichkeiten und Eigenverantwortung (z. B. durch Azubiwohnbereiche, Weiterentwicklungsmöglichkeiten und Spezialisierung nach Stärken, neue kompetenzorientierte Arbeitsorganisation (PeBeM – Personalbemessung in vollstationären Pflegeeinrichtungen), stationäre Tourenplanung, Buurtzorg-Modell (kleine, selbstorganisierte ambulante Pflegeteams mit Einbindung des Umfeldes)
- New Leadership und Partizipative Führungskultur

- Interprofessionelle Zusammenarbeit auf Augenhöhe (z. B. durch Akademisierung und neue interdisziplinäre Dienstleistungskonzepte)
- Moderne Arbeitszeitmodelle und Flexibilität (z. B. 4-Tage-Woche oder 15 Tage Arbeit – 10 Tage frei, Elterndienste, Teams planen Dienste selbst
- Attraktiver Arbeitsplatz und Wohlfühlkultur (z. B. durch neue Wohnformen, moderne Arbeitsplätze, Skills Labs, regenerative Pausenräume, Teamevents, Freizeit-, Sport- und Gesundheitsangebote)
- Digitalisierung zur Entlastung und Qualitätssteigerung

5.1.6 Green Economy

Der Zulauf zur „Fridays-For-Future-Bewegung" zeigt das Interesse junger Menschen an Klima-, Umwelt und Artenschutz, an Nachhaltigkeit, Ressourcenschonung und sozialer Gerechtigkeit. Berufliche Perspektiven dafür sind nicht immer bewusst: Der Umgang mit sozialen und ökologischen Krisen wirft Fragen auf: Welche Rolle spielen dabei Arbeit und Beruf? Wie können wir schon jetzt eine nachhaltige Zukunft beruflich gestalten? Wie kann man eine sinnstiftende Tätigkeit im Bereich der Green Economy finden? Wie reagieren Unternehmen auf die Herausforderungen des Klimawandels? Welche konkreten Berufe können zu Klimaschutz und Nachhaltigkeit beitragen?

Die Agenda „Green economy" des Bundesministeriums für Bildung und Forschung strebt eine „umfassende ökologische Modernisierung der gesamten Wirtschaft" an (vgl. BMBF 2024a). Ziel ist es, die Wirtschaft wettbewerbsfähig und dennoch umwelt- und sozialverträglich zu gestalten (vgl. BMBF 2024a). Damit sollen „veränderte, nachhaltige Produktions- und Konsumweisen" (BMBF 2024a) realisiert werden. Da für diese Umgestaltung Fachkräfte benötigt werden, hat das BMBF zeitgleich das Programm „10.000 Tage" für die Ausbildung und Gewinnung von Fachkräften für eine klimapositive Gesellschaft aufgelegt (vgl. BMBF 2024b).

Wie steht es aber um die berufliche Bildung? „Green Jobs" sind nicht mit neuen Berufen gleichzusetzen, sondern vor allem mit Tätigkeiten in den Bereichen ökologisches Bauen, Klima- und Energietechnik sowie nachhaltiges Wirtschaften (vgl. Bliem et al. 2022, S. 36). Gebraucht werden Facharbeitende wie auch Studienabsolventen und -absolventinnen. Bei den dualen Ausbildungen werden u. a. Arbeitskräfte für den Bereich der Energiewende benötigt, wie z. B. Anlagenmechaniker/-innen, Elektroniker/-innen oder Heizungsbauer/-innen. So wurde der Beruf Anlagenmechaniker/-in für Sanitär, Heizungs- und Klimatechnik (SHK) im

Jahr 2016 modernisiert. Als eines von vier Einsatzgebieten kann Erneuerbare Energien und Umwelttechnik gewählt werden (vgl. BIBB 2024). Oft braucht es Zusatzqualifikationen und Fortbildungen für die spezifischen betrieblichen Anforderungen. Auch das Angebot an nachhaltigen Studiengängen im engeren Sinne ist breit, z. B. ein Studium zum/zur „Wirtschaftsingenieur/-in Umwelt und Nachhaltigkeit" an der Berliner Hochschule für Technik, „Wirtschafts- und Umweltrecht" an der Hochschule Trier oder „Nachhaltiges Management" an der Technischen Universität Berlin. Die Hochschule für Nachhaltige Entwicklung in Eberswalde (HNEE) ist speziell auf nachhaltige Studiengänge ausgerichtet.

5.1.7 Akademisierung vs. Arbeitsmarktintegration von Geringqualifizierten

Qualifikationsanforderungen und Beschäftigungschancen sind durch zwei gegensätzliche Tendenzen gekennzeichnet. Auf der einen Seite werden Berufsausbildungen akademischer. Die Anforderungen an das Qualifikationsniveau der künftigen Arbeitnehmer/-innen steigen in der Arbeitswelt 4.0, auch in der dualen Berufsausbildung. Auf der anderen Seite existiert ein beträchtliches Potenzial von Geringqualifizierten ohne Schul- oder Ausbildungsabschluss, mit geringen oder fehlenden Lese-, Schreib- und Rechenkompetenzen bis hin zum Analphabetismus. Mit der Verwissenschaftlichung der Berufe verändert sich auch der Arbeitsmarkt für diese Klientel. Akademisierung bedeutet, dass immer mehr Berufsausbildungsgänge zu Hochschulstudiengängen umgebildet werden (vgl. Nida-Rümelin 2014, S. 16), z. B. in den Bereichen Erziehung oder Pflege. Es bedeutet aber gleichzeitig, dass das Ansehen der beruflichen Bildung sinkt und dass mehr Jugendliche die Hochschulreife anstreben.

Gleichzeitig steigen durch Digitalisierung und KI die Anforderungen in den dualen Berufsausbildungen. So muss eine Fachkraft für Lagerlogistik z. B. Kommissionierungsaufträge mithilfe von Datenbrillen bearbeiten oder automatisierte Warenein- und Warenauslagerungen IT-gestützt steuern (vgl. BERUFENET, abgerufen am 27.04.2025). Es stellt sich die Frage, wie in der Berufs- und Bildungsberatung mit der Akademisierung und den steigenden Anforderungen umgegangen werden kann. Grundsätzlich gilt dabei die Prämisse, dass nicht nur gesellschaftlich, sondern auch in der Beratung eine Aufwertung der Facharbeit erforderlich ist (vgl. Goodhart 2021, S. 45). Beratende können Jugendliche nicht zu einer betrieblichen Ausbildung überreden oder sie davon überzeugen. Aber Beratende sollten Jugendliche, die eine duale Ausbildung in Betracht ziehen, unterstützen. Ausbildung darf nicht als Weg zweiter Wahl verstanden werden, sondern als solider, hoch qualifizierter und gesellschaftlich notwendiger Weg ins Berufsleben mit vielfältigen Optionen der Weiterbildung und Weiterentwicklung. Jugendliche mit Ausbildungswunsch sollen bereits in der Berufsberatung Wertschätzung und Respekt erfahren. Wichtig sind dafür berufskundliche Kenntnisse der Beratenden. Diese können dazu beitragen, das Spannende und Interessante aus den Berufen zu extrahieren und für die Zielgruppe aufzubereiten.

Zweitens ist es wichtig, schulische Voraussetzungen sowie handwerkliche und technische Begabungen und Fähigkeiten für die gewünschte Ausbildung möglichst realistisch zu beurteilen, um Ausbildungsabbrüchen vorzubeugen. Zum Beispiel können Beratende kleinere Eignungstests für die Ausbildung zum/zur KFZ-Mechatroniker/-in oder zum/zur Fachinformatiker/-in einsetzen. Angehendenden Fachkräften der KFZ-Mechatronik werden auf einer Drehscheibe Skizzen mit verschiedenen elektrischen Schaltungen, Zahnradanordnungen oder Flaschenzügen vorgelegt und dazu Fragen gestellt (vgl. Nachwuchsförderungskampagne im Deutschen Kraftfahrzeuggewerbe o. J.). Für Ausbildungsinteressenten im Bereich Informatik gibt es Einstiegsaufgaben in die Programmiersprachen Basic Python oder Blockly sowie Eignungstests für Informatik:
https://blockly.games/?lang=de
https://www.me-vermitteln.de/unterrichtsmaterialien/eignungstests/allgemeiner-it-eignungstest
https://www.testedich.de/quiz47/quiz/1489738360/Eignungtest-Informatik

Drittens können Jugendliche, die nur einen knappen Übergang in die gymnasiale Oberstufe oder ein eher schwaches Abitur zu erwarten haben, gezielt für das Thema Ausbildung sensibilisiert werden. Die hohen Anforderungen eines Studiums an Selbstdisziplin und Selbstorganisationsfähigkeit sollten mit dem Praxisbezug und der Strukturiertheit einer Ausbildung abgewogen werden. Viertens kann auch in den Beratungen der Anwärter/-innen für Fachhochschulreife und Abitur eine mögliche duale Ausbildung zumindest als Plan B besprochen werden. Wichtig ist, den Jugendlichen zu verdeutlichen, dass Bildungswege immer auch Differenzierungen und Verzweigungen aufweisen, Ab- und Umwege, Rückkehrmöglichkeiten, Auf- und Abstiege (vgl. Nida-Rümelin a. a. O. 2014, S. 61). Damit wird die Sicht auf die Berufswahl offener und flexibler, sodass der akademische Weg nicht als der einzig mögliche oder wertvolle erscheint.

Angesichts der steigenden Komplexität beruflicher Tätigkeiten verändert sich auch der Ausbildungs- und Arbeitsmarkt für Geringqualifizierte. Das Attribut „gering qualifiziert" bzw. nicht formal qualifiziert bezieht sich auf (1) Personen ohne eine duale bzw. schulische Berufsausbildung oder ohne einen dem (Fach-)Hochschulabschluss gleichwertigen Berufsabschluss (vgl. BiBB 2018), (2) nicht in schulischer oder hochschulischer Ausbildung befindliche Personen, (3) solche, die aktuell einen Ausbildungs- oder Studienabschluss anstreben sowie (4) Wehrdienst- oder Wehrersatzdienst Ausübende. Der Anteil nicht formal qualifizierter Personen an der erwerbsfähigen Bevölkerung hat in den letzten Jahren zwar stetig abgenommen (vgl. ebd.), geht aber mit einer hohen Erwerbslosenquote dieser Klientel von ca. 20 % einher (vgl. ebd.). Die Chance der formalen Qualifizierung steigt in dem Maße, in dem Bildungsabschlüsse ab der mittleren Reife vorliegen. Nicht formale Qualifizierung hingegen geht stark mit niedrigen oder fehlenden schulischen Bildungsabschlüssen einher und korreliert stark mit Erwerbslosigkeit. Es gibt daher einen starken Zusammenhang zwischen den Bildungsabschlüssen und der Integration in den Arbeitsmarkt.

Obwohl der Fachkräftebedarf und der Arbeitskräftebedarf insgesamt wachsen, profitieren Geringqualifizierte nicht in gleicher Weise von den gestiegenen Chancen auf Arbeitsmarktintegration und höhere Einkünfte. Stellenbesetzungsprobleme betreffen nicht nur Fachkräfte, sondern auch Branchen wie die Arbeitnehmerüberlassung, die Sicherheitswirtschaft sowie das Reinigungsgewerbe (vgl. DIHK 2023, S. 6). Dennoch kann eine mangelnde oder zu niedrige Qualifikation die Integration in den Arbeitsmarkt erschweren oder verhindern. Für Bildungs- und Berufsberatung bedeutet das vor allem, formale Abschlüsse, Bildung und Weiterbildung zu fördern. Es gibt Möglichkeiten, nachträglich einen Schulabschluss oder einen Berufsabschluss zu erwerben. Kosten dafür übernimmt in der Regel die Agentur für Arbeit. Dort können die Voraussetzungen und die Eignung für einen erfolgreichen Abschluss durch ein Berufspsychologisches Gutachten geprüft werden. Außerdem muss die zuständige Vermittlungsfachkraft die Beschäftigungschancen im gewählten Beruf beurteilen. Im Beratungsalltag sind nicht selten Jugendliche anzutreffen, bei denen mangelnde formale Qualifikation mit unentschuldigten Fehltagen bis zur Schulabstinenz, gesundheitlichen oder psychischen Einschränkungen, unsachgemäßer Handynutzung oder Drogenmissbrauch einhergeht. Gegebenenfalls muss das Jugendamt eingeschaltet werden, um Abhilfe zu schaffen und erst einmal die Voraussetzungen für eine mögliche Qualifizierung zu fördern.

Beratende sollten die sozialen Hintergründe Geringqualifizierter kennen, um eine entsprechende Vorteilsübersetzung anbieten zu können, das heißt, gemeinsam Chancen und Perspektiven beruflicher Qualifizierung herauszuarbeiten. Sie können über die Risiken des aktuellen Bildungsstandes in Bezug auf die knappen und langfristigen Arbeitsmarktchancen aufklären und einen Überblick über Qualifizierungsmöglichkeiten und deren gesetzliche Grundlagen geben, dazu zählt insbesondere das Recht auf den nachträglichen Erwerb eines beruflichen Abschlusses.

5.2 Für welche Zukunft beraten wir wie?

Mit Bezug auf die Megatrends wie Digitalisierung, demografischer Wandel und Fachkräftebedarf sowie ihre Potenziale zur Humanisierung der Gesellschaft wird in den Sozialwissenschaften eine Fortentwicklung der Erwerbsarbeitsgesellschaft zu einer „Tätigkeitsgesellschaft" diskutiert. Neben der einseitigen Betonung der Erwerbstätigkeit sollen bisher unbezahlte Erziehungs- und Sorgearbeit sowie das Ehrenamt aufgewertet werden, der technische Fortschritt für Flexibilisierung und Humanisierung der Erwerbsarbeit genutzt, nachhaltige Bildungsprozesse initiiert sowie geschlechterbezogene Ungleichheiten in der Verteilung von Erwerbs- und Sorgearbeit gemildert werden. (vgl. Union der deutschen Akademien der Wissenschaften e. V./Deutsche Akademie der Naturforscher Leopoldina e. V. 2024, S. 7 ff.). Gefordert wird ein „neues Nachdenken darüber, was Arbeit ist, welche Rolle sie in der Gesellschaft spielt und welche Bedeutung sie für den einzelnen Menschen hat" (Union der deutschen Akademien der Wissenschaften e. V./Deutsche Akademie der Naturforscher Leopoldina e. V., 2024, S. 11). Es geht um eine Humanisierung von Arbeit insgesamt, nicht nur bei höher qualifizierten Berufen, sondern auch bei niedrig qualifizierten Tätigkeiten, im Helferbereich und in den vielfältigen Formen unbezahlter Arbeit in Familie und Ehrenamt.

Ein Wandel der Vorstellungen von Erwerbsarbeit spiegelt sich auch in den Vorstellungen Jugendlicher von ihrer beruflichen Zukunft wider. In der Regel steht das Einkommen nicht an erster Stelle bei der Berufswahl. Ausschlaggebend sind vielmehr der Spaß an der Arbeit, ein positives Arbeitsklima, die Vereinbarkeit mit dem Privatleben oder die Berücksichtigung eigener Neigungen und Fähigkeiten (vgl. Calmbach et al. 2020, S. 242 ff.).

Natürlich kann Beratung nicht komplett und sicher auf eine veränderte Lebens- und Arbeitswelt vorbereiten – damit wären beide Seiten überfordert. Beratende sollten jedoch Zukunftstrends kennen und auf entsprechende Fragen und Verunsicherungen reagieren können. Jugendliche stellen sich die Frage, ob sie ihren zuerst zu wählenden Beruf ihr ganzes Leben lang brauchen oder ob sie sich Sorgen machen müssen, irgendwann arbeitslos zu sein. Sowohl zu Beginn als auch im Verlauf eines Berufslebens müssen Karrieren komplett neu gedacht werden. Kaum jemand ist noch fünfundvierzig Jahre bei demselben Arbeitgeber beschäftigt.

Vielmehr gibt es einen Wechsel von Beschäftigung, Beschäftigungslosigkeit, unterschiedlichen Berufen, unterschiedlichen Arbeitgebern und insgesamt eine Flexibilisierung von Lebensläufen. Das kann zu Unsicherheit und Druck bei der Berufswahl führen. Auf diese Entwicklung hat die Bundesregierung mit der „Allianz für Aus- und Weiterbildung" und auch mit einer Aufwertung der dualen Ausbildung durch ein Programm zur Fachkräftesicherung für die Dekarbonisierung https://10000tage.org/ reagiert. Dieses Programm zeigt, wie der Ausbildungsmarkt mit dem Anliegen der Nachhaltigkeit verknüpft werden kann.

Wie kann Berufsberatung auf all diese Herausforderungen der Transformation der Gesellschaft reagieren? Berufsberatung sollte sich auf folgende Kernpunkte konzentrieren:

- *Berufliche Bedürfnisse erkennen*: Was möchte der/die Ratsuchende? Welche Erfahrungen hat er/sie schon gemacht? Was sind Werte und Ziele? Entscheidend ist hier die intrinsische Motivation – welche Motive sind neben dem Verdienst bedeutsam?
- *Entscheidungsdruck nehmen*: Neben einer intrinsischen Motivation ist es wichtig, einen Beruf oder eine Qualifikation zu wählen, der/die jetzt und in absehbarer Zeit eine Zukunft hat und am Arbeitsmarkt gefragt ist. Eine Karriere komplett langfristig zu planen, ist nicht möglich. Vielmehr kommt es darauf an, einen ersten tragfähigen Schritt zu entwickeln.
- *Arbeitsmotivation, Arbeitsfreude, Glück thematisieren*: Wie stellt die/der Ratsuchende sich seinen Arbeitsalltag vor? Was an der Tätigkeit ist für ihn reizvoll und befriedigend? Wird er mit dieser Tätigkeit über mehrere Jahre hinweg glücklich und zufrieden sein? Warum?
- *Für duale Ausbildungen werben*: Die Ausbildung des Nachwuchses ist für viele Firmen der bevorzugte Weg bei der Gewinnung von Fachkräften (vgl. Ebbinghaus et al. 2017, S. 3). Berufsberatende sollten den regionalen Arbeitsmarkt nicht nur kennen, sondern persönliche Netzwerke und Kontakte insbesondere zu kleinen und mittleren Unternehmen (KMU) aufbauen.
- *Alternativen entwickeln*: Manchmal können Wunschberufe aus verschiedenen Gründen nicht realisiert werden. Welche ähnlichen Berufe gibt es? Gibt es vielleicht ganz andere Möglichkeiten? Welche anderen Interessen hat der/die Ratsuchende? Welche anderen Berufe passen dazu? Wofür ist der/die Ratsuchende noch offen?
- *Durch den Informationsdschungel führen*: Berufsberatende sind Expertinnen und Experten in der Informationsbeschaffung. Ihre Aufgabe ist es daher, Informationen so aufzubereiten, dass sie auf die Bedürfnisse der Ratsuchenden zugeschnitten und für diese leicht zugänglich sind.

- *Thematisieren von Zukunftskompetenzen*: Neben fachlichen sowie digitalen und medialen Kompetenzen bleiben persönliche Kompetenzen bedeutsam – z. B. Kommunikationsfähigkeit, Eigenverantwortung, Urteilsfähigkeit oder Kreativität. Je nach Berufs- oder Qualifikationswunsch sollten diese in der Beratung angesprochen werden.
- *Begleitung in Berufsbiografien*: Insbesondere Beschäftigte und Arbeitslose bedürfen einer Weiterbildungsberatung, die ihren Lebenslauf, ihre Familiensituation sowie ihre vorhandenen Qualifikationen berücksichtigt.
- *Nachhaltige Vermittlung*: Gute Beratung trägt dazu bei, nachhaltig in Ausbildung und Arbeit integrieren. Sie hilft, Ausbildungs- und Studienabbrüche zu verhindern, zeigt Wege aus der Grundsicherung und dem Sozialtransfer auf sowie den Einstieg in neue berufliche Tätigkeiten.
- *Vielfalt fördern*: Beratung kennt unterschiedliche Möglichkeiten, verschiedenen sexuellen Identitäten gerecht zu werden, die berufliche Gleichberechtigung der Geschlechter zu berücksichtigen sowie Menschen mit Behinderung und Menschen mit Migrationshintergrund adäquat zu unterstützen.

Diese Punkte zeigen, dass sich die Aufgaben von Berufsberatung trotz des Wandels der Arbeitswelt nicht grundsätzlich ändern. Was sich ändert, sind Berufsbilder und das darauf bezogene berufskundliche Wissen der Beratenden. Und es ändern sich die Ratsuchenden, die mit anderen schulischen oder qualifikatorischen Voraussetzungen sowie mit anderen Erwartungen an ihre berufliche Zukunft in die Beratung kommen.

5.3 Die Zukunftsfähigkeit der eigenen Arbeit stärken

Natürlich tragen Beratende nicht die gesamte Verantwortung für das Gelingen oder Scheitern beruflicher Karrieren in einer immer komplexer werdenden Gesellschaft und Arbeitswelt. Um die Zukunftsfähigkeit Ihrer eigenen Arbeit zu stärken, bitte ich Sie, zwei oder drei der eben genannten Möglichkeiten auszuwählen und diese in der kommenden Woche verstärkt in Ihren Beratungsgesprächen zu berücksichtigen. Machen Sie sich während Ihrer Gespräche Stichpunkte dazu und reflektieren Sie am Ende der Woche!

Vielfalt in der Beratung

Jana Swiderski

Ratsuchende sind individuell und vielfältig. Genderaspekte, Behinderung oder Bildungsunterschiede müssen auch von Beratenden berücksichtigt werden und haben manchmal Einfluss auf die Berufswahl. Wie können Beratende mit Besonderheiten individuell und sensibel umgehen und dennoch dem Grundsatz der Gleichbehandlung gerecht werden?

Immer wieder erlebe ich die Vielfalt der Ratsuchenden als Bereicherung in meinem Beratungsalltag. Jede und jeder Ratsuchende ist individuell – vom Alter, vom Geschlecht, der Gesundheit, der Nationalität, der Sprache oder vom sozioökonomischen Hintergrund. Im Umgang mit den unterschiedlichen Individualitäten gelten Wertschätzung, Vorurteilsfreiheit, Akzeptanz, Toleranz und Respekt als selbstverständliche Grundsätze. Dennoch erscheint es als sinnvoll, drei Bereiche der Beratung hervorzuheben und genauer zu betrachten: die gendersensible Beratung sowie die Beratung von Menschen in Armut und mit Migrationshintergrund und von Menschen mit Behinderung. Oft zeichnen sich hier spezifische Bedürfnisse ab, die von Beratenden ein spezifisches Wissen und ein besonderes Einfühlungsvermögen erfordern.

J. Swiderski (✉)
Bundesagentur für Arbeit, Berlin, Deutschland
E-Mail: jana@ac-event.info

© Der/die Autor(en), exklusiv lizenziert an Springer Fachmedien
Wiesbaden GmbH, ein Teil von Springer Nature 2025
J. Swiderski, *Berufs- und Bildungsberatung aus pädagogischer Perspektive*, https://doi.org/10.1007/978-3-658-49112-3_6

6.1 Gendersensible Berufs- und Bildungsberatung

Die geschlechtliche und sexuelle Identität ist ein Teil der Persönlichkeit jedes Menschen. Beratende sollen daher angemessen mit den vielfältigen Identitäten umgehen. Dafür sind vor allem folgende Punkte zu beachten: a) die Aneignung von Wissen zu Themen geschlechtlicher und sexueller Vielfalt, b) die Sensibilisierung für entsprechende Geschlechterrollen und die damit verbundenen Bedürfnisse nach Anerkennung, c) die kritische Selbstreflexion von persönlichen Normen und Werten verbunden mit dem Hinterfragen der eigenen Rolle, des eigenen Handelns und eigener Erfahrungen sowie d) eine grundlegende Offenheit und Vorurteilsfreiheit.

Im Beratungsalltag stellen sich vorrangig zwei Aufgaben für eine gendersensible Berufs- und Bildungsberatung: die Infragestellung tradierter beruflicher Rollenzuschreibungen, also die Einteilung in sogenannte typische Frauen- und Männerberufe, und die berufliche Beratung von trans*Personen. Zunächst gilt auch hier der Grundsatz: Man kann nicht zu-, um- oder abberaten. Es ist lediglich möglich, Vorurteile zu hinterfragen, Rollenklischees zu reflektieren oder Alternativen anzuregen.

Warum ist es wünschenswert, berufliche Rollenübernahmen durchlässiger zu gestalten? Warum sollten junge Männer motiviert werden, typische Frauenberufe auszuüben und umgekehrt? Auch Männer können Erzieher, Altenpfleger, Pharmazeutisch-technischer Assistent oder Logopäde werden. Männer werden durch die Übernahme von beruflichen Aufgaben in Erziehung und Pflege zur Identifikationsfigur für Heranwachsende oder zur Bezugsperson für alte und kranke Menschen. Sie entwickeln in diesen Berufen eine besondere soziale Kompetenz und bringen ihre Geschlechtsrolle in ihre Tätigkeit ein. Für Kinder ist es wichtig, männliche Rollenvorbilder in einem überwiegend weiblich dominierten Erziehungsgeschehen zu erleben. Die Übernahme von Sorge- und Pflegeberufen trägt bei Männern zur Überwindung typisch männlichen Rollenverhaltens und zur Reifung ihrer Persönlichkeit bei. Bisweilen sind Ratsuchende bei der Berufswahl auf typisch männliche oder weibliche Berufsrollen eingeschränkt. Berufsberatung kann den Blick dafür öffnen, dass alle Möglichkeiten gesehen werden.

Üben Frauen technische Berufe aus, entgehen sie dem weiblichen Rollenklischee des Helfens und Pflegens. Die Programmiererin, die KFZ-Mechatronikerin oder die Zerspanungsmechanikerin sind noch immer Ausnahmen. Das Beherrschen der Technik birgt einen emanzipatorischen Aspekt. Wer Technik beherrscht, macht etwas, hat Macht, hat etwas zu sagen, trägt Verantwortung, kann und muss mitreden. Frauen in Führungspositionen schlüpfen nicht einfach in eine Männerrolle, sondern bringen neben Sachverstand auch sogenannte weibliche Attribute wie soziale Kompetenz, Intuition oder Kreativität in Führungspositionen ein.

Gelegentlich begegnen Beratenden auch trans*Personen, also Ratsuchende, die sich in einer Geschlechtsumwandlung befinden. Zunächst ist es ein Zeichen der Akzeptanz, in der Anrede das zutreffende Geschlecht und bei Heranwachsenden den entsprechenden Vornamen zu verwenden. Für jugendliche trans*Personen, die zur Schule gehen, steht oft ihre geschlechtliche Identität im Mittelpunkt ihres Denkens und Fühlens. Deswegen stellt sich die Frage, inwieweit zu diesem Zeitpunkt überhaupt Offenheit und Bereitschaft für eine berufliche Orientierung besteht? Werden Fragen der Berufsfindung nicht vielmehr von der Suche nach der eigenen Geschlechtsrolle überlagert? Nicht selten befinden sich in einer Geschlechtsumwandlung befindliche Personen in einer Psychotherapie. Daher muss gemeinsam mit dem Ratsuchenden gefragt werden, inwieweit Bereitschaft und Fähigkeit für berufliche Orientierungsprozesse aktuell vorhanden sind? Oder ob diese auf einen späteren Zeitpunkt der Identitätsfindung und -klärung verschoben werden sollten? Darüber hinaus gelten für trans*Personen, Lesben oder Schwule dieselben Grundsätze der Berufsberatung wie für alle anderen auch. Für spezielle Fragen einer gendersensiblen Pädagogik sei auf das entsprechende Fachportal des Bundesministeriums für Familie, Senioren, Frauen und Jugend verwiesen:

https://www.geschlechtersensible-paedagogik.de/

6.2 Armut und Migrationshintergrund

Das Thema Armut, Migrationshintergrund und die Verbindung von beidem soll an dieser Stelle noch einmal aufgegriffen werden, weil es gerade in Großstädten wie Berlin und Hamburg, aber auch in Kleinstädten und ländlichen Regionen immer mehr an Bedeutung gewinnt. Armut und Migrationshintergrund haben einen massiven Einfluss auf Bildungschancen sowie auf die berufliche Perspektive. Armut führt nicht selten zu sozialer Ausgrenzung, da Bildungsangebote, kulturelle oder sportliche Aktivitäten und gesellschaftliche Partizipation nur bedingt oder gar nicht wahrgenommen werden. Somit geht Armut oft mit Bildungsferne einher (vgl. Rudnicka 2022). Arme Kinder wachsen in einem ungünstigen Bildungsmilieu auf und weisen meist schlechtere Schulleistungen auf. Bildungschancen hängen von der sozialen Herkunft der Kinder und vom sozioökonomischen Status der Eltern ab. Armut hat Auswirkungen auf die psychische Verfassung und ist mit Stress und Existenzängsten verbunden. Der Zusammenhang von Armut und Bildungsferne reproduziert sich über Generationen hinweg.

Ähnlich verhält es sich mit dem Zusammenhang von Migrationshintergrund, Armut und Bildungsferne. Menschen mit Migrationshintergrund sind überproportional oft in den unteren sozioökonomischen Schichten vertreten (vgl. Geißler 2014, S. 290). Risikolagen wie formal gering qualifizierte Eltern, soziale und finanzielle Benachteiligung liegen bei Kindern mit Migrationshintergrund überdurchschnittlich häufig vor (vgl. Autorengruppe Bildungsberichterstattung 2016, S. 27). Kinder mit Migrationshintergrund nehmen seltener und später an frühkindlichen Bildungsangeboten teil (vgl. Autorengruppe Bildungsberichterstattung 2016, S. 5). Sie bleiben in vorschulischen und schulischen Bildungseinrichtungen meist unter sich. Das wirkt sich negativ auf die sprachliche Entwicklung aus, die wiederum Grundvoraussetzung für die Teilnahme an schulischer und später an beruflicher Bildung ist.

Jugendliche mit Migrationshintergrund beginnen seltener und zu einem späteren Zeitpunkt eine Berufsausbildung als ihre Altersgenossen ohne Migrationshintergrund, nehmen aber verstärkt an den Übergangsangeboten der Agentur für Arbeit teil (vgl. Schu 2019, S. 6). Ein auffallend hoher Anteil von Menschen mit Migrationshintergrund hat keinen Schulabschluss oder beruflichen Abschluss (vgl. Autorengruppe Bildungsberichterstattung 2016, S. 45). Wenn Menschen mit Migrationshintergrund einen akademischen Abschluss erlangt haben, zeigen sich jedoch nur geringe sozioökonomische Unterschiede zwischen Menschen mit und ohne Migrationshintergrund (vgl. Autorengruppe Bildungsberichterstattung 2016). Dagegen ist die Weiterbildungsteilnahmequote lediglich halb so groß (vgl. Autorengruppe Bildungsberichterstattung 2016, S. 11).

Insgesamt lässt sich feststellen, dass Menschen mit Migrationshintergrund häufiger in Armut leben und ein erheblich höheres Risiko für einen niedrigen Bildungsstand tragen. Allerdings lässt sich eine gewisse intergenerationale Mobilität beobachten. Das heißt, dass im Verlauf mehrerer Generationen die Chancen von Menschen mit Migrationshintergrund besser werden (vgl. Geißler 2014, S. 304).

Angesichts der beschriebenen sozioökonomischen Voraussetzungen kommt es darauf an, non-formale Kompetenzen, Fähigkeiten und Interessen herauszuarbeiten. Der Ressourcen- und Stärkenorientierung kommt eine besondere Bedeutung zu. Viele Ratsuchende sind sich dessen, was sie tatsächlich können und worin ihre Stärken liegen, gar nicht bewusst. Da berufliche Vorstellungen oft begrenzt sind, sollten außerdem Wege aufgezeigt werden, berufliche Vielfalt kennenzulernen und zwischen vielfältigen beruflichen Möglichkeiten auswählen zu können.

6.3 Menschen mit Behinderung (mit Anette Schreiter)

Rehaberater/-innen der Agentur für Arbeit sind auf die Berufsberatung von Menschen mit Behinderungen spezialisiert. Dennoch sind auch für Beraterinnen der regulären Berufsberatung Kenntnisse über den Umgang mit dieser Klientel notwendig. Neben dem Wissen über gesetzliche Grundlagen und Arten der Behinderung sollten sie Rehafälle identifizieren können, die Förderinstrumente der beruflichen Rehabilitation kennen sowie einige Grundsätze im Umgang mit Menschen mit Behinderungen und im Verhalten bei Vorliegen von Rehabedarf beachten.

6.3.1 Gesetzliche Grundlagen, Begriffe, Zahlen

In Deutschland leben ca. 7,8 Mio. schwerbehinderte Menschen, das sind 9,4 % der Gesamtbevölkerung (vgl. Statistisches Bundesamt 2022).
Folgende Arten des Förderbedarfs sind vertreten (vgl. Statista 2022; Stand 2020):

- Förderschwerpunkt Lernen 41,6 %
- Emotionale und soziale Entwicklung 17,8 %
- Geistige Entwicklung 17 %
- Sprache 10,2 %
- Körperliche und motorische Entwicklung 6,8 %
- Hören 3,8 %
- Kranke 1,9 %
- Sehen 1,7 %
- Randgruppen: verhaltensauffällige Personen (ADHS, ADS, auditive Wahrnehmungsstörung, Hypersensibilität, Teilleistungsstörungen – Legasthenie, Dyskalkulie, Autismus – Asperger, Sucht: Alkohol, Drogen, Spiele) 1,3 %

Beratung, Teilhabe am Arbeitsleben und Förderung von Menschen mit Behinderungen werden durch die Sozialgesetzbücher III und IX, Teil 1 und 2, sowie das AGG (Allgemeines Gleichbehandlungsgesetz) geregelt. Teilhabe am Arbeitsleben ist der Oberbegriff für Rehaleistungen und berufliche Rehabilitation nach SGB IX. Rehabilitationsträger sind u. a. die Agentur für Arbeit, die Krankenkassen oder die Rentenversicherung.
In Deutschland ist der Grundsatz der Inklusion für die Ausrichtung der Gesellschaft an Menschen mit diversen Bedürfnissen seit 1994 ein festgeschriebenes Menschenrecht (vgl. Gottschalk und Kuntzsch 2023, S. 27). Es geht nicht mehr nur

darum, dass Menschen mit Behinderungen sich an die Gesellschaft anpassen, sondern die Gesellschaft ihrerseits sucht Mittel und Wege, den Bedürfnissen der Menschen mit Behinderung gerecht zu werden. Menschen mit Behinderung sollen ihren Platz in der Mitte der Gesellschaft finden. Dafür muss die Gesellschaft sich auf deren besondere Bedürfnisse einstellen. Das beinhaltet auch das Recht auf gemeinsamen Unterricht in einer Regelschule. So wurden Förderschulen mit dem Förderschwerpunkt Lernen nach und nach aufgelöst (vgl. Knickrehm und Lengert 2023, S. 32 f.). Zum einen sind diese Schüler selbstverständlich in den Schulalltag und das Schulleben integriert, zum anderen wird es schwerer, eine entsprechende Diagnose zu stellen und die passende Förderung zu finden. Dafür müssen Schule und Berufsberaterinnen gut mit den Rehaberatern zusammenarbeiten.

6.3.2 Rehabedarf identifizieren – Förderbedarf nach § 19 SGBIII

Der erste Schritt besteht darin, einen entsprechenden Förderbedarf überhaupt zu erkennen. Dafür gibt es u. a. folgende Anhaltspunkte:

- Abgänger von Förderschulen; Besuch besonderer Schulen, Förderschwerpunkt Lernen oder geistige Entwicklung
- hohe Ausfallzeiten, auch unentschuldigte, auf dem Zeugnis
- psychotherapeutische oder medizinische Therapien
- Abbruch von Maßnahmen oder Ausbildung aus gesundheitlichen Gründen
- Vorsprache nach Abschluss einer medizinischen Reha
- Vorsprache nach längerer stationärer Unterbringung oder Arbeitsunfähigkeit
- Vorlage medizinischer Unterlagen (Gutachten, Schwerbehindertenausweis usw.)
- Indikatoren beim persönlichen Kontakt: z. B. fehlende Aufmerksamkeit, Teilnahmslosigkeit, Zuspätkommen, Verwirrtheit, kein Blickkontakt
- Menschen mit Sinnesbehinderungen oder schweren Körperbehinderungen
- Kunden mit Begleitpersonen (Therapeutische Wohngemeinschaften, ggf. auch Maßregelvollzug)

Eine häufige, im schulischen Kontext anzutreffende Art der Behinderung ist die Lernbehinderung. Schüler und Schülerinnen mit diesem Förderschwerpunkt befinden sich meist im Klassenverband mit allen anderen. Als lernbehindert im schulischen Kontext gelten Kinder und Jugendliche, die umfänglich, lang andauernd und schwerwiegend in ihrem Lernen beeinträchtigt sind und dadurch deutlich von der Altersnorm abweichende Leistungs- und Verhaltensnormen aufweisen (in Abgrenzung von Lernschwäche: befristet und Lernbeeinträchtigung: befristet-umfänglich, lang andauernd, isoliert). Folgende Indikatoren deuten auf eine Lernbehinderung hin:

- Beschulung nach dem Förderschwerpunkt Lernen
- Wiederholung einer oder mehrerer Klassenstufen
- Schulabschluss BOA – Berufsorientierender Abschluss
- Vergleichbarer Hauptschulabschluss bzw. BBR – Berufsbildungsreife
- Sonderpädagogische Beschulung, Verwendung leichter Sprache, Teilnahme an einer Reha-Berufsvorbereitung
- Teilnahme an Theoriereduzierten Ausbildungen nach § 42rHwO oder § 66 BBiG (Berufsbildungsgesetz) z. B.: Tischler – Fachpraktiker Holz, Friseur – Fachpraktiker für Friseur
- Gewährung eines Nachteilsausgleichs – Prüfungen, Vorlesen, Zusatzzeit usw.

6.3.3 Berufliche Rehabilitation – Förderinstrumente der Agentur für Arbeit

Für die berufliche Rehabilitation gilt der Grundsatz: möglichst weg von der Werkstatt für behinderte Menschen (WfbM) und stattdessen in geschützte Arbeitsplätze oder auf den ersten Arbeitsmarkt. Die Förderinstrumente der Agentur für Arbeit sind unter folgendem Link beschrieben:
https://www.arbeitsagentur.de/menschen-mit-behinderungen/beruflicherehabilitation

Auf BERUFENET (Stand 03/2024) sind die theoriereduzierten Fachpraktikerausbildungen zu finden (BERUFENET Startseite – Suche nach Berufsgruppen – Ausbildungsberufe – Ausbildung für Menschen mit Behinderungen – 62 Einträge).

Die Ausbildungen für Menschen mit Behinderungen werden von den Berufsbildungswerken (BBW) oder vergleichbaren Einrichtungen bundesweit mit angeschlossenen Internatsplätzen angeboten. Die BBW decken alles ab, neben Vollausbildungen auch die theoriereduzierte Fachpraktikerausbildung, Eignungsabklärung, Arbeitserprobung oder rehaspezifische Berufsvorbereitung. Sie halten ein stabiles Angebot von Berufen vor und arbeiten mit Psychologen, Ärzten und Sozialarbeitern zusammen. Beispielsweise hält das BBW „Annedore Leber" Ausbildungsangebote für Menschen mit allen Arten von Behinderungen vor. Das RKI – Rot-Kreuz-Institut in Berlin ist auf psychische Behinderungen spezialisiert, in Husum und Leipzig gibt es ein BBW für Hörbehinderte und in Chemnitz für Sehbehinderte.

Die Berufsförderungswerke (BFW) unterstützen die Berufsbildung für die Wiedereingliederung von Älteren, die im erlernten Beruf nicht mehr arbeiten können, z. B. das BFW Berlin-Brandenburg (Berlin-Charlottenburg und Mühlenbeck in Brandenburg).

Die Förderinstrumente werden auch durch Bildungsträger realisiert. So soll in einer vierwöchigen Arbeitserprobung (AP) die Eignung für einen bestimmten Berufswunsch festgestellt werden, wie z. B. Bäcker oder Maler/Lackierer. Eine bis zu drei Monate dauernde Eignungsabklärung dient der Klärung der beruflichen Eignung bei fehlender oder geringfügiger Orientierung und ermöglicht das Kennenlernen mehrerer Bereiche. Die maximal zwölfwöchige Maßnahme zur Diagnose am Arbeitsmarkt (DIA-AM) prüft die Eignung für den ersten Arbeitsmarkt oder eine Werkstatt für behinderte Menschen. Ganz offene, beruflich unorientierte Rehabilitanden können an einer Reha-Berufsvorbereitung (rBVB) teilnehmen und ihre beruflichen Ziele konkretisieren. Die Dauer beträgt elf Monate, bei Erwerb des Hauptschulabschlusses zwölf und maximal achtzehn Monate bei besonderen Einschränkungen oder Sinnesbehinderungen. Auch hier werden die Rehabilitanden von Psychologinnen und Sozialarbeiterinnen begleitet.

Beschäftigungsprogramme ergänzen die Instrumente zur beruflichen Orientierung. Finanzielle Förderungen bieten Betrieben Anreize, Menschen mit Behinderung auszubilden oder in ein Arbeitsverhältnis zu übernehmen.

Bei der unterstützten Beschäftigung (UB) besteht für maximal zwei Jahre die Möglichkeit einer Nischenbeschäftigung in einem Betrieb in einem geschützten Bereich, z. B. Regale einräumen. Ein Bildungsträger übernimmt die Qualifizierungsbegleitung und unterstützt die Praktikumssuche. Die Werkstätten für behinderte Menschen (WfbM) stehen Menschen mit gravierenden gesundheitlichen Leistungseinschränkungen offen und bieten ihnen eine Arbeitsmöglichkeit bis zur Rente. Der Berufsbildungsbereich wird von der Bundesagentur für Arbeit maximal 27 Monate lang gefördert. Für den darauffolgenden Arbeitsbereich ist das Sozialamt zuständig. Bei der begleiteten betrieblichen Ausbildung (bbA) kümmert sich ein Bildungsträger darum, dass der Klient seine betriebliche Ausbildung schafft. Diese Art der Förderung bietet mehr Begleitung als die Instrumente der regulären Berufsberatung (wie das Programm der Assistierten Ausbildung AsA Flex). Es handelt sich um eine Reha-Maßnahme mit dem Ziel der Übernahme in ein festes Arbeitsverhältnis.

Bestimmte finanzielle Rahmenbedingungen sollen Menschen mit Behinderung mehr Entscheidungsfreiheit und Selbstbestimmung gewähren. So kann man sich beim Persönlichen Budget seine Leistung auswählen. Geldleistungen stehen zur selbstständigen Verfügung. Jedoch wird der Bedarf geprüft und die ausgewählte Leistung darf nicht teurer sein als die vom Reha-Berater empfohlene Leistung. Mit dem Budget für Ausbildung und dem Budget für Arbeit werden eine betriebliche Ausbildung bzw. eine Beschäftigung auf dem ersten Arbeitsmarkt gefördert. Das kann dazu beitragen, eine Alternative zu einer Tätigkeit in einer Werkstatt zu finden.

6.3.4 Verhaltensweisen für Berufsberater/innen

Berufsberater/innen sollten potenzielle Rehabilitand/innen erkennen und kompetent beraten. Grundlage dafür ist eine enge Zusammenarbeit mit der Rehaberatung der Agentur für Arbeit, der Schulsozialarbeit, Sonderpädagogen sowie dem Team für Berufs- und Studienorientierung an den Schulen, wenn vorhanden. So können Bedarfe rechtzeitig erkannt und der Berufspsychologische bzw. der Ärztliche Dienst der Agentur für Arbeit eingeschaltet werden. Auch Migrationshintergrund. Sprachniveau und Lernniveau beeinflussen den jeweiligen Entwicklungsstand und sind zu klären. Oft können Jugendliche ihr Anliegen nicht selbst benennen oder schätzen sich selbst anders ein als ihre Lehrer/innen oder Eltern. Diese Diskrepanz von Selbst- und Fremdeinschätzung bis hin zur Ablehnung der Behinderung sollte in der Beratung thematisiert werden, um gemeinsam mit dem/der Ratsuchenden konstruktive Wege zu finden. Der Kontakt zu nahestehenden Ansprechpartnern hilft zu einer differenzierteren Einschätzung. Des Weiteren können vorhandene Unterlagen wie der Schwerbehindertenausweis, Zeugnisse, ärztliche Befunde, der Pass u. a. hinzugezogen werden. Sind Praktika vorgesehen, sollten geeignete Firmen ausgesucht werden. Insgesamt ist für die Beratung potenzieller Rehabilitanden mehr Zeit einzuplanen. Besondere Empathie hilft, Hemmschwellen zu überwinden, sensible Themen anzusprechen und behinderungsbedingten Besonderheiten in der Beratung gerecht zu werden. Das können Hilfsmittel wie z B. ein Rollstuhl oder ein Cochlea-Implantat sein, aber auch Lichtverhältnisse, psychische Probleme oder Pflegeeltern.

Ein entscheidender Faktor ist die Zusammenarbeit mit den Eltern. Sie legen großen Wert auf die Kompetenzen und Potenziale ihrer Kinder (vgl. Knickrehm und Lengert 2023, S. 35). Oft übersteigen die Wünsche und Vorstellungen der Eltern das bisher Bekannte und Machbare (vgl. ebd.). Neben der Suche nach innovativen Wegen wird Beratung immer auch Kompromisse aufzeigen müssen.

Aufgabe zur Selbstreflexion
Überlegen Sie, welche individuellen Bedürfnisse Menschen mit einer besonderen sexuellen Identität, einem Migrationshintergrund oder einer Behinderung in der Beratung haben. Erinnern Sie sich an eine oder mehrere Situationen in Ihrem Beratungsalltag, in denen Sie – in Bezug auf Geschlecht, Migration oder Behinderung – gedacht haben: Das geht nicht, das ist unmöglich oder das kann ich nicht. Überlegen Sie nun, welche alternativen Handlungsmöglichkeiten Sie gehabt hätten und wie Sie diese hätten realisieren könnten!

7. Ausgewählte Beratungsmethoden – Steckbriefe

Jana Swiderski

Methoden gehören zum Handwerkszeug von Beratenden. Für dieses Kapitel wurden solche ausgewählt, die in besonderer Weise Lern- und Entwicklungsprozesse anregen können, weil sie die Aktivität und Selbstständigkeit der Ratsuchenden fördern. Das Kapitel skizziert diese Methoden steckbriefartig und zeigt Anwendungsmöglichkeiten auf.

Rousseau bemerkte – bezogen auf das Lesenlernen, dass eigentlich jede Methode recht ist, wenn nur das nötige Interesse beim Heranwachsenden besteht. Ähnliches gilt für die Berufsberatung. Sofern der/die Ratsuchende interessiert und motiviert ist und sich Gedanken über seine/ihre berufliche Perspektive macht, spielt die Methode eine nachrangige Rolle. Eine erfolgreiche Beratung lebt vor allem davon, dass der Berater dem/der Ratsuchenden personenzentriert und konzentriert zugewandt ist, ihm/ihr Interesse und Empathie entgegenbringt.

Jede Beraterin wirkt in erster Linie mit ihrer Person. Dabei gehören Methoden zum Handwerkszeug. Das Wort Methode stammt vom griechischen *méthodos* und bedeutet „Weg zu etwas hin". Eine Methode zu wählen bedeutet also die Entscheidung für einen bestimmten Weg. Entscheiden kann sich nur, wer verschiedene Wege kennt. Wichtig ist, dass bei jeder Methode klar wird, was das Ziel ihres Einsatzes ist, zu welchem Zeitpunkt und aus welchem Grund sie gewählt wird. Dem Thema ließe sich ein eigenes Buch widmen. Dieses Kapitel möchte lediglich zur weiteren Beschäftigung mit Methoden anregen und steckbriefartig auf ausgewählte Beispiele eingehen.

J. Swiderski (✉)
Bundesagentur für Arbeit, Berlin, Deutschland
E-Mail: jana@ac-event.info

© Der/die Autor(en), exklusiv lizenziert an Springer Fachmedien
Wiesbaden GmbH, ein Teil von Springer Nature 2025
J. Swiderski, *Berufs- und Bildungsberatung aus pädagogischer Perspektive*, https://doi.org/10.1007/978-3-658-49112-3_7

7.1 Die Beratungskonzeption der Agentur für Arbeit

Die Beratungskonzeption der Bundesagentur für Arbeit (BeKo) stellt für die Berater und Beraterinnen der Agentur für Arbeit „einen gemeinsamen Orientierungsrahmen, Methoden und Qualitätsstandards zur Verfügung" (Rübner und Höft 2021, S. 773). Die Beratung richtet sich am Beratungsbedarf der Ratsuchenden aus (§§29–31 SGB III). Die Beratungskonzeption wird sowohl im Bereich der Berufsberatung und Arbeitsförderung angewandt als auch im Bereich der Grundsicherung nach dem Sozialgesetzbuch II. Die Beratung von Jugendlichen, aber auch von Ratsuchenden im Erwerbsleben orientiert sich an einer Gliederung des Gesamtprozesses in Situationsanalyse, Zielfindung und Lösungsstrategien (vgl. a. a. O., S. 774). Diese Gliederung ist nicht als starre Abfolge aufzufassen, sondern lässt Vernetzung und Rückkopplung zu. Für den Einstieg in die Beratung von Jugendlichen schlagen Neubacher-Riens und Tieke in ihren BeKo-Schulungen in Berlin die Orientierung am Akronym REISE vor. Zu fragen ist nach:

R = Realisierungsaktivitäten
E = Engagement
I = Informationsstand
S = Selbsteinschätzung (Abgleich zwischen Interessen, Können und Anforderungen der Stelle)
E = Entscheidungsverhalten

Im Verlauf des Beratungsprozesses sollte der/die Jugendliche aufgefordert werden, eigene Handlungsziele zu formulieren. Er/sie soll Gelegenheit erhalten, selbst Lösungsideen zu entwickeln. Die Beraterin kann bei der Vereinbarung weiterer Teilziele für den Orientierungs- und Entscheidungsprozess unterstützen oder Lösungsschritte gemeinsam mit dem Jugendlichen entwickeln. Ziel von BeKo ist es, gemeinsam mit dem/der Jugendlichen oder auch mit erwachsenen Ratsuchenden eine tragfähige berufliche Perspektive zu entwickeln.

In BeKo geht es um die aktive Einbindung der Ratsuchenden in Lösungs- und Entscheidungsprozesse. Es sollen eben keine Ratschläge erteilt werden, sondern mit dem Ratsuchenden gemeinsam Potenziale und Interessen herausgearbeitet und die Eigenaktivität angeregt werden. Dieses Vorgehen eignet sich für relativ eigenständig agierende Ratsuchende mit mindestens einem durchschnittlichen Bildungshorizont und zielt auf die Integration in Ausbildung oder Weiterbildung. Bildungsferne oder sozial schwache Ratsuchende und Förderschüler sollen selbstverständlich auch zu selbstständigem Denken und Handeln bei der Berufswahl angeregt werden. Mitunter bedürfen sie jedoch mehr einer konkreten Anleitung in Form von Ratschlägen, Anweisungen und Kontrolle. Die Unterschiedlichkeit der Zielgruppen verlangt von der Beraterin ein je spezifisches Eingehen auf den Ratsuchenden, ein breites Fachwissen und den spezifischen Einsatz von Methoden. Da das Strukturmodell von BeKo flexibel und angepasst an die Situation zu handhaben ist, kann es im Prinzip in jeder Beratung und bei jedem/jeder Ratsuchenden eingesetzt werden (vgl. auch Rübner und Weber 2020).

7.2 Dynamisch beraten

Ein besonderer Aspekt von BeKo ist der wechselseitige Bezug zwischen Prozess- und Fachperspektive (vgl. Rübner/Höft, a. a. O.). Fachkompetenz und Fachwissen der Beraterin sowie die Beziehungsgestaltung zwischen ihr und dem Ratsuchenden bedingen sich gegenseitig. Die Beraterin sollte zum Ratsuchenden eine tragfähige Beziehung aufbauen, damit dieser bereit ist, das angebotene Fachwissen aufzunehmen. Umgekehrt wird sich die Beziehung zwischen Beraterin und Ratsuchendem erst dann als tragfähig erweisen, wenn die Beraterin dem Ratsuchenden aufgrund ihres Fachwissens und ihrer Fachkompetenz tatsächlich Hilfe anbieten kann. Stellt die Beraterin fest, dass der Ratsuchende für die Wissensaufnahme nicht bereit ist, fragt sie zunächst nach möglichen Ursachen. Das können Belastungen durch persönliche Themen oder Probleme aus Familie und Schule sein. Es wäre dann ihre Aufgabe, Gesprächsangebote zu machen und zunächst die Beziehungsebene zu klären. Fachfragen können erst störungsfrei bearbeitet werden, wenn die Beziehungsebene geklärt ist.

In Bezug auf die Art und Weise, den Beratungsstil (vgl. Rübner 2018, S. 479), lassen sich zwei Formen unterscheiden: ein mehr reflexiv-informierender und ein mehr direktiv-informierender Beratungsstil (vgl. a. a. O., S. 493). Während sich der direktiv-informierende Stil als „stärker anleitend und inputorientiert" (a. a. O., S. 493) darstellt, erweist sich der reflexiv-informierende Stil als „stärker reflexiv und dialogisch" (ebd.). Dynamisch wäre eine Beratung, wenn die Beraterin beide Stile – je nach Situation, Beziehung zum Ratsuchenden und dessen Bedürfnissen – anwenden oder aufeinander beziehen könnte. In einer dynamischen Beratung ist die Beraterin offen für den Ratsuchenden und geht auf sein Anliegen ein. Sie stellt sich auf die Auffassungsfähigkeit des Ratsuchenden ein, hat eine zugewandte Körperhaltung, hält Blickkontakt und passt sich Wortwahl und Sprache an. Sie gibt Raum für Überlegungen und Reflexionen. Sie aktiviert den Ratsuchenden, selbstständig Ideen einzubringen und eigene Wünsche und Entscheidungen im Berufswahlprozess kritisch zu reflektieren. Aber sie gibt auch Hinweise und bietet

Lösungen an, wenn der Ratsuchende selbst keine Ideen hat oder diese unrealistisch erscheinen. Die Beraterin greift auf ein umfangreiches Fachwissen über Berufswahl- und Laufbahntheorien, Arbeitsmarkt und Berufskunde zurück. Zum einen bleibt die Akkumulation von Fachwissen eine nie abzuschließende Aufgabe für die Berufsberaterin. Zum anderen muss sie sich immer aufs Neue individuell auf Ratsuchende mit unterschiedlichen schulischen Leistungen, Bildung, sozialem Hintergrund, kultureller oder sexueller Identität einstellen. Da dynamische Beratung auf individuelle Besonderheiten eingeht, eignet sie sich im Prinzip für jede Zielgruppe. Sie bezieht die aktuelle Situation am Arbeitsmarkt in die Beratung ein und sie regt Ratsuchende zur selbstständige Reflexion und Gestaltung ihres Berufswahlprozesses an.

7.3 Multikulturelle Beratung nach Ivey

Menschen mit Migrationshintergrund prägen den Beratungsalltag in vielfältiger Weise. Neben den allgemeingültigen beraterischen Fähigkeiten bedarf es auch in der Bildungs- und Berufsberatung der Sensibilität für ethnische und kulturelle Unterschiede und Besonderheiten. Die multikulturelle Beratung nach Ivey stellt keine Methode im engeren Sinne dar, sondern ist methodenübergreifend (vgl. Ertelt und Schulz 2019: S. 25). Sie bietet Orientierung für andere Beratungstheorien, fügt ihnen eine multikulturelle Dimension hinzu und bezieht familiäre sowie kulturelle Fragen und Gruppenaspekte ein (vgl. a. a. O., S. 15 f.). Das Modell mit dem Akronym RESPECTFUL soll Beraterinnen helfen, ihre multikulturellen Kompetenzen weiterzuentwickeln (vgl. a. a. O., S. 16 f.) (Abb. 7.1).

Was bedeutet das für Beratung? Neben der Grundfertigkeit des aufmerksamen Zuhörens muss der Berater den Ratsuchenden dort abholen, wo er steht. Das heißt, er muss seinen Gesprächsstil dessen Entwicklungsstufe anpassen. Diese Entwicklungsstufe kann von einem begrenzten Spektrum an Möglichkeiten, über die Kenntnis einiger Problempunkte, über eine relative Selbstständigkeit bis hin zur eigenständigen Entwicklung von Zielen sowie Fähigkeiten zur Kommunikation auf Augenhöhe reichen (vgl. a. a. O., S. 18 f.). Interventionen sollten von einem multikulturellen Bewusstsein des Beraters begleitet sein (vgl. ebd.). Zu den multikulturellen Mindestkompetenzen von Beraterinnen gehören unter anderem:

- Bewusstsein für das eigene kulturelle Erbe
- Kenntnis von Vorurteilen und Diskriminierungen in der eigenen Beratungspraxis
- Kenntnis über soziale und politische Einflüsse
- Kenntnis kultureller Besonderheiten in Bezug auf Körper, Krankheit, Behinderung und Kommunikation darüber

> R – relgiöse/geistige Identität (*religious/spiritual identity*)
> E – ökonomischer Hintergrund (*economic background*)
> S – Geschlechtsidentität (*sexual identity*)
> P – psychische Reife (*psychological maturity*)
> E – ethnische Identität (*ethnical/racial identity*)
> C – zeit- und entwicklungsbedingte Herausforderungen (*chronological/developmental challenges*)
> T – Traumata und andere Bedrohungen für das Wohlbefinden (*various forms of traumata and threats to well-being*)
> F – familiärer Hintergrund und Familiengeschichte (*family background and history*)
> U – spezifische physische Charakteristika (*unique physical characteristics*)
> L – Wohnregion und Sprachunterschiede (*location of residence and language differences*) (ebd.)

Abb. 7.1 Für respektvollen Umgang mit kulturellen Identitäten nach Ertelt/Schulz (ebd.)

- Wissen über Familienstrukturen, Geschlechterrollen, Werte verschiedener ethnischer Gruppen
- Wissen über religiöse Besonderheiten, Feiertage, Essgewohnheiten, Kleidung u. a.
- Einschätzung der eigenen multikulturellen Kompetenz
- Unvoreingenommenheit (vgl. auch Hansen et al. 2000, zit. nach Ertelt/Schulz a. a. O., S. 24).

Ziel der multikulturellen Beratung ist es, die Handlungsspielräume der Ratsuchenden zu vergrößern, indem neue Wege des Denkens, Fühlens und Handelns aufgezeigt werden (vgl. a. a. O., S. 25). Dadurch kann es in der Bildungs- und Berufsberatung gelingen, neue und breitere berufliche Perspektiven zu entwickeln, aber auch Perspektiven, die den ethnischen und kulturellen Eigenheiten angepasst sind. Ertelt und Schulz formulieren die bekannte „Goldene Regel" für die Beratung folgendermaßen um:

> „Was du willst, dass man dir tu', das füge anderen *nicht* zu, weil sie vielleicht etwas anderes wollen." (a. a. O., S. 27).

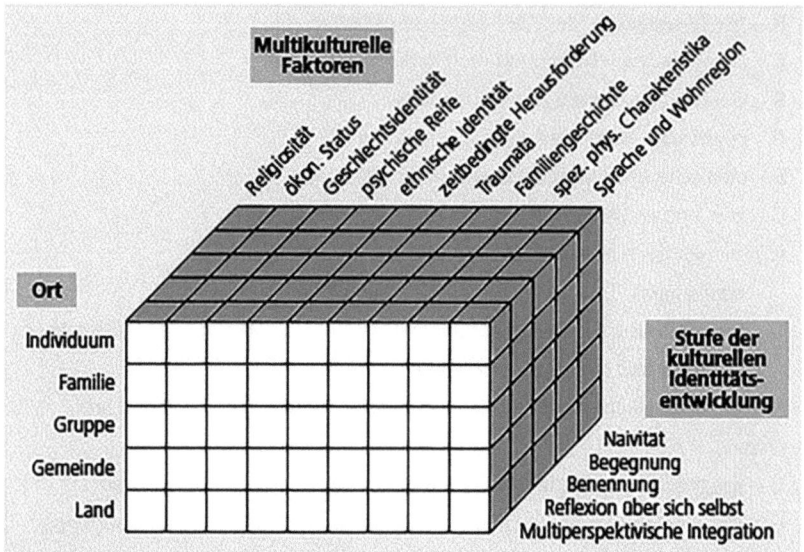

Abb. 7.2 Multikultureller Würfel. (Ivey et al. 2002, nach Ertelt/Schulz, a. a. O., S. 17)

Multikulturelle Beratung heißt für den Berater, „ein Bewusstsein für die Bedeutung der Familie und Gemeinschaft mit vielen Gruppen" zu entwickeln (ebd.). Die vielschichtigen Dimensionen multikulturellen Bewusstseins und multikultureller Beratung fasst der „Multikulturelle Würfel" von Ivey zusammen (Abb. 7.2).

Für die Beratungspraxis kann das Akronym „RESPECTFUL" als Leitfaden dienen. Darüber hinaus unterstützt die Reflexion der eigenen kulturellen Identität sowie die Entwicklung multikultureller Sensibilität die eigenen Fähigkeiten für eine multikulturelle und kulturangemessene Beratungspraxis. Praktische Übungen dazu finden sich z. B. bei Ertelt und Schulz (2019, S. 29–73).

7.4 Lösungsorientierte Kurzberatung

Wie der Name schon sagt, konzentriert sich diese Beratungsform auf Lösungen – im Unterschied zu Methoden, die die Problem- und Ursachenanalyse in den Fokus rücken. Aus der umfangreichen und tiefgreifenden Darstellung der Methode (Bamberger 2022) sollen hier drei Aspekte herausgegriffen und skizziert werden: die Lösungsvision, die Ressourcenaktivierung und die Handlungsmotivierung.

Lösungsvisionen helfen, ein positives Bild von der Zukunft zu entwerfen, z. B. eine bestimmte Ausbildung, ein Studium oder ein Beruf. Es kann aber auch das Bild einer erfüllenden, lebenswerten Zukunft sein, in das sich Ausbildung und Beruf möglichst harmonisch einfüge. Lösungs- oder Zukunftsvisionen helfen, Ziele plastisch und lebendig, damit erstrebens- und lebenswert darzustellen. Zukunftsbilder lassen sich mit verschiedenen Mitteln entwerfen. So kann der Berater mit der hypothetischen Frage „Was wäre, wenn...." eine hypothetische Lösung anregen (vgl. Bamberger, a. a. O., S. 94). Zum Beispiel: „Was wäre, wenn du den Ausbildungsplatz als Uhrmacherin bekommen würdest?" „Was wäre, wenn du dein Studium der Betriebswirtschaft erfolgreich beenden könntest?" Oder: „Was wäre, wenn Du in deinem Bewerbungsgespräch in der nächsten Woche richtig sicher und überzeugend auftreten könntest?" Hypothetische Fragen und Lösungen verändern die Wahrnehmung des Problems, indem sie eine Lösung als möglich und machbar erscheinen lassen.

Die sogenannte „Wunderfrage" fördert eine konkrete Vorstellung von der Lösung eines Problems: „Was wäre, wenn ein Wunder geschehen und das Problem gelöst wäre?" (Bamberger, a. a. O., S. 95). Denkbar wäre ein Fall, dass ein Ratsuchender auf seine Bewerbungen hin durchaus Einladungen zu Vorstellungsgesprächen erhält, dabei aber keinen Erfolg hat. Die Wunderfrage lautet in diesem Fall: „Was wäre, wenn du eine Einladung zum Vorstellungsgespräch bekommst und der Personalchef entscheidet sich für dich?" Für die Wunderfrage lassen sich unterschiedliche, konkrete Situationen entwerfen, die den Ratsuchenden anregen sollen, die Lösung so anschaulich und real wie möglich vorzustellen (vgl. ebd. Formulierungen und Variationen der Wunderfrage). Bei den hypothetischen Fragen geht es darum, mit Hilfe von Fantasien den Wirklichkeitssinn zu unterstützen, Möglichkeiten zu imaginieren, um dadurch erste Schritte für die Umsetzung in die Wirklichkeit zu ermöglichen.

Die Aktivierung der Ressourcen dient der emotionalen Stärkung des Ratsuchenden, damit dieser tatsächlich handelnd aktiv wird. Der Blick auf Fähigkeiten, Kompetenzen und Stärken fördert das Selbstvertrauen und stärkt das Gefühl der Selbstwirksamkeit. Beides ist notwendig, um Lösungen nicht nur zu imaginieren, sondern sie tatsächlich umzusetzen und zu realisieren. Zunächst müssen Ressourcen identifiziert werden. Es kann sein, dass Ratsuchende sich ihrer Ressourcen gar nicht bewusst sind. Fragen nach positiven Erlebnissen in Vergangenheit und Gegenwart, nach Werten und Orientierungen, nach Wertschätzung durch andere Personen oder nach Engagement, Familie oder Ehrenamt können helfen, Ressourcen herauszuarbeiten und zu benennen (vgl. a. a. O., S. 120).

Durch Komplimente, Feedback und ehrlich gemeinte Begeisterung kann der Berater das Selbstwertgefühl der Ratsuchenden unterstützen und sie im Erleben ihrer Ressourcen bestärken (vgl. a. a. O., S. 121 ff.). Gerade für Jugendliche und auch erwachsene Personen in Arbeitslosigkeit oder Berufsorientierung kann das von Wichtigkeit sein. Entweder ist das Selbstwertgefühl wenig entwickelt oder durch Phasen der Arbeitslosigkeit und Jobsuche erschüttert. Komplimente und ein positives Feedback können der Ratsuchenden Anerkennung vermitteln und den Glauben an sich selbst zurückzugewinnen. Die emotionale Bestärkung hilft, die eigenen Ressourcen nicht nur zu erkennen, sondern sie auch als reale Kraftquelle wertzuschätzen. Sie erscheinen damit als ein bereits real vorhandener Baustein für die Lösung. Es geht darum, Ressourcen nicht nur zu identifizieren, sondern zu aktivieren, nämlich als konkrete Schritte hin zu einer Lösung (vgl. a. a. O., S. 126 ff.).

Wie kommt der Ratsuchende nun von der Lösungsvision und dem Bewusstsein seiner Ressourcen zum Handeln? Das heißt letztlich: Wie kann der Ratsuchende seine Lösung im Alltag eigenverantwortlich realisieren? Wie entscheidet er sich für einen bestimmten Beruf oder ein Studium? Welche Schritte geht er dafür? Wie meistert er seine Vorstellungsgespräche? Und wie gelingt es ihm schließlich, erfolgreich eine Ausbildung oder ein Studium aufzunehmen? Ein Mittel, von der Beratung in den Alltag überzuleiten, sind Hausaufgaben oder Arbeitsaufträge. Diese können vom Ratsuchenden selbst entwickelt oder aber vom Berater aufgegeben werden. Im ersten Fall können Nachfragen und Hinweise helfen, einen detaillierten Handlungsplan zu entwerfen. Im zweiten Fall ist es wichtig, das Funktionierende, das Mögliche und das Förderliche herauszuarbeiten, um Neues in Gang zu bringen (vgl. a. a. O., S. 139). Das Lösungshandeln sollte konkretisiert werden: Was ist der erste Schritt? Wann? Wie? Mit wem? Wo? usw.

Es wurden hier lediglich die Aspekte der lösungsorientierten Beratung ausgewählt, die für die Bildungs- und Berufsberatung besonders praktikabel erscheinen. Nicht jeder Berufswahlprozess ist ein Problem und nicht jede Ratsuchende kommt mit einem Problem zum Berufsberater. Aber Fragen nach einem Bild von der Zukunft, nach dessen Realisierung, nach den dafür zur Verfügung stehenden Ressourcen und nach der handelnden Umsetzung der Zukunftspläne können helfen, Selbstvertrauen, Selbstwirksamkeit und das konkrete Tun der Ratsuchenden zu unterstützen.

7.5 Narrative Ansätze

Narrative Ansätze leben von der Vorstellungskraft des Ratsuchenden. Die Aktivierung der Fantasie und die Anregung gedanklicher Bilder bedarf eines methodengeleiteten Fragens auf Seiten der Beraterin und eines relativ ausgeprägten Reflexionsvermögens auf Seiten des Ratsuchenden. Narrative Ansätze sind vor allem für Ratsuchende geeignet, die über eine gewisse Fähigkeit zur Selbstreflexion und zur verbalen Artikulation verfügen. Sie eignen sich für Ratsuchende mit einer zumindest etwas entwickelten Berufsbiografie und mit beruflichen Veränderungswünschen. Und sie erfordern die Bereitschaft, gedanklich neue Wege zu gehen und sich auf kreative Methoden einzulassen.

In der „Systemischen Heldenreise" nach Lindemann (2019) fordert die Beraterin den Ratsuchenden auf, sich vorzustellen, er sei ein Held und nun als Held sein Beratungsanliegen zu bewältigen. Diese Methode dient dazu, „Herausforderungen vorwegzunehmen und Lösungen dafür zu finden" (Spiegelberg 2022, S. 208). Die Beraterin kann so fragen, dass der Ratsuchende seine Erfahrungen aus der Außenperspektive beschreibt, oder so, dass er sich selbst als Held erlebt und seine inneren Erfahrungen artikuliert. Die Gedankenreise lässt sich in zehn Phasen untergliedern. Um die sinnlich-körperliche Wahrnehmung zu unterstützen, kann mit sogenannten „Bodenankern" gearbeitet werden (vgl. a. a. O., S. 209). Das sind Zettel oder Schilder, die auf dem Fußboden ausgelegt werden, und einzelne Stationen oder Räume der Reise markieren.

Die Reise beginnt in der gewohnten Welt mit der Beschreibung der aktuellen Situation – der Umgebung, Verbündeten, vielleicht auch Feinden, mit dem Problem oder Veränderungswunsch. In einem zweiten Schritt soll der Ratsuchende dem „Ruf des Abenteuers" (a. a. O., S. 210) folgen und seine gewohnte Welt verlassen, sei es durch äußere Anlässe oder auch innere Beweggründe. Phase drei beschäftigt sich mit möglichen Hindernissen – inneren oder äußeren Kräften. In Phase vier wird nach möglichen Mentoren, Unterstützern gefragt. Wer kann beistehen, Ratschläge geben, Zuversicht ausstrahlen, unterstützen (vgl. a. a. O., S. 210)? Hier geht es auch um Stärken und Ressourcen. Die weiteren Phasen beschreiben das Überschreiten des Gewohnten, den Start in ein Abenteuer, aber auch Bewährungsproben und Prüfungen. Schließlich wird der Held belohnt – mit dem Erfolg seines Vorhabens. Zum Schluss muss er den Rückweg in seine gewohnte Welt antreten und dort einen neuen Alltag mit neuen Erfahrungen bewältigen. Entscheidend ist, wie der Held als gereifte Persönlichkeit sich in sein erneuertes und verändertes Leben integriert. Die letzte Phase schließt mit der Frage, wie das Leben nach dem Bestehen der Abenteuer und dem Genuss der Belohnungen aussehen wird (vgl. a. a. O., S. 215). Zum Schluss können die Bodenanker nochmals gemeinsam abgeschritten werden, um die Stimmigkeit und mögliche offene Fragen zu überprüfen (vgl. Lindemann 2016a).

Vielzahl und Komplexität der Phasen und Fragestellungen lassen diese Methode für Berufseinsteiger nur bedingt als geeignet erscheinen. Der Ratsuchende muss viele Erfahrungen einbringen und komplexe Gedanken und Vorstellungen abrufen. Vor allem muss die Bereitschaft vorliegen, sich auf dieses Gedankenexperiment einzulassen. Die Heldenreise dient dazu, das eigene Anliegen gedanklich zu verfremden, dadurch inneren Abstand und eine neue Perspektive zu gewinnen. Das hilft, der Komplexität gerecht zu werden und auftretende Fragen mit Engagement und innerer Beteiligung zu reflektieren. Bei der Bearbeitung eines Beratungsanliegens verbindet die Heldenreise Fantasie, Sinnlichkeit, Emotionalität und Reflexivität.

Eine narrative und gleichzeitig visualisierende Methode ist der „Lebensbaum" (Clot-Siegrist und Durante 2022). Hier soll die Lebensgeschichte anhand der Metapher eines Baumes erzählt werden. Dies dient der Ermittlung von Ressourcen, Stärken, Fähigkeiten, Werten, Bedürfnissen, Hoffnungen, Träumen, Projekten und bedeutsamen Menschen (vgl. a. a. O., S. 268). Zunächst zeichnet die Ratsuchende einen Baum mit Wurzeln, Erde, Stamm, Zweigen, Blättern und Früchten. Dabei geht es nicht um die künstlerische Qualität. Entweder im Gespräch mit dem Berater oder im inneren Zwiegespräch kann die Ratsuchende den Baum nun mit Worten füllen – die Wurzeln für Herkunft, Kultur, wichtige Personen oder Ereignisse, die Erde als Symbol für die Gegenwart mit ihren vielfältigen Anregungen und Inhalten, der Stamm als Ausdruck von Ressourcen, Stärken und Kompetenzen, die Zweige stehen für die Zukunft, Pläne und Projekte, die Blätter für soziale Beziehungen und die Früchte symbolisieren Geschenke und Bereicherungen (vgl. a. a. O., S. 269 f.).

Auch diese Methode baut auf vielfältigen Erfahrungen, Fantasie und einem ausgeprägten Reflexionsvermögen auf. Insbesondere bei einer defizitorientierten Sicht- und Erlebensweise kann sie der Ratsuchenden visuell vor Augen führen, über welch großen Schatz an Erfahrungen, Ressourcen und sozialen Beziehungen sie verfügt. Diese Quellen dienen als Grundlage einer zukunfts- und lösungsorientierten Beratungsarbeit.

Nicht jeder Ratsuchende ist für die Arbeit mit narrativen oder visuellen Methoden bereit oder dazu in der Lage. Die Beraterin kann sie nur vorschlagen oder anbieten. Wenn sie vom Ratsuchenden angenommen werden, lässt sich über eine vorwiegend logisch und rational strukturierte Gesprächsführung hinaus ein emotionaler, sinnlicher und kreativer Zugang in der Beratung entwickeln. Dieser kann neue Perspektiven und Lösungsmöglichkeiten erschließen, die sonst verschlossen geblieben wären.

7.6 Design your life

Dieser Ansatz versteht sich weniger als Beratungsmethode, sondern vielmehr als ein Prinzip der eigenständigen und selbstbewussten Gestaltung des eigenen Lebens und der eigenen Karriere. Der Ratsuchende wird zum kreativen Designer, angefangen vom Entwurf seines Design-Ziels, über die Formulierung der Rahmenbedingungen hin zu seiner ganz persönlichen Harmonie von Beruf und Leben, der „Work-Life-Romance" (Kötter und Kursawe 2015). Berufliche Ideen werden entworfen, gestaltet, getestet und gelebt. Die Autoren erwarten den Ratsuchenden mit einem ganzen Potpourri von Visualisierungen, Skalierungen, Prototypen, Tests und Analysen. Dieses hier aufzufächern, würde den Rahmen bei weitem übersteigen. Ich möchte das *Design your life* trotzdem erwähnen, weil es eine Methode für sehr selbstständige, kreative und zielbewusste Ratsuchende ist. Vorsicht ist jedoch geboten, wo unumschränkte Machbarkeit suggeriert wird. Jeder Gestaltungswille muss sich mit den Widerständen der Realität auseinandersetzen. Es kann Um- und Irrwege geben, die mitunter auf Grenzen oder Sackgassen stoßen. Insofern gehört zum kreativen Optimismus des Designers immer auch eine Portion Frustrationstoleranz.

7.7 Methoden in der Praxis: Das Zürich Mainzer Laufbahnberatungsmodell (ZML)

Das Zürich Mainzer Laufbahnberatungsmodell bietet insbesondere berufserfahrenen Ratsuchenden Möglichkeiten der beruflichen Orientierung und Zielbestimmung. Neben ihren Beratungskompetenzen bringen entsprechend geschulte Beraterinnen ein breites Set an Methoden in die Beratung ein. Ihr „Methodenkoffer" ist mit kognitiven wie auch visuell/auditiv erlebnisaktivierenden Methoden gefüllt, die sich flexibel an die Bedürfnisse der Ratsuchenden anpassen lassen (vgl. Pilkuhn und Teske-Letzsch 2023, S. 40) und eine breite Themenpalette abdecken: zum Beispiel Stärken und Kompetenzen, Wertearbeit, Biografiearbeit, Herausarbeitung von Bedürfnissen und Interessen. Grundlage der Beratung ist die „Haltung der Ermutigung" (a. a. O., S. 42), die explizit pädagogische Bezüge aufweist. Durch diese Haltung würdigen Beraterinnen die Lebensleistung, verstärken das Erleben von Anerkennung und fördern damit über die Berufs- und Bildungsberatung im engeren Sinn Selbstvertrauen, Selbstwirksamkeit, Entscheidungskompetenzen und Beschäftigungsfähigkeit (vgl. a. a. O., S. 43). Letztlich geht es um den „Blick für ein aktives Lebensmanagement" und die Entwicklung nachhaltiger Lebens- und Arbeitskonzepte (vgl. ebd.).

7.8 Zuhören, zuhören, zuhören!

An dieser Stelle wird der personenzentrierte Ansatz nach Carl Rogers aus methodischer Sicht thematisiert. Er stellt den Menschen und seine Persönlichkeit in den Mittelpunkt der Beratung (vgl. Schiersmann 2021, S. 63). Es geht weniger um den Einsatz bestimmter Methoden, sondern vielmehr um eine Haltung der Empathie, der Wertschätzung und der Kongruenz (vgl. a. a. O., S. 72).

Eine wesentliche Rolle spielt dabei das aktive Zuhören durch Anteilnahme, Interesse und Zuwendung. Zunächst ist die Beraterin einfach für den anderen da, indem sie zuhört. Natürlich ist es das nicht allein. Sie wendet sich dem Sprechenden körperlich zu und signalisiert so Aufmerksamkeit. Durch diese nonverbalen Reaktionen kann schon das Zuhören zu einer Form der Unterhaltung werden. Der aufmerksame Blick, Konzentration und Zuwendung teilen dem Gegenüber mit: Du bist mir wichtig. Ich interessiere mich für das, was du sagst. Du darfst mir vertrauen. Vielleicht könnte man das aktive Zuhören deswegen auch als passiven Dialog bezeichnen.

Zum Zuhören kann ebenso das eigene Sprechen gehören. Das muss nicht viel sein. Hat nicht die Ratsuchende Anspruch auf eine Rückmeldung des Zuhörenden? Auf sein Feedback, das Interesse an dem Gesagten auch verbal signalisiert? Will und muss sich der Berater nicht auch zu dem Thema, um das es gerade geht, einbringen? – so gehören zum Zuhören das Fragen, Ermutigen, Paraphrasieren, die Reflexion von Gefühlen und eine Zusammenfassung (vgl. Ertelt und Schulz 2019, S. 33 f.).

Ich unterscheide zwei Formen des Zuhörens – das analytische und das ungerichtete Zuhören. Während der analytisch Vorgehende beim Zuhören Informationen filtert und gewichtet, sich vielleicht Notizen macht, ist das ungerichtete Zuhören ein unvoreingenommenes, nicht wertendes Aufnehmen aller Informationen und das Erfassen emotionaler Schwingungen. Das schließt nicht aus, dass beim analytischen Zuhören auch Emotionales wahrgenommen wird. Das Stellen von Verständnisfragen, das Paraphrasieren und die Formulierung weiterführender Fragen erlauben dann einen Einstieg in den wechselseitigen Austausch.

Ich treffe in meiner Sprechstunde häufig auf Schüler/innen, die kaum oder gar nicht reden, sodass sich zunächst keine Chance zum Zuhören bietet. Ich empfange jede und jeden mit einem warmen, aufrichtigen und aufmerksamen Blick und einem offenen Lächeln. Mit etwas Zurückhaltung, nicht zu offensiv, stelle ich Fragen, um zum Reden zu animieren. Manchmal schweige ich auch und schaue mein Gegenüber aufmerksam an. Oder ich erzähle etwas von mir, wie es mir mit fünfzehn Jahren bei der Berufswahl ging. Ich versuche, eine vertrauensvolle Atmosphäre zu schaffen und Vertrauen aufzubauen. Dann kommt man meistens ins Gespräch.

Aufgabe zur Selbstreflexion
Überlegen Sie als Beraterin oder als Berater, wann es Ihnen gelungen ist, sich voll und ganz auf die ratsuchende Person einzustellen, ihr Ihre ungeteilte Aufmerksam-

keit zu schenken und ein aufrichtiges Interesse an ihrer persönlichen und beruflichen Entwicklung zu zeigen. Wann ist es Ihnen gelungen, nicht in erster Linie Ratschläge und Informationen zu vermitteln, sondern die Ratsuchende durch die Konzentration auf ihre Persönlichkeit zum eigenständigen Denken und Handeln anzuregen, wie es in diesem Buch beschrieben wird? Und was können Sie tun, Ihre Ratsuchenden durch aktives und aktivierendes Zuhören stärker zu Selbsttätigkeit und Selbstständigkeit in Bezug auf ihre berufliche Entwicklung anzuregen?

8 Wer bin ich? Was kann ich? Was will ich? – Berufsrolle und berufliche Identität

Jana Swiderski

Das wichtigste Arbeitsmittel der Beratenden ist ihre eigene Persönlichkeit. Deswegen ist es neben der Professionalität entscheidend, sich selbst gut zu kennen und sich in den verschiedenen Rollen, die man in der Beratung einnimmt, zu reflektieren. Anhand eines Interviews einer Kollegin und eines Kollegen zeigt dieses Kapitel, wie diese Selbstreflexion gelingen kann und mit welchen Motiven und welcher Begeisterung Beratende ihren eigenen Beruf ausüben können.

Es gibt Berater und Beraterinnen, insbesondere im öffentlichen Dienst, die beginnen bereits mit Anfang Fünfzig, die Jahre bis zur Rente zu zählen. Auch bei Berufseinsteigerinnen machen nach einigen Jahren eine gewisse Routine und erste Abnutzungserscheinungen der anfänglichen Begeisterung Platz. Gibt es eine Chance für ein erfülltes Beraterinnen- und Beraterleben über die Lebensspanne hinweg? Und – wenn wir als Beraterinnen und Berater für unsere Ratsuchenden sorgen wollen, müssen wir nicht zuerst für uns selbst sorgen? Nur dann gehen wir selbst mit der notwendigen Motivation, echtem Engagement, Gelassenheit, Erfüllung und Selbstbewusstsein in unsere Beratungen. Unsere berufliche Identität und unser Rollenverständnis bestimmen, mit welcher Haltung wir den Ratsuchenden begegnen. Von der Identifikation mit unserer beruflichen Aufgabe hängt hab, wieweit wir selbst motiviert und zufrieden mit unserer Tätigkeit sind. Fragen nach Motivation, Entwicklungsbedürfnissen und Werten sollten wir daher nicht nur den Ratsuchenden, sondern auch uns selbst stellen. Es kann vorkommen, dass das Alltagsgeschäft als das Ende der beruflichen Entwicklung empfunden wird.

J. Swiderski (✉)
Bundesagentur für Arbeit, Berlin, Deutschland
E-Mail: jana@ac-event.info

Insbesondere Jugendliche werden zunehmend als unmotiviert, desinteressiert oder unzuverlässig wahrgenommen. Manch einer denkt deshalb vielleicht über eine berufliche Neuorientierung nach.

Was oft vergessen wird: Man kann auch innerhalb einer beruflichen Tätigkeit wachsen, sich entwickeln und sich verändern. Die Fragen von Claas Triebel: Wer bin ich? Was kann ich? Was will ich? (2022) können auch *im* Berufsleben helfen, über berufliche Ziele, Sinn und Erfüllung nachzudenken. Zur Verständigung über die eigene berufliche Identität und Rolle gehören die Reflexion von Kompetenzen und Ressourcen ebenso wie die Wahrnehmung von Entwicklungsbedürfnissen und Werten. Dazu gehören Fragen nach der eigenen Motivation, nach dem Umgang mit Nähe und Distanz, nach dem eigenen Verständnis von Professionalität und nach der eigenen Fehlerkultur.

Die Beantwortung dieser Fragen wird hier als ein wichtiger Teil der Selbstfürsorge aufgefasst. Neben vielfältigen Möglichkeiten zu entspannen und inneren Abstand zum Arbeitsalltag zu gewinnen, geht es vor allem um ein reflektiertes Verhältnis zur eigenen Beratertätigkeit und um die Entwicklung eines beruflichen Selbst-Bewusstseins. Dieses – berufliche – Bewusstsein seiner selbst kann helfen, sich immer wieder aufs Neue mit seiner Tätigkeit zu identifizieren und über viele Jahre neugierig auf sich selbst wie auf die Ratsuchenden zu bleiben.

8.1 Kompetenzen

Kompetenzen sind das Handwerkszeug und die Grundlage beraterischer Tätigkeit. Üblicherweise werden sie unterteilt in Fach-, Methoden-, soziale und personale Kompetenzen (vgl. Triebel 2022, S. 43 f.). In Bezug auf die Berufsberatung lässt sich das Wissen über Berufskunde, Arbeitsmarkt, Berufswahltheorien oder das Ausbildungs- und Studiensystem als Fachkompetenz verstehen. Zur Methodenkompetenz gehören Kenntnis und Anwendung unterschiedlicher methodischer Ansätze, wie der systemische oder der personale Ansatz, BeKo, narrative Methoden oder die Ressourcen- und Stärkenorientierung. Dazu gehört auch die Selbstorganisierung, die Planung der eigenen Arbeit, die Kooperation mit Netzwerkpartnern und das eigene Wissensmanagement. Unabdingbar für die Beratung sind soziale Kompetenzen. Der Umgang mit den Ratsuchenden erfordert Empathie, Vertrauen, ein angemessenes Verhältnis von Nähe und Distanz oder die Übernahme von Verantwortung. Personale Kompetenzen sind Fähigkeiten zum Umgang mit sich selbst sowie persönliche Eigenschaften. Das können z. B. Neugier, Kritikfähigkeit, Verantwortungsbewusstsein, aber auch Lebensfreude, Interesse und Lernbereitschaft sein – je nach Persönlichkeit auch etwas ganz anderes.

Die Konkretisierung der Kompetenzen verdeutlicht, dass wir diese nie „haben" im Sinne eines fest erworbenen, unveränderlichen Besitzes. Kompetenzen werden erhalten und weiterentwickelt durch ihre beständige Aktivierung und Anwendung. Der Arbeitsmarkt und Berufsbilder verändern sich, jede Ratsuchende hat einen anderen Stand im Berufswahlprozess. Während die eine Methode in einem Fall erfolgreich ist, benötigt eine andere Person ein ganz anderes Vorgehen. Das Wissensmanagement ist eine kontinuierliche Aufgabe. Da jeder Ratsuchende individuell ist, müssen auch soziale Beziehungen immer wieder neu ausbalanciert werden. Und auch die persönlichen Eigenschaften sind nicht fix und fertig, sondern verändern und entwickeln sich. Das heißt, wenn wir als Beratende auf unsere Kompetenzen blicken, eröffnet sich ein weites Feld des Lernens und der persönlichen beruflichen Entwicklung.

8.2 Selbstführung, Wertschätzung und Ressourcenorientierung – Wie bleibe ich motiviert?

Als Berufsberaterinnen haben wir keine Führungsposition inne, aber – wir führen. Wir führen unsere Ratsuchenden im Gespräch und wir führen uns selbst, da wir weitgehend eigenständig und selbstbestimmt arbeiten. Selbstführung bedarf der Selbstreflexion – des Selbstbildes, der Berufsrollen und der Privatrollen (vgl. Seliger 2021, S. 137). Zu allen drei Bereichen kann man sich selbst Fragen stellen (Abb. 8.1).

Selbstführung ermöglicht Selbstentwicklung. Selbstentwicklung bedeutet Dynamik und ist die Grundlage, Motivation aufrechtzuerhalten. Diese Aufzählung zeigt, dass Selbstführung, Entwicklung und Motivation nicht nur eine Frage der Berufsausübung sind, sondern das Leben als Ganzes betreffen. Es geht darum, sich selbst bewusst wahrzunehmen (vgl. a. a. O., S. 139). Wer das tut, kann sich selbst wertschätzen. Er oder sie kann Dinge an sich selbst wahrnehmen, die für sich selbst wertvoll, sinnvoll und nützlich sind: „Was nicht bemerkt wird, wird nicht geschätzt." (a. a. O., S. 100). Seliger sieht in der Wertschätzung die Grundlage von Ressourcenorientierung:

> „Ressourcenorientierung ist die Fähigkeit und Bereitschaft, Situationen danach zu bewerten, was sie an Möglichkeiten für Entwicklungen oder Lösungen enthalten, und unsere Aufmerksamkeit bewusst darauf zu richten." (a. a. O., S. 101)

Berufliche Selbstmotivation ist ein komplexer Prozess und eine kontinuierliche Aufgabe. Sie beginnt mit der Selbstreflexion – nicht nur der Berufsrolle, sondern des eigenen Lebens überhaupt, geht über in die bewusste Wahrnehmung und Wert-

(1) Fragen zu meinem Selbstbild
Was ist mir in meinem Leben, in meiner Arbeit wirklich wichtig?
Was bereitet mir Freude – in der Arbeit, im Leben?
In welcher Lebensphase stehe ich, und welches sind meine zentralen Themen?
Welches sind meine persönlichen Ziele im Leben, in meiner Arbeit, für meine persönliche Entwicklung? [...]
Was bedeuten mir Menschen?
Was schätze ich an meiner Situation?
[...]
(2) Fragen zu meinen privaten Rollen
Was bedeuten mir meine Familie, meine Freunde?
Was erwarten meine Familie, meine Freunde von mir?
Habe ich das Gefühl, ein guter Vater, eine gute Mutter zu sein?
Wie sieht meine *work-life-balance* aus?
[...]   (a.a.O., S. 138)
(3) Fragen zu meinen Berufsrollen
Was erwarte ich selbst von mir als Beraterin?
Was erwarten meine Ratsuchenden von mir? Was erhoffen sie sich?
Woran beurteilt mich mein Teamleiter/ meine Führungskraft?
Wie ist meine Stellung innerhalb meiner Organisation?
Wie stehe ich zu Eltern, Schule, Netzwerkpartnern?
Wie ist mein Verhältnis zu meinen Kolleginnen im Team? Was gebe ich und was erwarte ich? Wo bekomme ich Unterstützung?

Abb. 8.1 Fragen zur Selbstreflexion. (Seliger a. a. O.)

schätzung der eigenen Tätigkeit und schafft so die Grundlage für eine Ressourcenorientierung, die sich auf Entwicklungen und Lösungen richtet. Motivation beruht nicht nur auf dem guten Willen oder dem Interesse am Beruf, sondern entsteht im Prozess der konstruktiven Auseinandersetzung mit der eigenen Persönlichkeit, dem Leben, dem Beruf und allen daran Beteiligten. Motivation erfordert Aktivität![1]

---

[1] Beispielsweise bieten die Lehrbücher von John McLeod verschiedene kreative Übungen zur Reflexion der eigenen Biografie und Beraterpersönlichkeit an (z. B. 2011).

8.3 Professionalität und Fehlerkultur

Mein Rhetoriklehrer Pater Thomas Grießbach verglich die Sprechkunst, und ich füge hinzu, die Beratungskunst – mit dem Tanzenlernen (Grießbach und Lepschy 2023, S. 24). Jeder Mensch kann sich irgendwie zu Musik bewegen und hüpfen. Aber erst das Erlernen von Tanzschritten ermöglicht gekonnte Bewegungen. Allein das genügt nicht. Erst wenn die Tänzer beim Tanzen nicht mehr über ihre Schritte nachdenken, ihre Körper die Tanzschritte verinnerlicht haben und sie wie von selbst über das Parkett schweben, erst dann sind aus den anfänglichen Hüpfern professionelle Tänzer und Tänzerinnen geworden. Übertragen auf die Beratungstätigkeit bedeutet dies, dass Beraterinnen ein bestimmtes Repertoire von Kompetenzen, Methoden und Ressourcen kennen und darüber verfügen müssen. Professionell sind sie, wenn sie diesen Fundus in der Beratung nicht mehr reflektieren, sondern das Gespräch mit dem Ratsuchenden wie selbstverständlich und völlig ungezwungen führen. Kompetenz bildet den „Kern der Professionalität von Beratenden" (Schiersmann 2021, S. 130). Kompetent ist, wer Wissen und Fähigkeiten situationsadäquat einsetzen und in unerwarteten Situationen selbstorganisiert und kreativ handeln kann (vgl. Erpenbeck 2011, S. 18).

Professionalität verlangt auch einen kompetenten Umgang mit Fehlern. In den Anfängen meiner Beratertätigkeit habe ich einem Schüler zu einer Ausbildung als Justizfachwirt geraten. Nach einem Jahr stellte sich heraus, dass dies die falsche Entscheidung war. Der Schüler hat die Ausbildung abgebrochen. Pädagogisch geschulte Beraterinnen können und dürfen nicht zu bestimmten Entscheidungen raten, weil sie, wie das Beispiel zeigt, die Verantwortung nicht übernehmen können. Sie regen an und befähigen durch gezieltes Fragen, begründete Entscheidungen zu treffen und zu überprüfen. Das bedeutet, Entscheidungen immer auch kritisch zu hinterfragen (vgl. Baecker 1994, S. 165).

Um in komplexen Fallkonstellationen konstruktiv beraten zu können, helfen Supervision oder kollegiale Fallbesprechungen. Individuelle Lernbegleitung, Weiterbildung und Teambuilding tragen dazu bei, eigene Kompetenzen immer wieder zu reflektieren und weiterzuentwickeln.

8.4 Rollenverständnis

Wie berufliche Identität einem pädagogischen Anspruch gerecht wird, hängt nicht zuletzt vom Rollenverständnis ab. Berufsberaterinnen treten den Jugendlichen als methodisch geschulte, empathische und verständnisvolle *Gesprächspartner* gegenüber, jedoch anders als Eltern oder Lehrer ohne persönliche Bindungen oder unmittelbaren pädagogischen Auftrag. Außerdem nehmen sie – je nach Bedarf – verschiedene andere Rollen ein:

- Als *Lotsen* im Informationsdschungel helfen Beraterinnen den Ratsuchenden, sich in einer kaum überschaubaren Fülle von Informationen im Internet und in den sozialen Medien zurechtzufinden, das Wesentliche vom Unwesentlichen zu unterscheiden und auf ihre Bedürfnisse zugeschnittene Informationen zu finden.
- Als *Vertrauensperson* erfahren Berater neben den beruflichen Vorstellungen viel über schulische, familiäre, gesundheitliche oder psychische Probleme. Berufsberater sind keine Therapeuten, müssen aber diese Probleme ernst nehmen und verantwortungsvoll mit ihnen umgehen.
- Als *Kontrollperson* behalten Beraterinnen den Prozess der Berufsorientierung und der Bewerbungen im Auge. Sie vereinbaren mit den Ratsuchenden Arbeitsaufträge oder Aufgaben, deren Erfüllung und Einhaltung sie kontrollieren, da insbesondere bei Jugendlichen die Selbstständigkeit und Eigenverantwortung im Wachsen und noch nicht voll gegeben sind.
- Als *Visionär* unterstützen Berater den Blick in die Zukunft, die Planung der beruflichen Entwicklung und die Umsetzung beruflicher Vorstellungen. Sie nehmen die Vorstellungen und Wünsche der Ratsuchenden ernst – zunächst einmal unabhängig von ihrem Realitätsgehalt.
- Als *Zweiflerin* hinterfragen Beraterinnen gleichzeitig die Machbarkeit beruflicher Ziele und die Eignung für bestimmte berufliche Vorstellungen. Dazu gehören die Klärung der schulischen Voraussetzungen, aber auch die gesundheitliche und psychische Eignung. Dies wirkt Überforderung und Fehlorientierung entgegen.
- Als *Tröster und Motivator* fangen Berater Ratsuchende bei Fehlschlägen auf: zum Beispiel, wenn mehrfache und kontinuierliche Bewerbungen nicht zum Ziel führen, bei Ausbildungs- und Studienabbrüchen, bei Kündigungen, Krankheit und anderen Gründen für Jobverlust und Arbeitslosigkeit.

Diese verschiedenen Rollen verdeutlichen die pädagogische Funktion von Berufsberaterinnen, auch wenn sie keinen expliziten pädagogischen Auftrag haben. Neben den Bildungsaspekten, die im ersten Kapitel besprochen wurden, geht es – in Grenzen – auch um eine erzieherische Begleitung.

8.5 Interview zur beruflichen Rolle und Identität

Wie sehen berufliches Selbstverständnis, Motivation, Ressourcenbewusstsein oder Rollenverständnis in der Praxis konkret aus? Meine Kollegin Panajota Tserkesi und mein Kollege Christian waren bereit, mit mir über all diese Fragen zu sprechen. Panajota steht mit ihren 63 Jahren noch lange nicht am Ende ihrer beruflichen Entwicklung und Christian, 37 Jahre, schaut als Berufsberater vor dem Erwerbsleben in eine berufliche Zukunft, die mit Sicherheit verschiedene Entwicklungen und Veränderungen erwarten lässt.

Motivation

1. *Wie bist du zur Berufsberatung gekommen?*

P.: Ich habe gezielt nach dieser Tätigkeit gesucht. Das war eine ganz klare Entscheidung im Auswahlverfahren. Vorher arbeitete ich als Coach in einem ESF-Projekt für Langzeitarbeitslose, das aber auslief. Ich wollte gern wieder beraten, da ich auf eine lange Berufsbiografie mit vielfältigen beraterischen Erfahrungen zurückblickte.

C.: Ich habe die Ausbildung bei der Agentur für Arbeit gemacht und mich im Rahmen meiner Tätigkeit als Arbeitsvermittler für unter 25-jährige um eine Ausschreibung als Berufsberater im Erwerbsleben bei Einführung der Lebensbegleitenden Berufsberatung beworben – vorher nur initiativ, das hat aber nicht geklappt.

2. *IKIGAI heißt „Wofür es sich lohnt, morgens aufzustehen." Wofür stehst du morgens auf?*

P.: Ich möchte dem Leben in vollen Zügen begegnen, aufstehen und sagen: Ich bin bereit. Ich freue mich auf meine Arbeit, bin glücklich loszugehen und Begegnungen zu genießen.

C.: … gute Frage – Pflichtbewusstsein, was mich morgens rausholt. Gibt aber auch Tage, da habe ich keinen Bock auf Arbeit.

3. *Was sind deine drei wichtigsten Gründe, warum du Berufsberater/in geworden bist?*

P.: Ich selbst hätte mir einen Berufsberater gewünscht. Als meine Projektstelle endete, wollte ich weiterhin Beraterin mit ganzem Herzen sein. Mir ist es wichtig,

Entwicklung, Wachstum und Austausch anzuregen. Das heißt vor allem: zuhören! Im ersten Beratungsgespräch, das junge Menschen erleben, möchte ich signalisieren: Ich bin für dich da. Ich möchte sie nicht mit Angeboten überschütten. Mir ist es wichtig, eine gute Beziehung aufzubauen.

C.: Der Beruf ist abwechslungsreich, ich kann mit jungen lockeren Menschen zusammenarbeiten, habe Freiräume, kann selber gestalten und trage Verantwortung.

4. *Hast du berufliche Ziele?*

P.: Ja, ich möchte noch dreieinhalb Jahre Berufsberaterin bleiben. Ich kann mir auch eine hauptberufliche Tätigkeit als Lernbegleiterin, verbunden mit einer Trainertätigkeit vorstellen.

C.: Nee, mit dem Berufsberater habe ich jetzt mein Berufsziel erreicht. Ich habe noch keine neuen Ziele, ich will die Tätigkeit des Berufsberaters hier erst mal richtig ausfüllen.

5. *Was tust du, um dich zu motivieren, wenn es mal nicht so gut läuft?*

P.: Dass es nicht so gut läuft, ist wirklich selten der Fall und dann nichts Schwerwiegendes. Ich lege den Fokus auf Schönes, Positives, gönne mir mal einen schönen Tee, verlasse den Schreibtisch, gehe in die Natur und mache einen Spaziergang oder ich spreche mit Kollegen. Ich habe auch Freude an Klimbim (Coaching-Tools zum Anfassen) und setze mir damit kleine Anker, mit denen ich immer wieder auftanke.

C.: Was immer motiviert sind positive Erfahrungen im Rahmen der Tätigkeit, wenn ich gut beraten habe und anderen damit geholfen habe, wenn ich bei vielleicht lebensverändernden Entscheidungen positiv unterstützen konnte. Ich versuche immer etwas Positives entstehen zu lassen und achte auf die Tragweite meiner Arbeit.

Berufliche Entwicklung

6. *Was bedeutet für dich persönlich berufliche Entwicklung?*

P.: Mit dem Start in die berufliche Welt bin ich immer wieder neugierig. Entwicklung heißt für mich, sich auf den Weg machen, Dinge anders zu sehen und unterschiedlich zu heranzugehen. In meiner Entwicklung ist aus vielen verschiedenen Wegen immer wieder Neues gewachsen, auch durch Perspektivwechsel.

C.: Die gehört dazu, dass man nicht bei seinen Kenntnissen und Fähigkeiten stehen bleibt und Veränderungen annehmen kann. Daraus können sich auch andere gute Entwicklungen ergeben.

7. *Was bedeutet für dich Weiterbildung?*

P.: Weiterbildung heißt für mich: immer weiterwachsen, unabhängig in welchem Bereich. Ich habe mich berufsbegleitend weitergebildet, z. B. als NLP-Trainerin, als System-Coach, als Heilpraktikerin für Psychotherapie und als Kunsttherapeutin. Wichtig sind mir Interessen nicht nur innerhalb, sondern auch außerhalb der beruflichen Tätigkeit, Entwicklung von Netzwerken, den Horizont erweitern. Ich nehme auch regelmäßig Bildungszeit, z. B. zum Thema Design Thinking.

C.: Die funktioniert aktiv und passiv. Der eine Berater wächst und entwickelt sich mit seinen Aufgaben bzw. Anforderungen und deren Veränderungen und hat vielleicht weniger „Bedarf" an Fortbildung als ein anderer. Weiterbildung ist ein wichtiger Teil der beruflichen Entwicklung und gehört in der Tätigkeit der Berufsberatung unbedingt dazu.

8. *Wo siehst du dich in 10 Jahren?*

P.: Ich möchte immer im Arbeitsprozess bleiben, als Dozentin, als Kunsttherapeutin, als Heilpraktikerin oder freiberufliche Malerin.

C.: Dann bin ich immer noch Berufsberater, aber besser, optimierter, mehr angekommen. Ich will aktuell und am Zahn der Zeit bleiben. Das hängt auch mit Weiterbildung zusammen, privat und beruflich.

9. *Was möchtest du bis zur Rente noch unbedingt erreichen?*

P.: Ich möchte in der Agentur für Arbeit noch viele Jugendliche gut und zufrieden auf ihrem Weg ins Erwachsenenleben begleiten. Das kann in einen Ausbildungsvertrag münden, aber ich möchte vor allem Menschen im Prozess der Berufsfindung aktivieren. Jugendliche sollen durch meine Arbeit näher an sich selbst kommen. Gern würde ich weiter an „meiner" Schule beraten, obwohl die Voraussetzungen dort schwierig sind.

C.: Auch als Berufsberater. Aber ich würde dann gern zusätzlich oder ergänzend mein Wissen rechtzeitig weitergeben, zum Beispiel als Trainer.

Belastungen und Unzufriedenheit im Beruf

10. *Gibt es etwas, das dich in deinem Beruf unzufrieden macht? Was? Warum?*

P.: Ich finde die Mehrfachberatung an den Schulen und in der Agentur für Arbeit nicht gelungen. An der Schule beraten Jobcoachs für Praktikum und Bewerbung, aber auch Anschlussperspektiven. Dann haben die Jugendlichen Termine im Jobcenter und bei der Berufsberatung. Außerdem gibt es Angebote der Jugendhilfe und Besuche von Familienbegleitern. An den Oberstufenzentren beraten zudem Bildungsbegleiter. Das ist zu viel und die Jugendlichen verstehen nicht, warum sie vieles mehrfach erzählen müssen. Sie sind überfordert, das Interesse sinkt und es fällt schwerer, Vertrauen aufzubauen. Das Beratungsangebot ist daher nicht optimal gestaltet.

C.: Ja, Netzwerkarbeit macht mich unzufrieden, weil Akteure – Schule oder Gesetzgeber – vielleicht oft nicht wissen, was sie entscheiden, weil sie nicht an den Jugendlichen dran sind. Die Zusammenarbeit mit dem System Schule läuft nicht optimal. An manchen Stellen agieren Schulen nicht ausreichend, obwohl sie es müssten. Ich hatte zum Beispiel in der 9. Klasse einen verhaltensauffälligen Schüler. Niemand außer mir hat das mal aktiv angesprochen, obwohl es vielen aufgefallen ist und Jahre bekannt war.

11. *Wie gehst du mit dieser Unzufriedenheit um?*

P.: Ich gehe ins Netzwerk, koordiniere, wenn möglich, Termine, z. B. mit dem Jobcenter. Ich stimme mich mit meinen Kooperationspartnern ab und suche den Austausch, um nicht aneinander vorbeizureden. So versuche ich zu vermeiden, dass die Jugendlichen immer das Gleiche gefragt werden. In der Schule organisiere ich gemeinsame Fallbesprechungen.

C.: Ich probiere an meiner Schule, Lehrer mehr für die berufliche Orientierung aufzuschließen, sie mit ins Boot zu holen, gemeinsam an einem Strang zu ziehen. Zum Beispiel ist dem BSO-Team (Team für Berufs- und Studienorientierung) aufgefallen, dass Schüler und Schülerinnen wenig mobil sind und sie öffentlichen Verkehrsmittel nicht nutzen oder gehemmt sind. Dazu organisierten wir in Zusammenarbeit mit den Oberstufenzentren in Berlin eine Projektwoche. Darin konnten die Schüler selbstständig planen, welche Oberstufenzentren sie besuchen, um diese kennen zu lernen, sich Informationen einzuholen und gemeinsam mögliche Kontakt- und Mobilitätshürden zu überwinden.

12. *In welchen Situationen fühlst du dich überfordert?*

P.: Ich fühle mich nicht überfordert. Aber ich mache die Dokumentation nicht gern und finde sie zu aufwändig. Mir wäre es lieber, nur punktuell zu dokumentieren, wenn es wirklich sinnvoll und notwendig ist.

C.: Wenn ich mich auf Gespräche mit Eltern nicht vorbereiten konnte oder wenn ich plötzlich ohne Vorbereitung mit Besonderheiten von Schülern konfrontiert werde, z. B. Lernbehinderung. Es ist gut, so etwas vor einer Beratung zu wissen, um möglichst individuell beraten zu können, das ist mein Anspruch. Oder wenn bestimmte Aufgaben auf die Berufsberatung abgewälzt werden. Zum Beispiel Termine von Eltern, die mit ihren Kindern in der Schulsprechstunde vorsprechen wollen, das kann und darf ich nicht organisieren. So etwas wäre dann Aufgabe der BSO-Koordinatoren der Schule.

13. *Was tust du, um deinen Job nicht „mit nach Hause zu nehmen", also inneren und äußeren Abstand zu gewinnen?*

P.: Als junge Frau war ich in einem Verein für herzkranke Kinder tätig. Es kam vor, dass ein Kind auf dem OP-Tisch gestorben ist. Das war sehr belastend. Über die Jahre konnte ich eine gesunde Distanz entwickeln. Jetzt bin ich überhaupt offen für Neues, unparteiisch und kraftvoll. Ich benutze Türklinken als Ressourcenduschen und Anker. Die rechte Hand habe ich am Herzen, die linke drückt die Klinke. Das Bewusstmachen der eigenen Ressourcen durch den Druck auf die Klinke hilft mir, den Körper von außen und von innen frisch aufzutanken. Wenn ich im Homeoffice bin, packe ich nach der Arbeit alle Arbeitsmittel ein, sodass nichts zurückbleibt. Ich möchte nichts Belastendes mitnehmen. Wichtig ist mir auch, Dinge zu hinterfragen und direkt anzusprechen.

C.: Ich grenze mich persönlich von den Schicksalen meiner Jugendlichen ab und konzentriere mich privat auf meine Mittel. Ich projiziere die Verantwortungen dafür nicht auf mich, dann mache ich mich nicht damit kaputt. Außerdem versuche ich, Aufgaben an die Akteure zu delegieren, sie an einen Tisch zu bekommen und konkret Ursachen und Verantwortungen festzustellen.

Ressourcen und Selbstwirksamkeit

14. *Welche Ressourcen und Stärken bringst du in deine Arbeit als Berufsberaterin ein?*

P.: Ich bin ruhig und gelassen, nehme jeden, wie er kommt und strahle Güte aus. Jeder darf sein, wie er ist. Ich mache meine Arbeit mit Freude und Humor, arbeite mit verschiedenen Tools und gehe auch mal spielerisch in die Beratung. Ich glaube erst einmal alles, z. B., wenn jemand Arzt werden möchte, auch wenn das illusorisch erscheint. In Gruppensituationen nutze ich gerne die Potenziale der Schüler, die sonst eher negativ gesehen werden und transformiere sie ins Positive. Ich achte auf meine Gesprächspartner und nutze meine Beobachtungen, um ein schönes Ziel zu erreichen.

C.: Ich denke, ich bin redegewandt, ein aufgeschlossener Typ. Ich habe kein Problem, vor anderen Leuten zu sprechen. In meinem Arbeitskontext scheine ich ein sehr strukturierter Typ zu sein, habe klare Linien und Regeln, kann organisieren und Netzwerke aufbauen. Manchmal strukturierter als die Lehrerinnen. *Lächelt.*

15. *Hast du das Gefühl oder die Überzeugung, in deinem Beruf etwas zu bewirken?*

P.: Ja, auf jeden Fall. Mir gelingt es immer, jemanden neu ins Denken zu bringen, das ist der Nährboden. Ich verfolge Entwicklungen und erhalte auch Rückmeldungen. Z. B. stehen Schüler strahlend vor mir und berichten mir von ihrem Praktikum. Wenn ein Jugendlicher das erste Mal vor mir sitzt, ich ihm zuhöre, er nicht ablehnend reagiert, sich öffnet und Vertrauen entwickelt, vielleicht sogar begeistert ist, dann ist das Glück. Und wenn er bereit ist, sich Berufe neu zeigen zu lassen. Beim Einkaufen sprechen mich sogar Jugendliche aus meinen Beratungen mit meinem Namen Tserkesi an!

C.: Ja, ich bin überzeugt, dass wir als Berufsberater viel bewirken können, wenn der Jugendliche es annimmt. Manche nehmen es mehr, manche weniger an. Manche wissen zum Zeitpunkt der Beratung diese nicht richtig zu schätzen. Aber wenn unsere Angebote angenommen werden und Früchte tragen, erhält man oft Dankbarkeit und Wertschätzung, oft auch sehr dezent. Zum Beispiel, ist ein Mädchen durch mich Mikrotechnologin geworden. Ich konnte sie in der Beratung kennenlernen und habe ihr das entsprechende Berufsfeld näherbringen können. Sie fand es super, hat sich informiert und vorbereitet und ging hoch motiviert in die Bewerbungen. Die erste Bewerbung war Priorität eins und hat direkt ins Ziel getroffen. Inzwischen ist sie dort im 3. Lehrjahr. Oft sind auch Eltern dankbar für die Beratung und Hilfe, zum Beispiel, wenn ein Kind besondere Hilfen benötigt oder eine besonders einfühlsame und rücksichtsvolle Beratung.

16. *Fühlst du dich in deinem Beruf geachtet und gesellschaftlich anerkannt?*

P.: Ich finde, das Angebot der Berufsberatung findet mehr und mehr gesellschaftliche Anerkennung und Beachtung. Die Achtung ist ambivalent. Sie wächst mit der Zusammenarbeit an den Schulen. Aber anfangs gab es Konkurrenz zu anderen Beratungspersonen, z. B. zu den Jobcoachs. Wertschätzung und Achtung der Berufsberatung wachsen in einem Prozess der Beharrlichkeit. Achtung ist nicht immer gleich gegeben und hängt auch von der Person ab. Ich bin in meiner Schule Teil der Organisation geworden. Elternarbeit gibt es nicht.

C.: Berufsberater sind nicht wirklich besonders gesellschaftlich anerkannt, weil die Gesellschaft uns gar nicht kennt. Auch die Eltern nicht oder Betreuer, oder auch die Arbeitgeber. Wir werden von so vielen nicht wahrgenommen. Aber wer uns kennt, schätzt uns – die Sozialpädagogen, die Wirtschaft-Arbeit-Technik-Lehrer. Die finden unseren Beruf cool, von ihnen fühle ich mich anerkannt und geachtet. Ich biete auch in einem alternativen Jugendprojekt regelmäßig Beratung an. Dort kommen manchmal Eltern mit vorbei und haben ganz allgemeine Fragen zu den Möglichkeiten der Berufsberatung und sind begeistert. Obwohl es so viele direkte Informationen zu uns über die Schulen etc. gibt. Die Berufsberatung müsste gesellschaftlich präsenter sein.

Berufliche Rolle

17. *Wie würdest du dein Verhältnis zu den Ratsuchenden beschreiben?*

P.: Das kann ich nicht auf den Punkt bringen. Ich bin zugänglich, verbindlich, höflich, empathisch und ich rege konkrete Entscheidungen an und erteile konkrete Aufträge.

C.: Ähm… locker, offen und ungezwungen. Die Jugendlichen verfallen in der Beratung manchmal ins Duzen, das nehme ich als Bestätigung, dass sie in lockerer Atmosphäre mit mir sprechen und mich nicht als irgendeinen Schreibtischtäter sehen. Das Verhältnis ist auf Augenhöhe, weil ich mich gut in die Jugendlichen hineinversetzen kann.

18. *Wie gestaltest du das Verhältnis von Nähe und Distanz zu den Ratsuchenden?*

P.: Eine Hand bleibt bei mir. Das ist die Herzseite. Die vorgestreckte Hand ist der Raum, der mir gehört (Therapeutenhand). Ich kann viel Nähe schaffen, lasse auch körperliche Nähe zu, z. B. eine Umarmung, und bin mitfühlend. Aber ich wahre die Distanz und fordere Respekt. Dadurch kann ich auch kritische Dinge ansprechen.

C.: Ich gehe fast etwas systematisch vor – bei fachlichen Themen pflege ich eine professionelle beratende Distanz. Aber ich bringe bei Gelegenheit auch eigene Erfahrungen ein. Das kann eine gewisse Distanz und Hürden abbauen. Dabei öffne ich mich, finde so ggf. Gemeinsamkeiten und schaffe so, vielleicht ein bisschen Akzeptanz und mehr Vertrauen, zum Beispiel beim Sprechen über Schulnoten. In Mathe und Physik war ich immer eine Null.

19. Beschreibe deine berufliche Rolle mit drei Schlagwörtern!

P.: Neugierde, Reaktion, Gestaltung.
C.: Ich bin locker, offen und ein fürsorglicher Berufsberater.
Berufliche Identität

20. *Was würdest du jemandem raten, der Berufsberater oder Berufsberaterin werden möchte?*

P.: Er oder sie sollte die Berufswelt wie Alice im Wunderland erkunden, Großes und Kleines, Einblicke in die Praxis gewinnen, moderne, aber auch ältere Technik kennenlernen. Einen Blick für die Vielfalt der Arbeitswelt entwickeln. Berufsfilme ansehen und die Vielseitigkeit von Berufen entdecken. Zum beispiel, verkauft ein Automobilkaufmann nicht nur Autos, er bereitet auch Events vor, wie die Präsentation eines neuen Modells. Wichtig ist vor allem Offenheit: alles ist möglich.

C.: Er oder sie sollte sich unbedingt mit Jugendlichen auseinandersetzen wollen und können. Man sollte die Jugendlichen kennenlernen wollen und mit ihnen grundsätzlich klarkommen. Die Pubertät, der Drang sich aufzulehnen oder eben „Jugendsorgen" zu haben, damit muss man sich auseinandersetzen wollen. Das darf man nicht unterschätzen, auch wenn man andere wichtige Aspekte sicher mit viel Fleiß lernen kann. Mit Jugendlichen zurechtzukommen, das muss man aber können und auch mit Eltern.

21. *Wenn du dich noch einmal für einen Beruf entscheiden könntest, was würdest du wählen und warum?*

P. Es gibt sooo viele Möglichkeiten …. Architektin fasziniert mich. Das verbindet Kreatives, Gestalten, das Logische, Statik, Ästhetisches, aber auch Beratung und Austausch mit den Mitwirkenden. Ich könnte Brückenbauerin sein – so wie jetzt in der Berufsberatung!

C.: Ich würde wieder Berufsberater werden, weil mein Weg, auch der schulische, die Bahn dahin geebnet hat. Dieser Beruf fasst alles zusammen, was ich gern mache – ein optimaler Beruf für mich ….

8.6 Selbstfürsorge (nach G. Bamberger)

Beratungstätigkeit fordert die ganze Persönlichkeit, insbesondere psychische und emotionale Ressourcen. Um emotionalen und körperlichen Stress auszugleichen, bedarf es der bewussten Sorge für sich selbst. Selbstfürsorge

„steht für die Fähigkeit, eigene Bedürfnisse zu berücksichtigen, Belastungen einzuschätzen, sich nicht zu überfordern, gut mit sich umzugehen und sich vor Stress und Überlastung zu schonen." (Hiller 2022, S. 47).

Neben zahlreichen praktischen Tipps für Pausen, Entspannungsübungen oder eine ausgewogene Work-Life-Balance kann gezielte Selbstreflexion helfen, Stressoren auszugleichen. Nach Bamberger sollte sich diese auf folgende Aspekte richten: Selbst-Achtsamkeit, Selbst-Stärkung, Selbst-Entwicklung, Selbst-Befreundung und Selbst-Herausforderung (vgl. Bamberger 2022, S. 244).

Selbst-Achtsamkeit meint die „Selbstwahrnehmung an Bedürfnissen, Gefühlen, Gedanken, Erwartungen, Werthaltungen, Einstellungen, Befindlichkeiten" (a. a. O., S. 245). Wer einen achtsamen Blick auf sich selbst hat, sorgt aktiv für sich, bleibt authentisch und schafft damit auch die Grundlage für die Achtung des Anderen: „Selbstachtsamkeit und Fremdachtsamkeit gehen sozusagen Hand in Hand" (ebd.). Einen Weg zur Selbst-Achtsamkeit bieten meditative Praktiken.

Die Vergegenwärtigung von persönlichen Ressourcen, positiver Resonanz beim Ratsuchenden und die Erinnerung an gelungene Beratungssituationen unterstützen die *Selbst-Stärkung*, steigern das Selbst-Wertebewusstsein und das Selbstvertrauen (vgl. a. a. O., S. 247). Beraterinnen können sich Ressourcen selber schaffen, indem sie wohlwollend auf ihre eigenen Bedürfnisse blicken (vgl. Hiller, a. a. O., S. 49). Wer eine kraftvolle Identität ausstrahlt, wird durch mutiges Handeln die eigene Selbst-Wirksamkeit erfahren. Das wiederum stärkt das eigene Selbst und ist die Grundlage für *Selbst-Entwicklung*. Das Nachdenken über das eigene Entwicklungspotenzial ermöglicht den Blick über die Gegenwart hinaus in die Zukunft. Es hilft, Möglichkeiten jenseits der alltäglichen Arbeitsabläufe zu erschließen, seine eigene berufliche Zukunft aktiv zu gestalten und Ziele für die eigene Weiterentwicklung zu formulieren. Selbst-Entwicklung befriedigt „das Bedürfnis nach Autonomie einerseits und das nach persönlichem Wachstum andererseits" (a. a. O., S. 249). Bamberger empfiehlt dafür das Gespräch mit einem guten Freund oder einer Freundin und eine persönliche „Zukunfts-Werkstatt" (vgl. a. a. O., S. 250).

Selbst-Befreundung meint zum einen das genaue Hinschauen, wie es durch die genannten Aspekte praktiziert werden kann. Zum anderen meint es, sich selbst mit einem liebevollen Blick und mit viel Sympathie zu betrachten. Es geht um eine „wertschätzende Selbstbeziehung" (ebd.). Diese Haltung ist genau das Gegenteil von der defizitorientierten Sichtweise, die häufig die Wahrnehmung unserer Tätigkeit bestimmt – was wir alles nicht geschafft haben, was liegengeblieben oder vernachlässigt wurde. Sich mit sich selbst befreunden heißt, mit sich selbst vertraut werden, sich bewusst wahrnehmen und sich als Persönlichkeit unvoreingenommen anzunehmen.

Wer mit sich selbst befreundet ist und seine persönliche wie berufliche Identität sucht, kann Neues wagen. „Handle wie noch nie!" (a. a. O., S. 252) – dieses Motto ermöglicht *Selbst-Herausforderung*. Neue Wege gehen, experimentieren, Neugier entwickeln, den eigenen Horizont erweitern – das macht die eigene Arbeit wieder interessant und vielfältig. Das Schöne an der Berufs- und Bildungsberatung ist ihr Gestaltungsspielraum. Mein Motto lautet: Führe jedes Gespräch so, als wäre es das einzige an diesem Tag. Unter diesem Aspekt bietet jedes Gespräch neue Gestaltungsmöglichkeiten. Selbst-Herausforderung heißt aber auch, den Blick auf das Leben jenseits des Berufs zu richten und nach den eigenen sozialen Beziehungen zu fragen, nach prägenden persönlichen Erfahrungen, nach Träumen, Werten, wichtigen Gewohnheiten, aber auch Ängsten. Es heißt, nach dem Schönen zu fragen, woraus ich selbst Kraft schöpfen kann (vgl. a. a. O., S. 256).

Reflexionsaufgabe zur beruflichen Identität
Nehmen Sie die Interviewfragen zur beruflichen Identität aus dem Anhang zur Hand und tauschen Sie sich mit einem Kollegen oder einer Kollegin über Ihre persönlichen Erfahrungen und Überlegungen aus.

Sinn der Arbeit – Arbeit am Sinn?

9

Jana Swiderski und Christian Philipp Nixdorf

Nicht nur für Jugendliche sind Sinn und Erfüllung wichtige Kriterien. Niemand möchte einer stupiden, sinnentleerten Tätigkeit nachgehen. Aber was heißt es, eine Arbeit als sinnvoll zu erleben? Und wie schafft man Sinn in der Arbeit? Dieses Kapitel zeigt, dass Sinnerleben in der Arbeit eine individuelle Aufgabe ist, aber auch von Arbeitsbedingungen abhängt. Und es diskutiert, was das für Berufs- und Bildungsberatung bedeutet.

Schon 1973 kritisierte der Schriftsteller Michael Ende in seinem berühmten Jugendroman „Momo" die Sinnentleerung moderner Arbeit durch maßlose Effizienzsteigerung (vgl. Onken 2024). Wie eine freudvolle und sinnerfüllte Arbeit aussehen kann, lässt er seine Figur Beppo Straßenkehrer beschreiben:

> „Siehst du Momo, [...] es ist so: Manchmal hat man eine sehr lange Straße vor sich. Man denkt, die ist so schrecklich lang; das kann man niemals schaffen, denkt man." [...] Er dachte einige Zeit nach. Dann sprach er weiter: „Man darf nie an die ganze Straße auf einmal denken, verstehst du? Man muss nur an den nächsten Schritt denken, an den nächsten Atemzug, an den nächsten Besenstrich. Und immer wieder nur an den nächsten. [...] „Dann macht es Freude; das ist wichtig, dann macht man seine Sache gut. Und so soll es sein." (Ende 2022, S. 40)

J. Swiderski (✉)
Bundesagentur für Arbeit, Berlin, Deutschland
E-Mail: jana@ac-event.info

C. P. Nixdorf
Hochschule der Wirtschaft für Management, Mannheim, Deutschland
E-Mail: philipp.nixdorf@hdwm.org

© Der/die Autor(en), exklusiv lizenziert an Springer Fachmedien
Wiesbaden GmbH, ein Teil von Springer Nature 2025
J. Swiderski, *Berufs- und Bildungsberatung aus pädagogischer Perspektive*, https://doi.org/10.1007/978-3-658-49112-3_9

Das Interessante an diesem Zitat ist, dass nicht etwa eine kreative, wissenschaftliche oder andere hoch qualifizierte Arbeit als freudvoll und sinnstiftend beschrieben wird, sondern eine geringqualifizierte, scheinbar anspruchslose Tätigkeit – das Kehren der Straße. Diese Beschreibung enthält wichtige Gesichtspunkte, um sich mit seiner Arbeit zu identifizieren und in ihr einen Sinn zu finden. Das sind erstens die Arbeitsbedingungen: nie die ganze Straße auf einmal denken. Der Straßenkehrer hat die Vorgabe, die ganze Straße zu schaffen. Aber er teilt sich seine Arbeit so ein, wie es seinen Kräften, seinem Tempo und seinem Leistungsvermögen entspricht. Zweitens geht es um die Haltung, die Einstellung, aber auch die Arbeitsdisziplin: den nächsten Schritt, den nächsten Atemzug, den nächsten Besenstrich.

Drittens erfährt der Straßenkehrer Freude und Befriedigung durch seine Arbeit. Und viertens sieht er einen Sinn in seiner Arbeit, weil er eine wichtige Aufgabe so erfüllt, dass er selbst zufrieden ist und sie in der Ausführung und im Ergebnis den allgemeinen Anforderungen entspricht – so soll es sein. Diese vier Aspekte – Arbeitsbedingungen, Haltung und Motivation, gesellschaftliche Wertschätzung sowie Sinngebung – sollen im folgenden Kapitel besprochen werden. Das Thema kann hier nicht in seiner ganzen Tragweite erfasst werden. Es werden daher im Anschluss an einen kurzen historischen Abriss zur Dualität von Arbeit und Sinnsuche primär jene Aspekte herausgestellt, die in der Beratung für Berufswahl und berufliche Neuorientierung zu berücksichtigen sind.

9.1 Sinn der Arbeit zu suchen, hat Tradition

„Was wünschen sich Menschen, die einer Erwerbsarbeit nachgehen? Was macht Arbeit sinnvoll? Nach welchen Maßstäben gilt sie als fair entlohnt und gesellschaftlich anerkannt?" – Diese Fragen stellt Barbara Prainsack (2023, S. 48) in ihrem Buch „Wofür wir arbeiten". Friedericke Hardering (2020) nimmt sich besagter Fragen in „Sinn in der Arbeit" ebenfalls an. Beide Autorinnen zeigen auf, dass es gar nicht leicht ist, darauf an Antwort zu geben. Das liegt nicht zuletzt an der Mannigfaltigkeit dessen, was unterschiedliche Personen unter dem Begriff „Sinn" subsumieren und in welchem arbeitspraktischen und -wissenschaftlichen Kontext davon die Rede ist. „Mal wird vom Sinn der Arbeit, vom Sinn von Arbeit, von sinnvoller Arbeit, dem Sinn in der Arbeit oder vom Sinnerleben gesprochen", beschreibt Hardering (2020, S. 5).

Etymologisch ableiten lässt sich das Wort Sinn vom althochdeutschen Verb *sinnan*, was so viel bedeutet wie „reisen, sich begeben, trachten nach". Was Sinnerleben entstehen lässt und welche Bedeutung dies für Menschen hat, darüber sind Abhandlungen publiziert worden (Frege 1962; Luhmann 1984; Weick 1995). Einig

9 Sinn der Arbeit – Arbeit am Sinn?

sind sich die meisten Autoren, dass das Erleben von Sinn durch Tätig-Sein und In-Bewegung-Sein entsteht. Sinn zu erleben ist verknüpft mit dem Praktizieren, es ist assoziiert mit Selbsttätigkeit, Selbstwirksamkeit, mir einem Resonanzgefühl und mit positiven Erfahrungen. Die Reflexion von Sinn ist dabei mitnichten nur etwas für den sprichwörtlichen Elfenbeinturm. Auch ganz handfeste wirtschaftliche Gründe sprechen dafür, dem Wunsch der Mensch nach Sinnerfüllung in ihrem beruflichen Tun mehr Aufmerksamkeit zu schenken. Unterschiedliche Autorinnen heben nicht ohne Grund hervor, dass gerade das Sinnerleben bei der Arbeit ein bedeutender Motivator und damit auch essenziell dafür sei, nachhaltig bei der Arbeit produktiv zu sein wie auch gesund zu bleiben (Rose 2020; Schnell 2018; Waltersbacher et al. 2018; Ostermann 2010; Gorz 1999).

Allein schon deshalb liegt es auch im Interesse von Arbeitgebern, diesen Faktor nicht unberücksichtigt zu lassen, was sich beispielsweise in neueren Publikationen zu modernem Führungshandeln exemplarisch zeigt. So nehmen sich Jürgen Berthel & Fred G. Becker der Thematik in ihrem Standardwerk „Personal-Management" (2022, 65 ff.) ebenso an wie Bernhard Miebach in „Handbuch Human Resource Management" (2017, S. 51 ff.), Christine Böckelmann & Karl Mäder in „Fokus Personalentwicklung" (2018, S. 81 ff.) und Nico Rose in „Führen mit Sinn" (2020), um nur einige zu nennen, ganz zu schweigen von all den Büchern, die in den letzten 20 Jahren zu dem von Frithjof Bergmann (2004) geprägten Konzept des „New Work" verfasst wurden, in dem Sinnerleben bei der Arbeit eine zentrale Rolle spielt.

Die öffentliche Debatte über Arbeit und Sinn in diversen Leitmedien und in der Wissenschaft hat in den letzten 20 Jahren an Popularität gewonnen, neu allerdings ist sie nicht. Ganz im Gegenteil, die Suche nach dem Sinn bei der Arbeit und von Arbeit in der westlichen Welt hat eine jahrtausendelange Tradition. In der Antike, als Arbeit größtenteils verachtet und als Betätigung von Sklaven und einfachen Handwerkern angesehen wurde, war die Konnotation von Arbeit und Sinnstiftung unbekannt. Sinn erfüllten sich die wenigen privilegierten Menschen, die sich das leisten konnten, durch *Nicht*-Arbeit. Freie Menschen widmeten sich der Politik, Philosophie, Bildung und Muße, nicht aber solchen Tätigkeiten, die körperlichen Einsatz voraussetzen. Im 2. Jahrhundert vor Christus erfuhr die Arbeit zwar eine gewisse Aufwertung, u. a. weil Veteranen des römischen Reiches nach ihrer Dienstzeit in der Armee mit Land belohnt wurden, das es zu kultivieren galt. Die Konnotation von Arbeit mit Mühsal und Last blieb aber bestehen. (vgl. Schermuly 2021, S. 21).

In der Zeit vom 5. bis 9. Jahrhundert vollzog sich ein religiös begründeter Wandel. Es kam seitens der Kirche zu einer bejahenden Bedeutung der Arbeit. Arbeit war weiterhin Mühsal, sie wurde aber nun positiv mit Bedeutung aufgeladen und gepredigt als Tätigkeit, die Teilhabe am Schöpfungswerk Gottes ermögliche.

Dadurch gewann das schöpferische Hervorbringen, u. a. in Kunst und Handwerk, an Ansehen, wohingegen Nicht-Hervorbringen in die Kritik geriet. „Als Vorsorge gegen Müßiggang […] hatte Benedikt von Nursia (ca. 480–542) die körperliche Arbeit in einen positiven Kontext eingeordnet", schreibt Lipburger (1988, S. 58). Im 16. und 17. Jahrhundert breitete sich in Europa ein protestantisches Arbeitsethos aus, wonach Arbeit als hoch geschätzte Tätigkeit angesehen wurde, deren Sinn neben dem Lebenserhalt darin bestand, sich durch Kapitalakkumulation der Gnade Gottes vergewissern zu können. „Durch den sich verbreitenden Protestantismus, aber auch durch die Aufklärung, werden Werte wie Fleiß, Ökonomie und Arbeitsamkeit wichtiger", schildert Schermuly (2021, S. 22).

Systematisch analysiert wurde dies von Max Weber (2002, S. 164), der erklärte, dass der Mensch dieser Vorstellung folgend auf das Erwerben als Zweck seines Lebens und nicht mehr das Erwerben auf den Menschen als Mittel zum Zweck der Befriedigung seiner materiellen Lebensbedürfnisse bezogen sei. Diese „schlechthin sinnlose Umkehrung des, wie wir sagen würden, natürlichen Sachverhalts, ist nun ganz offenbar ebenso unbedingt ein Leitmotiv des Kapitalismus, wie sie dem von seinem Hauch nicht berührten Menschen fremd ist", meinte Weber.

Seit er dies vor 120 Jahren erstmals analysierte, haben enorme Wandlungsprozesse in Gesellschaft und Wirtschaft stattgefunden. Die Arbeit ist heute für das Gros der Menschen nicht mehr mit religiöser Heilserwartung verknüpft. Sehr wohl verknüpft ist sie aber mit dem Wunsch des Sinnerlebens. Erwerbsarbeit kommt in unserer Gesellschaft noch immer – teils sogar noch stärker als je zuvor – eine herausragende Bedeutung zu. Sie ist die Voraussetzung für Wirtschaftswachstum, Wohlstand und Innovation. Arbeit dient vielen Menschen aufgrund der Angewiesenheit auf ein Einkommen als Voraussetzung für Teilhabe am gesellschaftlichen Leben. Und ebenso bedeutend – vor allem hinsichtlich der Frage nach dem Sinn – ist die Tatsache, dass lohnabhängige Arbeit für die meisten Menschen die Basis ihrer Selbstachtung ist. Viele Menschen definieren sich über Arbeit. Sie huldigen dem Credo: „Ich werde bezahlt, also bin ich", schreibt der Soziologe Wolfgang Engler (2005, S. 21). Und doch macht sich ein Unbehagen breit in großen Teilen der arbeitenden Bevölkerung (Ehrenberg 2012). Bisweilen erscheint die Gegenwart als Zeitalter eines um sich greifenden Sinnlosigkeitsgefühls, resultierend aus Überfluss, Verlust von Tradition und Religion, gepaart mit Angst vor der Zukunft (Bude 2014; Rosa 2005).

Wer mit offenen Augen durchs Leben geht und Leitmedien rezipiert, sieht, dass immer mehr Menschen zumindest verbal und emotional aufbegehren gegen Jobs, die ihnen außer einem Einkommen, das mitunter sehr niedrig ausfällt, nichts bieten. Die Motivation leidet, wenn der Wunsch nach Sinnerleben keine Entsprechung in der Wirklichkeit findet (Graeber 2019). Neben Freude und der Entsprechung zu

Neigungen und Fähigkeiten fehlt Sinn, verstanden als Möglichkeit zur Selbstverwirklichung. Sinnerleben ist heute für Jugendliche und junge Erwachsene durchaus ein Kriterium der Berufswahl (wenn auch nicht das wichtigste). Pauschalisierungen sind mit Vorsicht zu genießen, aber in der Tendenz zeigen Befragungen junger Menschen: Die Generation Z will nicht leben, um zu arbeiten, sondern arbeiten, um zu leben. Ein Leben mit einer erfüllenden Tätigkeit, das aber nicht von Arbeit und Beruf dominiert wird, gilt als erstrebenswert (Scholz 2014; Vapaux 2021). Sinn ist jedoch nichts, was man einfach konsumieren kann, je nachdem, welchen Beruf oder welche Lebensweise man wählt. Es ist hochgradig individuell und speist sich aus einer Mischung extrinsischer und intrinsischer Motivlagen.

9.2 Sinnerleben als individuelles Kriterium

Zu betonen ist, dass nicht nur die Generation Z ein Bedürfnis nach Sinnstiftung hat. Menschen jedweden Alters wünschen sich in aller Regel, einer Tätigkeit nachgehen zu können, die nicht nur ein auskömmliches Einkommen und gute Arbeitsbedingungen verspricht, sondern auch als sinnstiftend erlebt wird. Was das im Einzelfall meint, wird je nach Einstellung und Erwartungshaltung unterschiedlich bewertet. Manche Menschen, gerade sozial engagierte, erleben die Interaktion mit Menschen, die gemeinsame Arbeit im Team, die Resonanzerfahrung im Miteinander, als sinnvoll (Rosa 2016). Wer zum Beispiel Soziale Arbeit studiert, tut das in der Regel nicht, um damit viel Geld zu verdienen. Wer das anstrebt, fährt mit einem Studium der Medizin, Informatik oder Rechtswissenschaften besser. Studierende der Sozialen Arbeit wissen das. Sie haben ihr Fach zumeist gewählt, weil es ihnen ein Anliegen ist, sich für andere einzusetzen. Darin sehen sie Sinn.

Menschen, die einen pflegerischen Beruf ergreifen (wollen), geben in Befragungen an, dass sie diesen Beruf trotz ihres Wissens um dessen Belastungen wählten, weil der Kontakt mit Menschen für sie sinnstiftend sei (Görres et al. 2010, S. 46). Das Bedürfnis nach Sinnstiftung ist keineswegs auf den Sozial- oder Gesundheitsbereich beschränkt. Keinesfalls wird das eine berufliche Tun per se als sinnstiftender erlebt als das andere. Das Gefühl von Sinnhaftigkeit kann der Flüchtlingshelfer genauso erleben wie die Busfahrerin. Informatikerinnen, Bauzeichner oder Bäckerinnen können ihr Tun als sinnvoll erleben. Menschen, die Sinn bei der Arbeit erleben, finden wir in fast allen Berufen. Zum Glück! – so möchte man sagen, denn für den Fortbestand der Gesellschaft brauchen wir Maler, LKW-Fahrerinnen, Kassierer, Polizistinnen und viele weitere Berufe genauso wie Sozialarbeiterinnen, Ärzte und Juristen.

Dies zeigt, dass Sinnempfinden sich nicht an einem einzigen Indikator festmachen lässt. Manche Menschen sind intrinsisch motiviert. Sie erleben Sinn in der Arbeit auch ohne große extrinsische Anreize (etwa in Form eines hohen Gehaltes oder Prestiges). Arbeitgeber im Sozialwesen und viele NGOs bauen darauf. Sie können oft nicht viel Geld zahlen, betonen aber den immateriellen Wert, der mit einer Arbeit in ihrer Institution einhergeht. Das Gefühl, die Welt nachhaltig ein Stück besser, gerechter und lebbarer zu machen, kann sinnstiftend sein. Diejenigen, denen das ein zentrales Anliegen ist, verschmerzen eher ein geringes Gehalt. Genauso gibt es Menschen, denen immaterielle Faktoren nichts bedeuten. Für sie kann Sinnempfinden durchaus aus einem hohen Gehalt resultieren. Daher kann es sein, dass ein und dieselbe Tätigkeit von der einen Person als sinnstiftend, da gut bezahlt und prestigeträchtig, erlebt, von einer anderen aber als seelenloser „Bullshit-Job" wahrgenommen wird, wie der 2020 verstorbene Soziologe David Graeber (2019) es ausgedrückt hat.

Sinnempfinden kann sich auch im Laufe der Zeit verändern. So zeigen diverse Medienberichte auf, dass einige Personen, die im Jahr 2015 engagiert in der Hilfe für geflüchtete Menschen tätig waren und es damals als sinnstiftend erlebten, ihr Engagement später reduzierten oder aufgaben, weil das, was ihr Sinnerleben ausgelöst hatte, nachließ oder sogar verschwand. „Wenn die erwartete Dankbarkeit ausbleibt" lautet die Überschrift eines Artikels von Hildegard Wenzler-Cremer für die Caritas aus 2018, der das thematisiert. „Helfer dürfen keine Dankbarkeit erwarten" meinte auch der Flüchtlingshelfer Frank van Veen im Juli 2023 im Interview mit der Badischen Zeitung (Rösch 2023). Um keinen frustrierenden Realitätsschock zu erleiden, mag das stimmen. Nicht wenige Menschen, die sich in der Flüchtlingsarbeit engagiert haben, erwarteten Dankbarkeit. Sie führten die Arbeit nicht nur, aber auch, aus, weil sie Sinn dadurch erfuhren, in dankbare Gesichter zu blicken. Es passierte allerdings, dass Dankbarkeit seitens der Helfenden kaum gespürt wurde. Auch machte sich unter Helfenden Frust darüber breit, dass Hilfeleistung kaum positive Folgen im Sinne von Deutscherwerb oder Ausbildungs- bzw. Arbeitsaufnahme zeigten. Das Sinnerleben ließ nach – und damit die Motivation. Solche Prozesse finden nicht nur im Ehrenamt statt, sie können bei jedweder Arbeit auftreten.

Was als sinnvoll erlebt wird, mag sich ändern. Über den Zeitverlauf gleichbleibend ist aber, *dass* Menschen sich nach einem sinnerfüllten Leben sehnen. Die individuelle Sinngebung menschlicher Arbeit vollzieht sich in einem Spannungsfeld, schreibt Immanuel Kant in seiner Unterscheidung von Würde und Preis: „Was einen Preis hat, an dessen Stelle kann auch etwas anderes als Äquivalent gesetzt werden; was dagegen über allen Preis erhaben ist, mithin kein Äquivalent verstattet, das hat eine Würde" (Kant 1785, S. 63). Während sich der Marktpreis „auf die allgemeinen menschlichen Neigungen und Bedürfnisse" bezieht, besteht Würde in einem „inneren Wert" (ebd.). Alle Dinge, Waren und Güter des täglichen Bedarfs haben ein Äquivalent, der Mensch als Persönlichkeit jedoch nicht. Da er nicht austauschbar ist, hat er Würde. Aber er bietet seine Arbeit für einen Lohn oder ein Gehalt als Äquivalent an und diese Arbeit ist mit seiner Persönlichkeit verbunden. So entsteht in seiner Person ein Spannungsverhältnis zwischen Preis und Würde (vgl. Nixdorf und Swiderski 2024, S. 30). Dadurch steht auch die Sinngebung der Arbeit zwischen Erfüllung und Selbstentfaltung auf der einen Seite und Vermarktung und Nutzen auf der anderen. Arbeit kann die freie Entfaltung der Persönlichkeit ermöglichen, aber sie ist auch mit Zwängen verbunden, da der Einzelne seine Arbeitskraft verkaufen muss, um seine Bedürfnisse zu befriedigen.

Wie wichtig Menschen das Erleben von Sinn bei der Arbeit ist, wird deutlich, „wenn man sich anschaut, was sie dafür zu opfern bereit sind", schreibt Nico Rose (2020). Er hebt hervor, dass kaum jemand ausschließlich für Geld arbeite. Menschen wollten, so Rose, auch ein psychologisches Einkommen beziehen. Darunter versteht er das Sinnerleben im Beruf. Er schildert: „Der in San Francisco beheimatete Online-Coaching-Anbieter BetterUp hat mehr als 2000 Arbeitnehmer aus verschiedenen Branchen in den USA befragt, ob sie damit einverstanden wären, im Gegenzug für mehr Sinnwahrnehmung während der Arbeit auf einen Teil ihres Gehaltes zu verzichten (Achor et al. 2018). 90 Prozent der Befragten würden dieses Angebot annehmen. Im Mittel wären sie bereit, auf rund ein Viertel ihrer zukünftigen Einkünfte zu verzichten. Ähnliche Zahlen zeigen sich in universitären Studien" (Rose 2020, S. 6).

Interessant sind auch die Forschungsergebnisse von Damásio et al. (2013), die eine signifikante Korrelation zwischen dem Ausmaß des Sinnerlebens und dem persönlichen Wohlbefinden im Hinblick auf Aspekte wie Lebenszufriedenheit, Zuversicht und Glückserleben nachweisen konnten. Lewis (2016) konnte im Rahmen einer Studie mit knapp 3500 Teilnehmenden belegen, dass das Erleben von Sinnerfüllung bei der Arbeit zur geistigen Gesunderhaltung beitragen kann. Auch Werner (2023) verweist bezugnehmend auf Forschungen von Höge & Schnell (2012) auf den Zusammenhang zwischen Arbeitsengagement und dem Sinnerleben am Arbeitsplatz. Er schreibt:

„Im Rahmen ihrer Studie maßen sie anhand der Utrecht Work Engagement Scale das Arbeitsengagement ihrer Proband:innen sowie die Sinnerfüllung mithilfe des Fragebogens zu Lebensbedeutungen und Lebenssinn. Die Daten wiesen eine ausgesprochen hohe Korrelation ($r = 0{,}81$; $p < 0{,}01$) auf. Es bedeutet, dass „der Zustand des Arbeitsengagements eng an die kognitive Bewertung der Tätigkeit als sinnerfüllend gekoppelt ist. Sinnerleben wirkt sich also positiv auf Arbeitsengagement und damit auf die Arbeitsleistung sowie indirekt auf die Gesundheit einer Organisation aus" (Werner 2023).

Rose (2020, S. 13) schildert, dass Arbeitnehmerinnen, die Sinn in ihrem Tun verspüren, deutlich motivierter, spürbar engagierter, leistungsfähiger und erfolgreicher bei ihren Arbeitsverrichtungen seien. „Außerdem sind sie gewissenhafter gegenüber ihrem Arbeitgeber und engagieren sich stärker als andere über die eigenen Aufgaben hinaus für die Organisation", so Rose. Sie zeigten auch weniger arbeitsbezogenen Stress, ein geringeres Maß an Burn-out-Symptomen und hätten seltener den Wunsch, den aktuellen Arbeitgeber zu verlassen. Schnell, Höge und Pollet (2013) konnten zeigen, dass das berufsbezogene Sinnerleben gesteigert wird, wenn ein Empfinden von Bedeutsamkeit, Kohärenz, Orientierung sowie ein Zugehörigkeitsgefühl gegeben sind. Wenn Arbeit einen Sinn haben soll, darf sie – so die Überzeugung der meisten Menschen – nicht ausschließlich dem Gelderwerb dienen, sondern muss persönliche Bedürfnisse und Motive befriedigen. Wer einen Sinn in seiner Arbeit sucht, sollte sich fragen, welchen Bedürfnissen seine Arbeit dient und welchen Motiven sie entspricht. Dies zeigt die folgende Darstellung eines individuellen Motivspektrums, das zentrale Aspekte der Sinngebung von Arbeit enthält (in Anlehnung an eine etwas ältere Publikation von Richter (1985)) (Abb. 9.1).

Ein wesentlicher, wenn nicht der grundlegende, Sinn von Arbeit ist es, dass sie zumindest relative Sicherheit bietet. Sie garantiert ein Einkommen und sichert dadurch die Befriedigung von Bedürfnissen wie Nahrung, Wohnung, Kleidung und so weiter. In der Arbeit realisieren sich oft auch soziale Kontakte. Man interagiert mit anderen, kommuniziert und ist sozial integriert. Auch diese soziale Einbindung

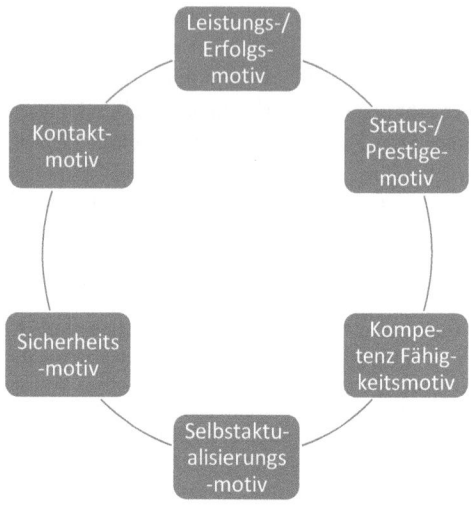

Abb. 9.1 Aspekte der Sinngebung von Arbeit. (Quelle: eigene Darstellung)

9 Sinn der Arbeit – Arbeit am Sinn?

kann Arbeit einen individuellen Sinn geben. Leistung und Erfolg motivieren, geben Bestätigung, dienen der fachlichen Entwicklung und der Entwicklung der Persönlichkeit. Wer einen Status innehat und Prestige genießt, erfährt Achtung, Anerkennung und Wertschätzung, kann eventuell aufsteigen und sich beruflich und persönlich entwickeln. Auch die Verwirklichung von Kompetenzen gibt der Arbeit einen Sinn. Wer eine Arbeit hat, die seiner Bildung, seinen Kompetenzen und seinen Neigungen entspricht, wird diese als erfüllend und sinnstiftend erfahren. Wenn Arbeit zur Selbstentfaltung, zur Selbstverwirklichung, zu Autonomie und Wachstum beiträgt, stärkt sie das Selbstwertgefühl und unterstützt die Entfaltung der Persönlichkeit. Das meint das Selbstaktualisierungsmotiv.

Was genau an einer Arbeit als sinnvoll empfunden und beurteilt wird, hängt dabei nicht nur von individuellen Motiven, sondern auch von den ihr immanenten Zielen ab. Dient meine Arbeit vorwiegend meinen persönlichen Interessen und meinem Lebensstandard? Ist sie Mittel zum Zweck? Oder erfüllt die Arbeit selbst einen Sinn, weil sie gesellschaftlich wertvollen Zwecken dient, wie z. B. Bildung und Erziehung, Pflege, Ökologie usw.?

Der Unterschied von extrinsischer und intrinsischer Motivation wurde an anderer Stelle ausführlich besprochen. Auch Lebensalter, Geschlecht oder Bildungsgrad können einen Einfluss auf das Sinnerleben haben (vgl. a. a. O., S. 189). Ein weiterer Aspekt ist die innere Haltung gegenüber der Arbeit. Ein geflügeltes Wort lautet „Tue nicht nur, was du liebst, sondern liebe, was du tust". Auf der Suche nach dem Sinn von Arbeit erscheint es als selbstverständlich zu tun, was man liebt, wozu man Neigung und Interesse verspürt. Der zweite Aspekt wird oft außer Acht gelassen. Man kann sich auch dann mit einer Tätigkeit identifizieren, wenn man Interesse, Hingabe und Verantwortungsbewusstsein für diese Tätigkeit erst entwickelt. D. h., Sinn und Erfüllung durch eine berufliche Tätigkeit oder eine Arbeit entstehen erst dadurch, wie man diese ausfüllt, mit welcher Haltung, mit welchem Engagement. Die Haltung zur Arbeit wird wesentlich durch Werte geprägt. Sie bestimmen, mit welcher inneren Überzeugung eine Arbeit verrichtet wird. Aufschlussreich ist die Frage: Was sind meine zehn wichtigsten Werte in meinem Beruf? Für die Tätigkeit als Berufsberaterin konnte die Autorin diese Frage für sich selbst wie folgt beantworten:

- Kommunikation
- Empathie
- Aufrichtigkeit
- Nicht werten
- Professionalität
- Optimismus

- Zufriedenheit
- Entwicklung
- Freude an der Arbeit
- Kollegialität

Wer abgesehen von der reinen Notwendigkeit, Geld zu verdienen, einen Sinn in der Arbeit sucht, kann sich fragen, welche Bedürfnisse, Motive und Zielstellungen sie oder er mit der Arbeit verbindet. Einen Sinn in der Arbeit finden heißt, sich auf den Weg machen, sich mit sich, seiner Arbeit, seinen Arbeitsbedingungen und den Zwecken seiner Tätigkeit kritisch auseinanderzusetzen. Letztlich ist nicht zu vergessen, dass es nicht zwingend notwendig ist, in der Arbeit einen Sinn zu finden und dass es möglich ist, unabhängig und außerhalb von Arbeit Erfüllung und Sinn zu finden. Um die eigene Arbeit als sinnvoll zu erfahren, kann es helfen, sich folgende Fragen zu stellen und dann je nach Antworten zu überlegen, wie sich dies beruflich verwirklichen ließe:

- Was bedeutet für mich sinnvoll?
- Wo möchte ich gern helfen?
- Wie kann ich meine Werte verwirklichen, in der Arbeit oder außerhalb?
- Wie kann ich innerhalb des Arbeitslebens Sinn erfahren?
- Welche Werte sind (nicht) erfüllt?
- Wie kann ich meine aktuelle Tätigkeit anders bewerten?
- Was und wie kann ich im aktuellen Job etwas verändern, ihm einen Sinn geben?
- Wie und wo kann ich außerhalb meines Berufes einen Sinn finden?
- Welche neue Aufgabe kann mir mehr Sinn und Erfüllung bringen?

Summa summarum lässt sich festhalten, dass, wer einer Tätigkeit nachgeht, die vielseitig und abwechslungsreich ist, eher Sinn im eigenen beruflichen Tun erlebt als jemand, der/die täglich die gleichen monotonen Arbeitsvollzüge verrichtet. Unter Letzterem leiden auch Aufmerksamkeit und Produktivität, weshalb viele Unternehmen schon vor Jahrzehnten Job-Rotation einführten, um dem entgegenzuwirken. Auch das Ausmaß an Gestaltungsspielräumen, die einem bei der Arbeit zugestanden werden, nimmt Einfluss auf das Sinnerleben bei der Arbeit. Gleiches gilt für das Ausmaß an Weiterbildungs- und Entwicklungsmöglichkeiten, die eine Arbeit verspricht. Wer viele Entwicklungsmöglichkeiten bei der Arbeit hat, dessen Sinnempfinden ist tendenziell höher, als das bei Menschen der Fall ist, die wissen (oder glauben), dass sie beruflich kaum vorankommen. Im Hinblick auf das Führungsverhalten gilt, dass Führungskräfte einen bedeutenden Einfluss darauf nehmen können, inwieweit Menschen einen Sinn bei der Arbeit erleben. „Das geflügelte Wort, dass die meisten Menschen, die kündigen, nicht das Unternehmen, sondern den Chef verlassen, spielt hier zweifellos eine wichtige Rolle", schreibt Prainsack (2023, S. 57).

9.3 Gute Arbeitsbedingungen und Wertschätzung als Sinn-Booster

Die Frage nach dem Sinn von Arbeit und wie man ihn realisieren kann, stellt sich nicht nur individuell. Sie hat immer auch eine arbeitsmarktliche und gesellschaftliche Seite. Die Realität der heutigen Arbeitswelt 4.0 ist komplex. Etwas pauschalisiert lassen sich zwei gegensätzliche Tendenzen erkennen. Einerseits werden berufliche Aufgaben anspruchsvoller und komplexer. Die Verantwortung steigt, was mit der technologischen Entwicklung hin zu einer verstärkten Integration von menschlicher Arbeitskraft und künstlicher Intelligenz noch zunehmen dürfte (vgl. Kornwachs 2023; Dengler und Matthes 2024). Andererseits werden Tätigkeiten soweit vereinfacht, dass diese angelernt oder ungelernt ausgeführt werden können. Dies trägt zur Vertiefung der Differenz von Kopf- und Handarbeit bei. Steigende Komplexität bedeutet für die einen steigendes Entwicklungspotenzial. Die anderen werden in Beschäftigungen gedrängt, die Ansprüche auf Selbstverwirklichung weitgehend ignorieren. Chancen auf berufliche Selbstentfaltung nehmen insbesondere für Geringqualifizierte und Ungelernte ab.

Qualifizierte Personen dagegen sehen sich nicht selten Überforderung ausgesetzt – durch ständige Verfügbarkeit, permanente Komplexität der Arbeitsanforderungen oder Forderungen nach zeitlicher und örtlicher Mobilität. Selbstgestaltung und Selbstoptimierung werden dadurch selbst zu einem Motor der Anpassung an die Forderungen der Arbeitswelt (vgl. Swiderski 2021, S. 396). Employability, d. h. Beschäftigungsfähigkeit, verstanden als Kompatibilität für die Anforderungen des Arbeitsmarktes, zählt für die Verwertung der Arbeitskraft, nicht individuelle Erfüllung und Sinngebung. Ein wesentlicher Aspekt, der alle Tätigkeitsfelder betrifft und das Sinnempfinden nachhaltig beeinflusst, sind die Arbeitsbedingungen. Wünschenswert ist, wie eine Arbeitsgruppe der nationalen Akademie der Wissenschaften (Leopoldina) in ihrer Stellungnahme herausarbeitet, eine „Akzentverschiebung von einer ‚Arbeitsgesellschaft' hin zu einer ‚Tätigkeitsgesellschaft'" (2024, S. 7). Dies umfasst unter anderem eine flexible zeitliche Gestaltung des individuellen Arbeitslebens, mannigfaltige Tätigkeitsformen, darunter auch Care-Arbeit und Ehrenamt, Weiterbildung oder die Entwicklung der Persönlichkeit. Arbeit soll nicht mehr nur Erwerbsarbeit sein, sondern auch „Bürgerarbeit, Sorgearbeit und politische Arbeit, aber auch Verteidigungsarbeit und gesellschaftliche Arbeit" (a. a. O. S. 12). Der Mensch mit seinen materiellen und immateriellen Bedürfnissen, Persönlichkeit, Selbstverwirklichung und das Miteinander sollen gefördert werden (vgl. ebd.). Bloße Erwerbsarbeit wird in diesem Konzept durch mannigfaltige Tätigkeitsformen erweitert.

Diese Vorstellung von sinnerfüllenden, mannigfaltigen Tätigkeitsformen hört sich vielversprechend und attraktiv an. Die Umsetzung allerdings stellt die Gesellschaft vor mindestens zwei Herausforderungen. Die erste ist wirtschaftlicher Natur. Es lässt sich kaum verleugnen, dass es auch in hoch entwickelten Volkswirtschaften wie unserer noch immer Tätigkeiten gibt, die hart, repetitiv, schmutzig, autonomiebeschränkend und belastend sind. Man denke etwa an die vielfach in die Kritik geratenen Arbeiten in Schlachthöfen oder bei manchen Kurierdienst-Unternehmen. Es gibt Arbeitsvollzüge, mit denen kaum Selbstverwirklichungspotenzial einhergeht, die aber erledigt werden müssen. Diese Arbeitsvollzüge können (noch) nicht alle computerisiert werden – oder sie werden es nicht, weil die menschliche Arbeitskraft billiger zu haben ist als die technische Alternative. Im günstigsten Fall kann es so kommen, dass solche Tätigkeiten in den kommenden Jahren eine finanzielle Aufwertung erfahren. Der reinen Marktlogik folgend könnte man annehmen, dass dies wahrscheinlich würde, wenn Arbeitgeber kaum noch Personal für die Verrichtung dieser Arbeiten fänden. Faktisch ist das unwahrscheinlich, zumal sich noch immer genug Menschen finden, die mangels Qualifikation, mangels Sprachkompetenz oder auch, um ihren Aufenthaltsstatus nicht zu gefährden, angewiesen sind auf Arbeit – die sie notgedrungen unter katastrophalen Bedingungen annehmen.

Doch selbst wenn eine finanzielle Aufwertung gelänge, bliebe eine zentrale Herausforderung bestehen: Das mangelnde Prestige mancher Tätigkeiten, was deren Sinnerleben enorm erschwert. Dem zugrunde liegt eine verbreitete und nur schwer aus der Welt zu schaffende Überzeugung, die der ärztliche Direktor der Psychiatrischen Universitätsklinik Ulm, Manfred Spitzer (2006, S. 805) so auf den Punkt bringt: „Einen Job hat man, weil man Geld braucht. Nicht etwa, weil man sich für die mit ihm verbundene Arbeit interessiert. Man hat ihn auch nicht, um Karriere zu machen, und schon gar nicht, weil man sich zu ihm berufen fühlt." Spitzer spielt mit seiner Aussage auf die Differenzierung von Job und Arbeit an, der zufolge – so die verbreitete Vorstellung – Arbeit etwas qualifiziertes, höherwertiges sei als Jobs, also Tätigkeiten von geringer Bezahlung und wenig Prestige, für die in aller Regel kein Studium oder keine mehrjährige Ausbildung benötigt wird (vgl. Nixdorf 2019, S. 81 f.). Spitzer hält diese Vorstellung, die sich sozialpolitisch auch in den divergenten Bezeichnungen von Bundesagentur für Arbeit (Arbeitsvermittlung) und Jobcenter (Jobvermittlung) zeigt, für schädlich. Er betont, dass es bei der Unterscheidung von Arbeit und Job nicht auf die Tätigkeit und auch nicht auf das Prestige ankomme. Es käme darauf an, ob eine emotionale Verbundenheit und ein Sinnerleben mit ihr verbunden seien. Diese Verbundenheit mit dem eigenen Tun ist es, die auch Beppo der Straßenkehrer im Roman Momo (1973) zeigt, mit dem dieses Kapitel eingeleitet wurde. Beppo entwickelt eine Strategie, Freude an seinem Tun zu empfinden. Er ist der Überzeugung, dass es wichtig sei, diese gut zu erledigen. Beppo legt ein Arbeitsethos an den Tag, welches nichts mit dem Verdienst zu tun hat, sondern aus dem Wunsch erwächst, das qualitativ hochwertig zu erledigen, wofür er zuständig ist: Die Straße zu reinigen. Wenn dies gegeben ist, kann auch eine wenig prestigeträchtige Arbeit zu einer Berufung werden, dann kann auch das Ausführen eines Jobs mit Sinnerleben einhergehen.

Die Herausforderung allerdings liegt darin, dass in der Gesellschaft sehr oft ein direkter Zusammenhang von Arbeitsprestige und Sinnerleben hergestellt wird. „Der empfundene Sinn und Wert einer Arbeit ergibt sich nicht nur aus der Tätigkeit an sich, sondern auch daraus, wie diese Arbeit gesellschaftlich anerkannt und finanziell bewertet wird", schildert Prainsack (2023, S. 55). Das Gros der Menschen schätzt Berufe wie Arzt, Apothekerin, Anwältin oder Lehrer höherwertiger ein als Berufe wie Fachkraft für Lagerlogistik oder LKW-Fahrerin, obgleich diese Verrichtungen systemrelevant sind, wie sich in der Corona-Pandemie zeigte. Junge Menschen werden damit von klein auf konfrontiert, weshalb es wenig verwundert, dass gerade leistungsschwache Schülerinnen und Schüler Berufswünsche artikulieren, die in Anbetracht ihres prognostizierten Schulabschlusses fern des tatsächlich Erwartbaren liegen. Ebenso problematisch ist die Vorstellung, dass insbesondere langzeitarbeitslosen Menschen Arbeiten zugemutet werden, die wenig bis kein Prestige versprechen. Nicht nur erfahren sie in der Gesellschaft ohnehin eine verbreitete Abwertung (vgl. Mayr 2020; Baron und Steinwachs 2012), auch wird ihnen im Jobcenter – wenn überhaupt – vorwiegend Arbeit angeboten, die schlecht bezahlt, meist befristet, häufig über Zeitarbeitsfirmen vergeben und wenig Handlungsautonomie versprechend ist (Nixdorf 2019). Es sind Verrichtungen, die sich, so die verbreitete Meinung auch unter Arbeitslosen selbst, wenig zur Selbstverwirklichung eignen.

Aufgrund dieses gesellschaftlich verbreiteten Wertmusters ist es für Menschen, die diesen Jobs nachgehen, schwierig, ihre Arbeit als sinnvoll anzusehen. Und selbst wenn eine intrinsische Motivation gegeben und die Tätigkeit trotz widriger Umstände als sinnvoll erlebt wird, kann die gleichsam erlebte Geringschätzung des eigenen Tuns durch andere belastend sein. Wenn einem in den Medien immer wieder vermittelt wird, nur einen „Versagerjob" zu haben und dass es zu „Höherem" nicht gereicht habe, macht das etwas mit Menschen. Eine dringende gesellschafts- und bildungspolitische Aufgabe ist es, diesem Deutungsmuster etwas entgegenzusetzen. Natürlich kann Wertschätzung nicht verordnet werden. Zu glauben, dass eine Wende hin zu mehr Wertschätzung auch für „einfache" Jobs gelänge, wenn der Staat ein Projekt ins Leben ruft oder der Bundespräsident mehr Wertschätzung anmahnt, wäre naiv. Was der Staat leisten kann, ist, mehr Aufklärungsarbeit zu leisten über essenzielle Berufe, die bisher kaum wertgeschätzt werden. Das kann über Bildungs- und Berufsberatung an Schulen, über Publikationen der Bundeszentrale für politische Bildung sowie über eine positive(re) Darstellung in öffentlich-rechtlichen Medien erfolgen, was die Präsenz auf YouTube und TikTok einschließt, die gerade junge Menschen regelmäßig nutzen.

Zweifellos braucht es Menschen, die akademischen Tätigkeiten nachgehen, im MINT-Bereich wie in den Gesellschaftswissenschaften. Ebenso braucht es aber beruflich gebildete Menschen. In Deutschland ist seit der erstmaligen PISA-Studie 2001 zu beobachten, dass akademische Berufe massiv aufgewertet, Ausbildungsberufe hingegen abgewertet werden. Das ist problematisch und eine Gefahr für die Wirtschaft, die beruflich qualifiziertes Personal dringend benötigt. Nicht ohne Grund zeigen Arbeitsmarktzahlen des Instituts der Deutschen Wirtschaft (2020, S. 2), dass es sich bei 8 von 10 Berufen mit dem aktuell größten Fachkräftemangel um solche handelt, für die i. d. R. eine berufliche Ausbildung erforderlich ist. Die Gering(er)schätzung beruflicher Bildung ist aber nicht nur ein Problem für die Wirtschaft. Sie kann auch das Selbstwertgefühl junger Menschen negativ tangieren, die sich gegen eine akademische Laufbahn entscheiden, wenn ihnen gesellschaftlich immer wieder vermittelt wird, ihre Arbeit sei geringerwertiger als akademische Tätigkeiten (vgl. Nida-Rümelin 2014). Die 2020 erfolgte Einführung des „Bachelor/Professional" als Bezeichnungen für den Meisterinnen-Titel im Handwerk oder für den Fachwirts-Titel der IHK sind daher ein Schritt in die richtige Richtung. Sie machen deutlich, dass akademische und berufliche Bildung gleichwertig sind. Auch das wird im Deutschen Qualifikationsrahmen (DQR) abgebildet.

9.4 Konsequenzen für Berufs- und Bildungsberatung

Einen Sinn in seiner Arbeit zu finden, ist eine beständige Aufgabe und ein Reifeprozess. Aufgabe von Berufs- und Bildungsberatung kann es daher nicht sein, Berufsfindung bereits mit einer gelungenen Sinnfindung zu verknüpfen. Beratung kann Ratsuchende jedoch beim Finden einer sinnvollen beruflichen Aufgabe unterstützen, indem sie individuelle Fragen nach dem Sinn einer Tätigkeit stellt und auch gesellschaftliche Aspekte thematisiert. Fragen nach Interessen, Neigungen, Fähigkeiten und Werten gehören selbstverständlich zur persönlichen Sinnfindung. Aber auch Work-Life-Balance, Identifikation mit dem Beruf, Zukunfts- und Entwicklungsperspektiven, materielle Sicherheit oder gesellschaftliche Anerkennung und Status sind Aspekte, die in der Beratung zum Tragen kommen können. Wie gezeigt wurde, beeinflussen auch Arbeitsbedingungen das Sinnerleben – z. B. Schichtarbeit und Nachtarbeit, Pendeln und lange Arbeitswege, Teilzeitarbeit oder befristete Jobs, Familienfreundlichkeit, Witterungsbedingungen, Gesundheitsrisiken und vieles mehr. Über individuelle Bedürfnisse und Motive hinaus entsteht Sinn, wenn wir eine Arbeit wählen, die in der Gesellschaft gebraucht wird und für andere nützlich ist, wie dies bereits mit Bezug auf das IKIGAI gezeigt wurde. Das können Arbeiten im sozialen Sektor, in der Ökologie, in Bildung und Erziehung, im Handwerk, Dienstleistung oder in der Verwaltung sein. Das können Arbeiten sein, die dem Wohlstand dienen, Recht und Gerechtigkeit, Gesundheit, Medizin, Therapie oder Kunst und Kultur. Oder Wissenschaft, Politik, Religion. Vieles ist denkbar. Beratung unterstützt Ratsuchende, eine für sie geeignete berufliche Aufgabe zu finden, die ihre individuellen Motive nach Erfüllung und Sinn mit einer für sie sinnvollen, erstrebenswerten, gesellschaftlichen Aufgabe verknüpft. Schließen möchte ich dieses Kapitel und dieses Buch mit den Worten eines befreundeten, pensionierten Lehrers. Meines Erachtens fasst er treffend zusammen, worauf es ankommt, wenn junge Menschen den Weg ins Berufsleben antreten und nach einer sinnvollen Tätigkeit suchen. Ich fragte ihn: „Was würdest Du als ehemaliger Lehrer sagen, was für die jungen Menschen von heute in Vorbereitung auf Leben und Beruf das Wichtigste ist?"

„Da gibt es keine einzelne Antwort:

- sich selbst annehmen mit allen Schwächen und Stärken und sich seiner selbst bewusst werden.
- sich bewusst machen, dass es nicht die eine Entscheidung ist, die zum Ziel führt.
- nach Möglichkeit einen Kreis aus Freunden, Bekannten und den Familienangehörigen zu schaffen.
- Ratschläge einholen und dann vor allem in sich hineinhören, welcher Impuls im Inneren der Wichtigste ist.
- sich nicht unbedingt an Verdienst- oder Anerkennungschancen, die auch durch Social Media gefüttert werden, zu orientieren.
- einen langen Atem entwickeln, der weiß, dass Entscheidungen und Interessen nicht für die Ewigkeit gelten.
- sehen, dass Zufriedenheit eine viel wichtigere Kategorie als Materielles ist.
- erkennen, dass der Beruf nur ein Teil des Lebens ist und dieses unglaublich vielfältig ist.
- Realisieren, dass auch Arbeitslosigkeit oder "Nichtstun" möglich sind.

- erkennen, dass Engagement für die Gesellschaft ein großer Wert ist (Freiwilliges Soziales Jahr – Aktion Sühnezeichen: Ich war vor zwei Wochen in Auschwitz und habe junge Leute aus Deutschland und Österreich kennengelernt, die mich mit Hoffnung erfüllt haben).
- wissen, dass man Fehler – was ist das eigentlich? – machen darf.

Das fällt mir gerade spontan ein. Ich habe keine Priorisierung vorgenommen."

Diese Worte verdeutlichen noch einmal, dass die Berufswahl die ganze Persönlichkeit fordert. Der Beruf beansprucht einen großen Teil unserer Zeit, er prägt unseren Tagesablauf, unser Leben und unsere biografischen Entwicklungsphasen. Zeiten von Arbeits- und Erwerbslosigkeit werden oft als einschneidende Erfahrungen erlebt, bei längerer Dauer entstehen Zweifel am Sinn und Wert des eigenen Daseins. In einer komplexen Arbeitswelt mit einer fast unüberschaubaren Vielfalt von Berufs-, Studien- und Weiterbildungsmöglichkeiten tragen wir als Beraterinnen und Berater Verantwortung, aber wir haben auch die große Chance, die berufliche Entwicklung von Jugendlichen wie auch von Berufserfahrenen zu begleiten und zu fördern. Da jeder berufliche Weg individuell ist, verbindet sich damit eine immer wieder interessante und erfüllende Tätigkeit.

10 Schlusswort: Was heißt es, aus pädagogischer Perspektive zu beraten?

Jana Swiderski

Beratende sind Erwachsenenpädagogen und -pädagoginnen. Sie regen Perspektivenwechsel, Selbstreflexion und Motivation an, mit dem Ziel des selbstständigen Denkens und Handelns. Deswegen ist die pädagogische Perspektive der Beratung keine andere neben den schon bestehenden, sondern eine Haltung und ein Ethos zur Begleitung von Lern- und Entwicklungsprozessen bei der Berufswahl.

Was heißt es, aus pädagogischer Perspektive zu beraten? Hier möchte ich den Bogen zum Anfang dieses Buches spannen und an das Brecht-Zitat erinnern, in dem Galilei seinen jungen Schüler Andrea Sarti das Sehen lehrt. Als Berufsberaterinnen und -berater sind wir keine Lehrer, keine Erzieherinnen und wir befinden uns auch nicht in der Elternrolle. Wir sind Erwachsenenpädagogen. Wir regen Perspektivwechsel an, wecken Neugier und Interesse, stärken die Entscheidungskompetenz und bringen unsere Ratsuchenden ins Handeln, wo sie es nicht schon selbst tun. Ziel von Berufsberatung wie von Pädagogik überhaupt sind die Selbstständigkeit und Mündigkeit der Ratsuchenden. Wir regen den Prozess der Berufsfindung an und begleiten ihn bis wir als Beraterinnen und Berater nicht mehr gebraucht werden. Das Ziel einer gelungenen Beratung ist es, sich selbst überflüssig zu machen. Aus pädagogischer Perspektive zu beraten heißt, die Bildungsfähigkeit der Ratsuchenden zu achten, Bildungs-, Lern- und Entwicklungsprozesse didaktisch angemessen anzuregen und die beruflichen Ziele der Ratsuchenden in ihrer Vielfalt gleichberechtigt und wertfrei zu betrachten.

J. Swiderski (✉)
Bundesagentur für Arbeit, Berlin, Deutschland
E-Mail: jana@ac-event.info

Ich habe dieses Buch nicht mit der Erwartung geschrieben, jede Leserin und jeder Leser möge alle hier entwickelten Aspekte in ihren oder seinen Beratungen umsetzen. Auch mir geht es vor allem um einen Perspektivwechsel – weg von der Alltagsroutine mit einem neuen Blick auf bekannte Fragestellungen. Und sei es nur die Frage nach der eigenen Motivation und der eigenen Berufszufriedenheit.

Zum Schluss möchte ich mich einem Problem zuwenden, das sicherlich jede und jeden von uns schon einmal beschäftigt hat – der Frage, inwiefern auch wir als Beraterinnen und Berater durch KI substituierbar sind. Es scheint, dass alles, was digitalisiert werden kann, auch digitalisiert wird. Unternehmen, die KI einsetzen, steigern rasant ihren Wert. KI scheint alternativlos und auch die sozialen Medien machen scheinbar konkurrenzlose Angebote. Ein Jugendlicher berichtete mir von einem TIKTOK-Video, das in 3,5 min achtzehn Traumberufe präsentiert. Das kann eine Berufsberaterin unmöglich leisten. Laut Job-Futuromat lassen sich 25 % der Tätigkeit eines Berufsberaters automatisieren, nämlich alle Fragen des Berufsbildungsrechts. Berufsberatung, Bildungsberatung und Berufskunde dagegen nicht (2024). Dennoch hält KI auch in diesen Bereichen Einzug.

2017 wurde der Chatbot „What'sMeBot" zur Berufsorientierung von der Bundesagentur für Arbeit entwickelt und mit einer sehr guten Resonanz eingesetzt: 150.000 User nutzten das Beratungsangebot in den ersten sechs Wochen und 64.000 nahmen Kontakt zur Agentur für Arbeit auf (vgl. Fernandez 2024). KI-gestützte Beratung wird bei der Erstellung von Bewerbungsunterlagen eingesetzt, zeigt aktuelle Arbeitsmarktinformationen an sowie personalisierte Stellenangebote (vgl. ebd.). Die Tendenz geht zu hybriden Modellen, in denen KI effiziente Lern- und Beratungsprozesse unterstützt, die persönlichen und affektiven Aspekte aber nicht ersetzt (vgl. ebd.).

Auch wenn Beratung mit Sicherheit nicht überflüssig wird, besteht die Gefahr, dass die Beziehungsarbeit reduziert wird und wir sehr viel weniger mit den Ratsuchenden ins Gespräch kommen. Will man die Chancen und Gefahren von KI beurteilen, muss man sich die Frage stellen, was das Prompten, also die Kommunikation von Mensch und Maschine, von zwischenmenschlicher Kommunikation unterscheidet. Letztlich sind die Antworten der KI nur so gut wie die Fragen, die man ihr stellt. KI kann beim Matching von Interessen, Neigungen und Fähigkeiten sowie Berufen und Studiengängen unterstützen – wie ein erstaunlicher Selbstversuch eines Hochschullehrers für Beratungswissenschaften mit ChatGPT3 zeigt (vgl. Stanik 2023, S. 24 f.). Aber wenn es – wie ich es in meinem Buch darstelle – in der Berufsberatung um Erkenntnis-, Lern- und Entwicklungsprozesse der Ratsuchenden geht, braucht es einen Menschen, der diese anregt und fragend herausfordert – mit Neugier, Perspektivwechsel, Selbstreflexion, Sinnfindung, Zukunftsplanung, Ressourcenbewusstsein, Entscheidungsverhalten, Wachsen,

10 Schlusswort: Was heißt es, aus pädagogischer Perspektive zu beraten?

Selbstständigkeit und Mündigkeit – all das bedarf der zwischenmenschlichen Interaktion. Jugendliche und auch Berufserfahrene bedürfen, um sich zu entwickeln, einer Vertrauensperson, die ihnen hilft, sich selbst und ihre Möglichkeiten realistisch einzuschätzen und die persönliches Interesse an ihrer Entwicklung zeigt. Die reine Informationsweitergabe ist eben nur das kleinste Puzzleteil von Beratung. Insbesondere die Erstberatung darf nicht durch einen Chatbot übernommen werden, weil der Ratsuchende hier zum ersten Mal erlebt, dass er mit seiner Persönlichkeit und seinen beruflichen Wünschen, mit seinen Fragen und Zukunftsträumen ernst genommen wird und weil die Erstberatung die Möglichkeit bietet, neue Wege aufzuzeigen sowie Lern- und Entwicklungsprozesse anzuregen. Eine pädagogische Sicht auf Beratung schließt den Einsatz von KI insbesondere in der Erstberatung aus.

Außerdem sollten wir uns bei aller Technikaffinität immer fragen: Was wollen wir und warum? Die Wahl zwischen analogen und digitalen Lösungen muss möglich bleiben. Ich möchte die persönliche Beratung stark machen, weil sie uns hilft, ein gutes Maß an Menschlichkeit und Wärme zu bewahren und weil nur sie wirklich zu Reflexion und kritischer Selbstprüfung beruflicher Wege anregen kann.

Ich schließe mit der Erinnerung an ein indisches Sprichwort. Es lautet: Um ein Kind zu erziehen, braucht es ein ganzes Dorf. In Anlehnung daran könnte man sagen: Zur beruflichen Orientierung und Beratung von Jugendlichen und Berufserfahrenen braucht es eine ganze Stadt oder ein ganzes Land. Neben den Berufsberaterinnen und -beratern gehören dazu die Agentur für Arbeit, der Arbeitgeberservice, die Jobcenter, aber auch die Wirtschaft und die Unternehmen, die Lehrerinnen und Lehrer an den Schulen, Sozialpädagoginnen und -pädagogen, die Jugendhilfe, Coachs und Karriereberater, Bildungsträger, das Internet und Social Media und nicht zuletzt Peer Groups und Eltern. Letztlich lebt jede Beratung unabdingbar von der Mitwirkung der Ratsuchenden – der Jugendlichen wie der Berufserfahrenen.

Auch wenn dieses Buch in gedruckter sowie digitaler Form vorliegt, hoffe ich, dass ich mit Ihnen, liebe Leserin und lieber Leser, ins Gespräch kommen kann – ins Gespräch über eine berufliche Aufgabe, die für mich tatsächlich mein persönliches IKIGAI darstellt – einen Grund, für den es sich lohnt, morgens aufzustehen. Das Schreiben dieses Buches hat mir selbst geholfen, meine Tätigkeit als Berufsberaterin neu zu entdecken und sie mit anderen Augen zu sehen. Ich hoffe, dass dieses Buch Sie zu eigenen neuen Gedanken anregt und dass ich meine Freude und meine Begeisterung für eine pädagogische Berufs- und Bildungsberatung mit Ihnen teilen kann – für Menschen, die sich in ihrer beruflichen Laufbahn erstmals oder wieder orientieren möchten.

Anhang

Checkliste für die Beratung bildungsferner Kundinnen und Kunden

Diese Fragen sind aus meiner Arbeit mit einer Seminargruppe im Studiengang „Beratung für Bildung, Beruf und Beschäftigung" im Herbst 2022 an der Hochschule der Agentur für Arbeit hervorgegangen.

1. **Soziökonomische Voraussetzungen**
   - Welchen Bildungsabschluss hat die Person?
   - Bestehen Lernschwierigkeiten?
   - Bestehen Sprachbarrieren?
   - Besteht Suchtverhalten?
   - Wie sieht die Lebensrealität der Person aus?
   - In welchem sozialen und familiären Umfeld befindet er/sie sich? (Bildungshintergrund der Eltern, Arbeitslosigkeit, Armut, Wohngegend, prägende Personen …)
   - Versteht die Person mich? Muss ich meine Ausdrucksweise anpassen?
   - Fallen Motivationsdefizite auf?
   - Wie gestaltet die Person ihre Freizeit?
   - Wie gestalten sich die sozialen Kontakte, das soziale Engagement der Person?
   - Welches sind die wichtigsten Werte der Person?
   - Welche Vorurteile bringe ich als Berater/in mit? Was ist meine erste (emotionale) Reaktion?

2. **Arbeitsmarkt und Qualifizierung**
   - Welche non-formalen Kompetenzen hat die Person abgesehen von formaler Bildung?
   - Welche Interessen hat die Person? Ist die Richtung realistisch?
   - Welche Chancen am Arbeitsmarkt hat die Person?
   - Warum möchte die Person jetzt eine Aus-/Weiterbildung machen? (Motivation)
   - Oder: Was hindert die Person, sich beruflich zu qualifizieren? Gründe?
   - Wie war die Situation, als die Person sich gegen eine Ausbildung entschieden hat? Was hat sich seitdem geändert?
   - Unter welchen Voraussetzungen ist eine Weiterbildung realisierbar?
   - Lassen die Rahmenbedingungen (Einkommen, Kinderbetreuung, Wohnung…) eine Ausbildung/Weiterbildung zu?
   - Welche Möglichkeiten für die Verbesserung der Rahmenbedingungen gibt es?
   - (Warum) sollte ich als Berater/in den Berufspsychologischen Service der Agentur für Arbeit einschalten?
3. **Armut und Migrationshintergrund**
   - Hat die Person einen Migrationshintergrund?
   - Ist Deutsch die Muttersprache?
   - Hat die Person einen Bildungsabschluss?
   - Liegt der Wunsch nach Bildung vor? Wenn ja, warum?
   - Wie sensibilisiere ich die Person für den Stellenwert von Bildung?
   - Wie sind die Lernbedingungen zu Hause? Sind Technik, Ruhe usw. vorhanden?
   - Beanspruchen andere Problemlagen die Konzentration der Person?
   - Welche Hemmungen für einen weiteren Bildungsweg liegen vor? Wie gehe ich als Berater/in damit um?
   - Welche Unterstützungsangebote bietet die BA: Maßnahmen, Bildungsangebote?
   - Sind notwendige Mittel zum Verfassen der Bewerbungen vorhanden?
4. **Career Management Skills einbeziehen**
   - Besteht Ausbildungsreife?
   - Welche Ansprüche hat die Person an sich selbst?
   - Kennt die Person ihre Stärken? Und auch ihre Defizite? Welche sind ihr wichtig?
   - Auf welchen Wegen kann die Person ihre Stärken herausfinden?
   - Ist die Person bereit, Zeit in ihren Bildungsweg zu investieren?

- Welche formalen bzw. informellen Kompetenzen sind vorhanden?
- Liegen Dokumente (Zeugnisse, Zertifikate o. ä.) vor?
- Welche Hilfen braucht die Person?

5. **Ressourcen- und Stärkenorientierung**
   - Welche Stärken hat die Person?
   - Über welche individuellen Ressourcen verfügt die Person?
   - Kennt die Person ihre Stärken?
   - Was sagt das Umfeld über die Stärken der Person – worin sie gut ist?
   - Welche Ressourcen gibt es im persönlichen Umfeld?
   - Wie kann man die Stärken und Ressourcen verwerten?
   - Was hat die Person in ihrem Leben schon erreicht? – Gemeinsam eine Liste erstellen und über die genutzten Strategien dafür sprechen.
   - Wie kann ich als Berater/in der Person ihre eigenen Stärken verdeutlichen?
   - Wo kann ich als Berater/in die Person unterstützen?

6. **Den Systemischen Blickwinkel beachten**
   - Zirkuläre Fragen stellen (Was würde XY sagen, was du besonders gut kannst? Was wünschen sich andere für dich?)
   - Hypothetische Fragen stellen – Was wäre wenn?
   - Familiäre, schulische und Peer-Group-Bezüge beachten
   - Durch wen könnte die Person Unterstützung erhalten?
   - Gibt es Meinungen anderer, die die Person in ihrer Entscheidung beeinflussen?

7. **Lösungsorientiert beraten**
   - In welchem Ausmaß liegt die Fähigkeit zur Selbstreflexion vor?
   - Wie kann ich als Berater/in die Person bei der Suche nach Lösungen unterstützen?
   - Wenn du morgen aufwachen würdest und die Welt wäre so, wie du es dir wünschst – wo würdest du stehen?
   - Woran würdest du erkennen, dass dein Problem gelöst ist?
   - Wieweit ist es notwendig, auch den Problemen Raum zu geben?

8. **Personenzentriert beraten**
   - Wie signalisiere ich als Berater oder Beraterin der Person, dass ich sie ernst nehme?
   - Emotionale Wärme – wieweit ist sie begrenzt?
   - Wie zeige ich als Berater/in am besten Empathie?
   - Gestalte ich das Gespräch auf Augenhöhe?
   - Wenn ich das nochmal zusammenfassen dürfte?
   - Wie fühlen Sie sich damit?

Checkliste für die Beratung von Schülerinnen und Schülern ohne festen Berufs- oder Studienwunsch

Diese Überlegungen verdanke ich im Wesentlichen meinem Kollegen Mike Goltermann.

- Handelt es sich um ein Entscheidungsproblem zwischen mehreren beruflichen oder Studienoptionen?
- Inwiefern ist die Entscheidungsunfähigkeit auf mangelndes berufliches Wissen zurückzuführen?
- Fühlt sich der Ratsuchende überhaupt bereit für das Berufsleben oder ein Studium?
- Gibt es Hinderungsgründe bei der Berufs- und Studienwahl? Zum beispiel, die Angst, eine Entscheidung für den Rest des Lebens zu treffen? Wie kann ich als Beraterin diese Bedenken nehmen?
- Wie ist die Berufs- und Studienwahl motiviert? Bietet die Motivation eine tragfähige Grundlage?
- Gab oder gibt es einen Traumberuf? Wann ja, warum oder warum nicht mehr?
- Welche Berufe haben die Eltern und welche Erfahrungen haben die Jugendlichen da mitbekommen?
- Welche Erfahrungen wurden im Praktikum gesammelt – was soll in den späteren Beruf übernommen werden und was kann ausgeschlossen werden?
- Gibt es einen Arbeitsort, den der Ratsuchende anstrebt: Werkstatt, Fabrik, Büro, Labor, abwechselnde Orte?
- Wünscht sich die Ratsuchende eine Tätigkeit mit Menschen oder ohne?
- Mit Technik, ja oder nein?
- Welche Werte sind dem Ratsuchenden wichtig?
- Was soll durch die Ausbildung oder das Studium erreicht werden? – Sicherheit, Karriere, Einkommen, Status….?
- Welche eigenen Interessen verfolgt die/der Ratsuchende? Durch welche Berufe oder Studienfächer kann sie/er das erreichen?
- Welche beruflichen Perspektiven bietet die Ausbildung oder das gewünschte Studium?

Checkliste für die Beratung von Abiturientinnen und Abiturienten mit Studienwunsch

Grundlegende Fragestellungen
- Will ich wirklich noch einmal 3 bis 5 Jahre intensiv lernen?
- Entspricht der gewählte Studiengang wirklich meinen Neigungen und Interessen?

- An welchen Hochschulen kann ich den gewählten Studiengang aufnehmen?
- Habe ich mich mit ähnlichen Studiengängen befasst? Habe ich eine Alternative?

Fristen/Beschränkungen/Voraussetzungen/Förderung
- Bestehen Zulassungsbeschränkungen? Wenn ja – welche und kann ich sie erfüllen?
- Müssen vorab Praktika oder andere Leistungsnachweise erbracht werden?
- Brauche ich für den gewählten Studiengang Vorqualifikationen? Welche? Werden vorbereitende Kurse angeboten?
- Muss ich für das Studium umziehen? Will ich das? Wie realisiere ich das?
- Gibt es finanzielle Förderungen? Welche? Zu welchen Voraussetzungen?

Organisation/Praxisbezug/Berufsaussichten
- Welche beruflichen Möglichkeiten habe ich mit dem gewählten Studiengang?
- Welche Stellenangebote gibt es für den von mir angestrebten Abschluss?
- Bietet mein Studiengang ausreichend Vorbereitung auf die spätere berufliche Praxis?
- Ist mir ein regelmäßiges Einkommen wichtig?
- Ist mir Sicherheit wichtig?
- Welche Netzwerke, Kontakte und Soft Skills benötige ich, um ins Berufsleben zu starten?

Checkliste für Gespräche mit Studienzweifler/innen

Gründe
- Fachliche Überforderung
- Gesundheitliche Aspekte (Psychische Probleme, Schwangerschaft etc.)
- Rahmenbedingungen (Finanzen, Wohnung, Kinderbetreuung, Arbeit etc.)
- Motivation, Lernprobleme, Prüfungsangst, Prokrastination
- Soziale Einbindung (an der Hochschule)
- Integration in die Hochschule
- Fehlende berufliche Perspektive
- Änderung der fachlichen Interessenslage (falsches Studienfach)

Ziele
- In Abhängigkeit von den Gründen
- Konkrete Ziele definieren, zum Beispiel
  - Bedingungen für die Weiterführung des Studiums klären
  - Studiengangswechsel
  - Studienabbruch und Ausbildungsaufnahme

- Rahmenbedingungen verbessern
- Unterstützungsmöglichkeiten herausfinden
- Berufliche Perspektiven und Arbeitsmarkt klären

Ressourcen- und Stärkenorientierung
- Was hat dir bisher in deinem Studium geholfen – fachlich, organisatorisch, motivational?
- Welche Erfolge gibt es in deinem Leben und wie hast du sie erreicht?
- Was sind deine persönlichen Kraftquellen?
- Welche drei besonderen Stärken zeichnen dich aus?
- Wie können diese Stärken dir auf deinem weiteren Weg helfen?
- Über welche materiellen Ressourcen verfügst du?

Systemischer Ansatz
- Stell dir vor, zwei Jahre sind vergangen. Mit welcher Entscheidung könntest du dann gut leben?
- Was würde eine vertraute Person dir jetzt raten?
- Auf welche Erfahrungen kannst du zurückgreifen, wenn es um Veränderung und Kampfgeist in deinem Leben geht?
- Was hat dir in deinem Leben Kraft und Ausdauer verliehen?
- Wie schätzt du – auf einer Skala von 1 bis 10 – dein jetziges Potenzial zur Krisenbewältigung ein? Warum?

Lösungsorientierter Ansatz
- Was hat bisher in deinem Studium funktioniert? Warum?
- Was funktioniert in deinem Leben am besten?
- Woran würdest du merken, dass dein Problem gelöst ist?
- Welche Ressourcen hast du selbst, um dein Problem zu lösen?
- Welche Unterstützung brauchst und wo bekommst du sie?
- Welchen ersten Schritt wirst du jetzt gehen?

In jeder Hochschule und an jeder Universität gibt es eine Anlaufstelle für Studienzweifler. Zusätzlich beraten seit Oktober 2021 auch die Agenturen für Arbeit an den Hochschulen.

Interview zur beruflichen Rolle und Identität

Motivation
1. Wie bist du zur Berufsberatung gekommen?
2. IKIGAI heißt „Wofür es sich lohnt, morgens aufzustehen." Wofür stehst du morgens auf?
3. Was sind deine drei wichtigsten Gründe, warum du Berufsberater/in geworden bist?
4. Hast du berufliche Ziele?
5. Was tust du, um dich zu motivieren, wenn es mal nicht so gut läuft?

Berufliche Entwicklung
6. Was bedeutet für dich persönlich berufliche Entwicklung?
7. Was bedeutet für dich Weiterbildung?
8. Wo siehst du dich in 10 Jahren?
9. Was möchtest du bis zur Rente noch unbedingt erreichen?

Belastungen und Unzufriedenheit im Beruf
10. Gibt es etwas, das dich in deinem Beruf unzufrieden macht? Was? Warum?
11. Wie gehst du mit dieser Unzufriedenheit um?
12. In welchen Situationen fühlst du dich überfordert?
13. Was tust du, um deinen Job nicht „mit nach Hause zu nehmen", also inneren und äußeren Abstand zu gewinnen?

Ressourcen und Selbstwirksamkeit
14. Welche Ressourcen und Stärken bringst du in deine Arbeit als Berufsberaterin ein?
15. Hast du das Gefühl oder die Überzeugung, in deinem Beruf etwas zu bewirken?
16. Fühlst du dich in deinem Beruf geachtet und gesellschaftlich anerkannt?
    Wenn ja, warum?
    Wenn nein, warum nicht?

Berufliche Rolle
17. Wie würdest du dein Verhältnis zu den Ratsuchenden beschreiben?
18. Wie gestaltest du das Verhältnis von Nähe und Distanz zu den Ratsuchenden?
19. Beschreibe deine berufliche Rolle mit drei Schlagwörtern!

Berufliche Identität
20. Was würdest du jemandem raten, der Berufsberater oder Berufsberaterin werden möchte?
21. Wenn du dich noch einmal für einen Beruf entscheiden könntest, was würdest du wählen und warum?

Literatur

Achor, S., Reece, A. Rosen Kellerman, G., & Robichaux, A. (2018): 9 out of 10 people are willing to earn less money to do more meaningful work. Abgerufen am 12.9.2020 von https://www.hbr.org/2018/11/9-out-of-10-peopleare-willing-to-earn-less-money-to-domore-meaningful-work

Ahlers, E./ Villalobos, V. Q. (2022): Fachkräftemangel in Deutschland? Befunde der WSI-Betriebs- und Personalrätebefragung 2021/22. WSI Report 76/2022. Abrufbar unter: https://www.wsi.de/fpdf/HBS-008345/p_wsi_report_76_2022.pdf (Zugriff 6.5.24)

Amler, A. S. (2023): Coworking Space als dritter Arbeitsort. In: Knappertsbusch, I./Wisskirchen, G. (Hrsg.): Die Zukunft der Arbeit. Wiesbaden, S. 73–79.

Arlt, H. J. et al. (2017): Die Zukunft der Arbeit als öffentliches Thema. Presse-berichterstattung zwischen Mainstream und blinden Flecken. Eine Studie der Otto-Brenner-Stiftung. Frankfurt a. M.

Arnold, D. et al.: Herausforderungen der Digitalisierung für die Zukunft der Arbeitswelt. ZEW policy brief Nr. 8, November 2016. Abrufbar unter: http://ftp.zew.de/pub/zew-docs/policybrief/pb08-16.pdf (6.5.2024)

Asgodom, Sabine (2021): So coache ich. 10. Aufl. München. Kösel.

Autorengruppe Bildungsberichterstattung (Hrsg.) (2016): Bildung in Deutschland 2016: Ein indikatorengestützter Bericht mit einer Analyse zu Bildung und Migration. Bielefeld. Bertelsmann.

Baecker, D. (1994): Postheroisches Management. Ein Vademecum. Berlin. Merve.

Bamberger, G. (2015): Lösungsorientierte Beratung. Praxishandbuch. 5. überarb. Aufl. Weinheim/Basel. Beltz.

Bamberger, G. (2022): Lösungsorientierte Beratung. Praxishandbuch. 6. überarb. Aufl. Weinheim Basel. Beltz.

Barke, D. (2023): Flexible Arbeitskräfte: Welche Rolle Freelancer in der Workforce der Zukunft spielen. In: Knappertsbusch, I./ Wisskirchen, G. (Hrsg.): Die Zukunft der Arbeit. Wiesbaden, S. 149–156

Baron C./ Steinwachs, B. (2012): Faul, Frech, Dreist: Die Diskriminierung von Erwerbslosigkeit durch BILDLeser*innen. Münster.

Becker, R. (2009): Wie können „bildungsferne" Gruppen für ein Hochschulstudium gewonnen werden? In: Kölner Zeitschrift für Soziologie und Sozialpsychologie. 61. S. 563–593.
Benner, D. (2015): Allgemeine Pädagogik. Eine systematisch-problemgeschichtliche Einführung in die Grundstruktur pädagogischen Denkens und Handelns. 8. überarb. Aufl. Weinheim und Basel. Juventa.
Bentlage, U. (2021): Schulabschluss geschafft und jetzt? Ein Ratgeber zur Studien-und Berufswahl. Göttingen. Hogrefe.
Berger, W. (2019): Die Kunst des klugen Fragens. 3. Aufl. München. Piper.
Bergmann, F. (2004): Neue Arbeit, Neue Kultur. Freiburg.
Bergmann, F.: Neue Arbeit, neue Kultur. Freiburg 2008
Bertelsmann-Stiftung (2023): https://www.bertelsmann-stiftung.de/de/themen/aktuelle-meldungen/2023/maerz/anteil-der-jugendlichen-ohne-schulabschluss-seit-zehn-jahren-auf-hohem-niveau (Abruf 19.05.2024)
Berthel, J./ Becker, F. G. (2002): Personal-Management. Stuttgart 2022
BERUFENET (2024) https://web.arbeitsagentur.de/berufenet/beruf/27448#ueberblick (Zugriff 20.01.2024)
BiBB (2018) https://www.bibb.de/datenreport/de/2022/162025.php (abgerufen 01.09.2025).
BIBB (2024) https://www.bibb.de/de/123631.php (Zugriff 08.04.24)
BIBB-Datenreport (2023): https://www.bibb.de/datenreport/de/175452.php (Abruf: 29.08.2025)
Bliem, W./ Meister, M.H./ Pichler, R. (2022): Green Jobs im Fokus der Bildungs- und Berufsberatung. In: dvb forum. 61. Jahrgang. S. 34–39.
BMBF (2024a) https://www.bmbf.de/bmbf/de/forschung/energiewende-und-nachhaltiges-wirtschaften/green-economy/green-economy_node.html (abgerufen am 8.4.24)
BMBF (2024b) https://10000tage.org/ (Zugriff 8.4.24)
Bohr, K. (2015): Hartz IV ist kein Schicksal. Wege aus dem sozialen Abseits. Bonn.
Bonin, H. et al. (2015): Übertragung der Studie von Frey/Osborne (2013) auf Deutschland. Endbericht. Kurzexpertise Nr. 57 an das BMAS. Berlin 2015. Abrufbar unter: https://www.bmas.de/DE/Service/Publikationen/Forschungsberichte/forschungsbericht-fb-455.html (05.05.2024)
Böckelmann, C.; Mäder, K. (2018): Fokus Personalentwicklung. Berlin.
Bradford-Ivey, M. (2002): Intentional interviewing and counseling. 5. Aufl. Pacific Grove, C. A.: Brooks/Cole
Brecht, B. (1959): Leben des Galilei. Gesammelte Werke. Bd. 8. Berlin. Aufbau-Verlag.
Brenscheidt, S. et al. (2023): Arbeitswelt im Wandel: Zahlen – Daten – Fakten. Bundesanstalt für Arbeitsschutz und Arbeitsmedizin. Dortmund 2023. Abrufbar unter: https://www.baua.de/DE/Angebote/Publikationen/Praxis/A109.html (05.05.2024)
Bude, H. (2014): Gesellschaft der Angst. Hamburg Bundesagentur für Arbeit. Berufspsychologischer Service. (2025):Studienfeldbezogene Beratungstests (SFBT). https://www.arbeitsagentur.de/datei/beratungstests_ba015617.pdf (abgerufen: 18.04.2025)
Bundesagentur für Arbeit: Entwicklungen in der Zeitarbeit. Berichte: Blickpunkt Arbeitsmarkt, Juli 2023. Abrufbar unter: https://statistik.arbeitsagentur.de/DE/Statischer-Content/Statistiken/Themen-im-Fokus/Zeitarbeit/generische-Publikation/Arbeitsmarkt-Deutschland-Zeitarbeit-Aktuelle-Entwicklung.pdf?__blob=publicationFile&v=12 (05.05.2024)
Bundesagentur für Arbeit (2024): Entwicklungen in der Zeitarbeit. Berichte:Blickpunkt Arbeitsmarkt, Juli 2023 https://statistik.arbeitsagentur.de/DE/Statischer-Content/Statistiken/Themen-im-Fokus/Zeitarbeit/generische-Publikation/Arbeitsmarkt-Deutschland-Zeitarbeit-Aktuelle-Entwicklung.pdf?__blob=publicationFile&v=12 (Zugriff 01.05.2025)
Bundesagentur für Arbeit (2025): https://www.arbeitsagentur.de/bildung/noch-planlos/studienfeldbezogene-beratungstests (abgerufen am 29.08.2025)

Literatur

Bundesagentur für Arbeit (2022): Angebote der Berufsberatung für junge Menschen. Dienste und Leistungen der Agentur für Arbeit. Elsterwerda. Agentur für Arbeit. https://www.arbeitsagentur.de/datei/merkblatt-11-berufsberatung_ba033920.pdf (Zugriff: 1.5.25)

Bundesagentur für Arbeit (2021): Die Lebensbegleitende Berufsberatung – LBB https://www.arbeitsagentur.de/datei/die-lebensbegleitende-berufsberatung-der-ba_ba147252.pdf (Zugriff: 18.02.2025)

Bundesagentur für Arbeit/ SCHULEWIRTSCHAFT Deutschland/Bundesvereinigung der deutschen Arbeitgeberverbände (Hrsg.) (2020): Eltern ins Boot holen. Checklisten & Praxisbeispiele für eine gelungene Elternarbeit in der Beruflichen Orientierung. o.O.

Bundesanstalt für Arbeitsschutz und Arbeitsmedizin (2014): Faktenblatt Arbeitsbedingungen in der Zeitarbeit. BIBB/BAuA-2012, Factsheet 03. Statistisches Bundesamt: Verdienste nach Branchen und Berufen. 2024c. Abrufbar unter: https://www.destatis.de/DE/Themen/Arbeit/Verdienste/Verdienste-Branche-Berufe/_inhalt.html (05.05.2024)

BAuA – Bundesanstalt für Arbeitsschutz und Arbeitsmedizin (2012): Faktenblatt Arbeitsbedingungen in der Zeitarbeit. BIBB/BAuA-2012, Factsheet 03. (05.05.2024)

Bundesministerium für wirtschaftliche Zusammenarbeit und Entwicklung (2022):Lexikon der Entwicklungspolitik. Armut. https://www.bmz.de/de/service/lexikon#lexicon=14038 (Zugriff 26.07.2023)

Bundesministerium für Arbeit und Soziales (BMAS) (2017): Weissbuch Arbeiten 4.0. Berlin 2017. Abrufbar unter https://www.bmas.de/SharedDocs/Downloads/DE/Publikationen/a883-weissbuch.pdf?__blob=publicationFile&v=2 (Zugriff: 05.05.2024)

Bühren, Nina van/ Meier-Hahasvili, Carsten/ Kalchthaler, Gregor (2023): Die Vier-Tage-Woche. In: Knappertsbusch, I.; Wisskirchen, G. (Hrsg.) (2023): Die Zukunft der Arbeit. Wiesbaden. S. 107–113.

Calmbach, M. et al. (Hrsg.) (2020): SINUS-Jugendstudie 2020. Lebenswelten von Jugendlichen im Alter von 14 bis 17 Jahren in Deutschland. Bonn. Bundeszentrale für politische Bildung.

Clot-Siegrist, E./ Durante, F. (2022): Der Lebensbaum. Eine narrative Praxis zur Stärkung der Identität und Aktvierung der Handlungsfähigkeit. In: Schreiber, M. (Hrsg.): Narrative Ansätze in Beratung und Coaching. Das Modell der Persönlichkeits- und Identitätskonstruktion (MPI) in der Praxis. Springer. Wiesbaden. S. 257–277.

Damásio, B. et al. (2013): Sources of Meaning and Meaning in Life Questionnaire (SoMe): Psychometric properties and sociodemographic findings in a large Brazilian Sample. In Acta de investigacion psicologica. 2013, 3 (3), S. 1205–1227.

Dangelmaier, M. (2017): Arbeitswelt im Wandel –Arbeiten 4.0. Vortrag auf dem Tag der Arbeitssicherheit in Fellbach, 8. und 9. März 2017. Abrufbar unter: https://www.dguv.de/medien/landesverbaende/de/veranstaltung/tda/2017/dangelmaier.pdf (05.05.2024)

Deloitte (2020): Die Jobs der Zukunft: Berufswelt bis 2035 – fünf Trends. Abrufbar unter: https://www2.deloitte.com/de/de/pages/trends/jobs-der-zukunft-berufswelt-2035.html (05.05.2024)

Dengler, K.; Matthes, B. (2024): Auch komplexere Tätigkeiten könnten zunehmend automatisiert werden. Abgerufen am 11.6.2023 von IAB Kurzbericht 13/2021. https://doku.iab.de/kurzber/2021/kb2021-13.pdf

Detjen, J. (2007): Politische Bildung für bildungsferne Milieus. Bonn. Bundeszentrale für politische Bildung.

Dettmer, M.; Tietz, J. (2014): Der Sieg der Algorithmen. In: Der Spiegel 17/2014, S. 68–75. Abrufbar unter: http://magazin.spiegel.de/EpubDelivery/spiegel/pdf/126589931 (05.05.2024)

Deutsche Industrie- und Handelskammer (DIHK) (2023): Fachkräfteengpässe gefährden Transformation und Innovation. DIHK-Report Fachkräfte 2023/24. Berlin. DIHK.

Digitales Wörterbuch der deutschen Sprache (2025): Bildungsfern. https://www.dwds.de/wb/bildungsfern (abgerufen am 29.08.2025)

Ditton, Hartmut/ Maaz, Kai (2022): Sozioökonomischer Status, Bildungs- und Bildungsteilhabe. In: Empirische Bildungsforschung. Hrsg.: Reinders, Heinz/Bergs-Winkels, Dagmar/ Prochnow, Annette/ Post, Isabell. Springer. Wiesbaden. S. 1083–1103.

Ebbinghaus, Margit et al. (2017): Forschungsprojekt: Abschlussbericht, Rekrutierung von Auszubildenden – Betriebliches Rekrutierungsverhalten im Kontext des demografischen Wandels. Bonn. Bundesinstitut für Berufsbildung.

Effenberger, A. et al. (2018): Beschäftigungseffekte der Digitalisierung –Forschungsansätze und Ergebnisse. Diskussionspapier Nr. 7 (2018) des Bundesministeriums für Wirtschaft und Energie. Abrufbar unter: https://www.bmwk.de/Redaktion/DE/Downloads/Diskussionspapiere/20180621-diskussionspapier-beschaeftigungseffekte-der-digitalisierung.html (05.05.2024)

Ehlers, C./ Müller, M./ Schuster, F. (2017): Stärkenorientiertes Case Management. Opladen. Verlag Barbara Budrich.

Ehrenberg, Alain (2012): Das erschöpfte Selbst. Frankfurt: Campus Verlag

Ehrenberger, A. (2008): Das erschöpfte Selbst: Depression und Gesellschaft in der Gegenwart. Frankfurt am Main.

Eichhorst, W. et al. (Hrsg.) (2019): Geringqualifizierte in Deutschland. Beschäftigung, Entlohnung und Erwerbsverläufe im Wandel. Gütersloh. Bertelsmann-Stiftung.

Eichhorst, W. et al. (2015): Wandel der Beschäftigung: Polarisierungstendenzen auf dem deutschen Arbeitsmarkt. IZA Research Report No. 68, November 2015. Abrufbar unter: http://ftp.iza.org/report_pdfs/iza _report_68.pdf (05.05.2024)

Ende, M. (2013): Momo. 16. Aufl. Stuttgart. Thienemann.

Ende, M. (2022)[1973] : Momo. 16. Auflage. Thienemann-Esslinger Verlag GmbH. Stuttgart.

Engel, C./ Branig, M. (2020): Vielfalt als Herausforderung für Studierende und Universitäten. Ergebnisse einer Befragung zu Diversität und Studienerfolg an der TU Dresden. In: Schulze-Stocker, F. et al. (Hrsg.): Wege zum Studienerfolg. Analysen, Maßnahmen und Perspektiven an der Technischen Universität Dresden 2026.2020. Dresden. TUDpress.

Engler, W. (2005): Bürger, ohne Arbeit. Berlin

Enoch, C. (2011): Wissensvermittlung im Beratungsprozess. In: Organisations-beratung Supervision Coaching. Nr. 18. S. 369–381.

Erler, I. (2010): Der Bildung ferne bleiben: Was meint „Bildungsferne"? In: MAGAZIN erwachsenenbildung.at. Das Fachmedium für Forschung, Praxis und Diskurs. Ausgabe 10, 2010. Wien. http://www.erwachsenenbildung.at/magazin/10-10/meb10-10.pdf. (Zugriff 03.05.2024)

Erpenbeck, J. (2011): Kompetenzmanagement in Aktion. In: Forschungsinstitut Betriebliche Bildung (fbb) (Hrsg.): Strategien gegen den Fachkräftemangel (S. 13–34) Bielefeld. W. Bertelsmann.

Ertelt, B.-J./Schulz, W. E. (2019): Handbuch Beratungskompetenz. 4. überarb. Aufl. Wiesbaden. Springer Gabler.

Eybisch-Klimpel, C. (2023): http://eybisch-klimpel.de/ (Abruf 11.7.23)

Literatur

Eybisch-Klimpel, C. (2021): Beratung und Coaching in der VUCA-Welt. dvb-forum. 60. Jahrgang. 1/2021. S. 19–22.

Fachgruppe CM in der Arbeitsmarktintegration – AG Süd-West (2018): Zielarbeit im Case Management. Ein theoretischer und praktischer Wegweiser für die Zielarbeit im Case Management. Mannheim, Stuttgart. https://www.dgcc.de/service/literatur/ (abgerufen am 03.05.2024)

Fernandez, V. (2024): KI in der beruflichen Bildung. Eine Annäherung. In: https://www.ueberaus.de/wws/ki-in-der-beruflichen-bildung.php (abgerufen am 14.4.24)

Franz, M. (2014): Widerstand in kooperativen Bildungsarrangements. Wiesbaden. Springer.

Frau und Beruf e. V. (o.J.): Die sieben Schritte. o.O.

Frege, G. (1962): Funktion, Begriff, Bedeutung. Fünf logische Studien. Göttingen.

Frey, C./ Osborne, M. (2013): The Future of Employment: How Susceptible Are Jobs to Computerisation? Oxford.

Garnitz, J. et al. (2023): Arbeitskräftemangel belastet die deutsche Wirtschaft. In: ifo Schnelldienst 9 / 2023, 76. Jahrgang, 13. September 2023. Abrufbar unter: https://www.ifo.de/DocDL/sd-2023-09-garnitz-sauer-schaller-fachkraeftemangel.pdf (05.05.2024)

Geißler, R. (2014): Bildungsexpansion und Bildungschancen. In: BpB (Hrsg.):Informationen zur politischen Bildung Nr. 324/2014. Sozialer Wandel in Deutschland. http://www.bpb.de/izpb/198031/bildungsexpansion-und-bildungschancen?p=all (Zugriff 26.7.23)

Genard, M. (2022): Ikigai in der Laufbahnpraxis. Auch im Job glücklich werden. In: dvb forum. 61. Jg. Ausgabe 1/ 2022. S. 40–43.

Gieseke, W./ Stimm, M. (2016): Praktiken professioneller Bildungsberatung. Innen-sichten auf die Entscheidungsfindung im Beratungsprozess. Wiesbaden:Springer.

Goodhart, D. (2021): Kopf Hand Herz. Das neue Ringen um Status. Warum Handwerks- und Pflegeberufe mehr Gewicht brauchen. Bonn. Bundeszentrale für politische Bildung.

Görres, A. et al. (2010): „Imagekampagne für Pflegeberufe auf der Grundlage empirisch gesicherter Daten" – Einstellungen von Schüler/innen zur möglichen Ergreifung eines Pflegeberufes. Ergebnisbericht. Bremen. https://www.pflege-ndz.de/files/content-asset/pdf-downloads/projekte/imagekampagne-pflegeberufe/Image_Abschlussbericht-Endfassung.pdf (03.05.2024)

Götz, R. et al. (2014): Bildungsberatung: Information, Beratung und Orientierung für Bildung und Beruf.. Abrufbar unter: https://www.pedocs.de/volltexte/2017/14960/pdf/Dossier_2014_Goetz.pdf (05.05.2024)

Gorz, A. (1999): Arbeit zwischen Misere und Utopie. Frankfurt am Main.

Gottschalk, H./Kuntzsch, L. (2023): Der Begriff „Inklusion" aus Sicht der Sprach-beratung. In: dvb forum 1/2023. Bielefeld. wbv. S. 25–31.

Graeber, D. (2019): Bullshit Jobs. Vom wahren Sinn der Arbeit. Stuttgart.

Grießbach, Thomas/Lepschy, Annette (2023): Rhetorik der Rede. Ein Lehr- und Arbeitsbuch. 2. Aufl. Tübingen. Narr Francke Attemto Verlag.

Griepentrog, Martin (2025): Personenzentrierte Berufsberatung. Grundlagen, Praxis, Kritik. Bielefeld. transcript Verlag.

Gruber, G. (2024): Filmreife KI-Videos: Ein Hollywood-Drama bahnt sich an. 17.02.2024. Abrufbar unter: https://futurezone.at/digital-life/sora-ki-hollywood-jobs-gefahr-analyse-ai-generator-video-openai-text/402782080 (05.05.2024)

Grüneberg, T. et al. (Hrsg.): (2021): Handbuch Studienberatung. Berufliche Orientierung und Beratung für akademische Bildungswege. 2 Bände. Bielefeld. wbv.

Grüneberg, Till. (2019): Mit den richtigen Fragen zum richtigen Studium. Selbsteinschätzung rund um die Studienwahl. Berlin. Springer Verlag.

Hans-Böckler-Stiftung (HBS): WSI Jahresbericht 2015. Abrufbar unter: https://www.boeckler.de/pdf/wsi_jahresbericht_2015.pdf (05.05.2024)

Hansen, N. et al (2000): Professional Psychology: Research and Practice. 3(6) 652–660.

Hardering, F. (2020): Sinn in der Arbeit. Wiesbaden

Heckhausen, J./ Heckhausen, H. (2010): Motivation und Handeln. Einführung und Überblick. In: Heckhausen, J./ Heckhausen, H. (Hrsg.) (2010): Motivation und Handeln. 4. überarb. und erw. Auflage. Berlin Heidelberg. Springer.

Heil, H. (2023): „Deutschland muss eine Weiterbildungsrepublik werden" Rede des Bundesministers für Arbeit und Soziales, Hubertus Heil, zum Weiterbildungsgesetz am 23. Juni 2023 im Plenum des Bundestages https://www.bmas.de/DE/Service/Presse/Reden/Hubertus-Heil/2023/2023-06-23-rede-plenum-weiterbildungssgesetz.html (Zugriff 17.09.2023)

Henri-Nannen-Schule (2025): Wissenstest 2021 https://henri-nannen-schule.de/bewerben/wissenstest/wissenstest-2021/ (abgerufen am 20.06.2025)

Hickmann, H./Koneberg, F. (2022): IW-Kurzbericht 67/2022. Abgerufen am 03.05.2024 unter https://www.iwkoeln.de/studien/helen-hickmann-filiz-koneberg-die-berufe-mit-den-aktuell-groesstenfachkraefteluecken.html

Hiller, G. G. (2022): Selbstfürsorge für BeraterInnen. In: dvb forum 2/2022. Bielefeld. wbv. S. 47–53.

Hochschulstart (2025): Bewerbungen und Studienplätze Tiermedizin https://www.hochschulstart.de/fileadmin/media/dosv/statistik/WiSe_24_25_Statistiken_des_Zentralen_Verfahrens_final.pdf (abgerufen 20.06.2025)

Hofer, J. (2019): Warum Amazon trotz 100.000 Robotern nicht auf Handarbeit verzichten kann. Artikel im Handelsblatt vom 21.04.2019. Abrufbar unter: https://www.handelsblatt.com/technik/automatisierung-warum-amazon-trotz-100-000-robotern-nicht-auf-handarbeit-verzichten-kann/24236370.html (05.05.2024)

Hofmann, J. et al. (2019): New Work. Best Practice und Zukunftsmodelle. Fraunhofer IAO. Abrufbar unter: https://publica-rest.fraunhofer.de/server/api/core/bitstreams/2dbcef2e-a9ef-4000-addc-42c3beec95ad/content (05.05.2024)

Höge, T./Schnell, T. (2012): Kein Arbeitsengagement ohne Sinnerfüllung. Eine Studie zum Zusammenhang von Work Engagement, Sinnerfüllung und Tätigkeitsmerkmalen. In: Wirtschaftspsychologie, Heft 1-2012, S. 91–99

Iannis, G./ Montagna, A./ Bliem, W./ Weber, P. (Hrsg.): (2022): Laufbahnkompe-tenzen. Ein neuer Rahmen als Teil des Projekts CAREERES AROUND ME. https://www.careersproject.eu/index.php (Zugriff: 17.09.2023)

IveyIvey, A./ Bradford-Ivey, M. (2002): Intentional interviewing and counseling. 5. Aufl. Pacific Grove, C. A.: Brooks/Cole

Jansen, A./ Malin, L. (2021): Qualifikationen von Frauen richtig erkennen und nutzen. KOFA Kompakt 2/2021. Abrufbar unter: https://www.iwkoeln.de/studien/anika-jansen-lydia-malin-qualifikationen-von-frauen-richtig-erkennen-und-nutzen.html (05.05.2024)

Job-Futuromat (2024): Automatisierbarkeit im Beruf Berufsberater/in. https://job-futuromat.iab.de/#top (Zugriff 03.05.2024)

Jürgens, K. et al. (2017): Arbeit transformieren! Denkanstöße der Kommission „Arbeit der Zukunft". Herausgegeben von der Hans-Böckler-Stiftung. Bielefeld 2017

Kalinowski, Michael (2023): Junge Erwachsene ohne abgeschlossene Berufsausbildung. In: Bundesinstitut für Berufsbildung (Hrsg.) https://www.bibb.de/de/1226.php#:-:text=Als%

20Berufsabschluss% 20gilt% 20eine% 20Ausbildung,der% 20Ausbildung% 20nicht% 20bestanden% 20gat (Zugriff: 1.5.25)

Kant, Immanuel (1785): Die Grundlegung zur Metaphysik der Sitten. Leipzig: J. F. Hartknoch

Kindl-Beilfuß, C. (2022): Fragen können wie Küsse schmecken. Systemische Fragetechniken für Anfänger und Fortgeschrittene. 11. Aufl. Heidelberg. Carl-Auer-Verlag.

Keeley, B. (2010): Humankapital. Wie Wissen unser Leben bestimmt. Lizenzausgabe der Bundeszentrale für Politische Bildung. Bd. 1014. Bonn. KLUG-Modell (https://www.klugentscheiden.org/wiki (Zugriff 26.04.2025)

Knappertsbusch, I.: Künstliche Intelligenz als Schlüsseltechnologie des 21. Jahrhunderts – Warum uns eine Disruption des Arbeitsmarktes bevorsteht. In: Knappertsbusch, I.; Wisskirchen, G. (Hrsg.): Die Zukunft der Arbeit. Wiesbaden 2023, S. 39–45

Knickrehm, B./Lengert, E. (2023): Wie schulische Inklusion die berufliche Orientierung und Beratung beeinflusst. In: dvb forum 1/2023. Bielefeld. wbv. S. 32–36.

Koeder, K.-W. (2019): Studieren lernen. Selbstmanagement für Studienanfänger. 6. Aufl. München. Verlag Franz Vahlen.

Kohaut, S./ Möller, I. (2023): Frauen bleiben nach wie vor unterrepräsentiert. IAB-Kurzbericht 22/2023. Abrufbar unter: https://doku.iab.de/kurzber/2023/kb2023-22.pdf (05.05.2024)

Kornwachs, K. (2023): KI und die Disruption der Arbeit: Tätig jenseits von Job und Routine. München.

Kötter, R./ Kursawe, M. (2015): Design your life. Dein ganz persönlicher Workshop für Leben und Traumjob. Frankfurt am Main. Campus Verlag.

Kreisjugendring Esslingen (2022): Stärkenkarten. 70 Stärkenkarten zur Erarbeitung und Klärung der eigenen Stärken. Bielefeld. wbv.

Kreisjugendring Esslingen (2019): Was will ich werden? 75 Traumberufekarten. Bielefeld. wbv.

Krings , B. J. (2023): in „New Work und die Zukunft der Arbeit" (2023, S. 4). Abrufbar unter: https://www.bpb.de/shop/zeitschriften/apuz/new-work-2023/542500/new-work-und-die-zukunft-der-arbeit/ (05.05.2024)

Lewis, N.; Turiano, N.; Payne, B.; Hill, P. (2016): Purpose in life and cognitive functioning in adulthood. In: Aging Neuropsychology and Cognition. Vol. 24 (6), S. 1–10

Lewis, N. et al. (2017): Purpose in life and cognitive functioning in adulthood. In:Neuropsychol Dev Cogn B Aging Neuropsychol Cogn. 2017, Nov 24 (6), S. 662–671

Lindemann, H. (2016): Die große Metaphern-Schatzkiste – Band 2. Die systemische Heldenreise. Systemisch arbeiten mit Sprachbildern. Vandenhoeck & Ruprecht.

Lindemann, H. (2016a): Die große Metaphern-Schatzkiste – Band 2. Die systemische Heldenreise. Systemisch arbeiten mit Sprachbildern. Göttingen. Vandenhoeck & Ruprecht.

Lindemann, H. (2019): Die systemische Heldenreise – Eine kurze Einführung. In: H. Lindemann (Hrsg.): Heldinnen, Ufos und Straßenschuhe. Die Arbeit mit Metaphern und der Systemischen Heldenreise in der Praxis. Systemisch arbeiten mit Sprachbildern. Göttingen. Vandenhoeck & Ruprecht.

Lipburger, P.(1988): „Quoniam si quis vult operari, nec manducet .." Auffassungen von der Arbeit vor allem im Mittelalter. In: Mitt(h)eilungen der Gesellschaft für Salzburger Landeskunde. 1988, 128. S. 47–86.

Lorenz, P. (2017): Digitalisierung im deutschen Arbeitsmarkt. Eine Debatten-übersicht. Herausgegeben von der Stiftung Neue Verantwortung. Berlin. Abrufbar unter: https://www.stiftung-nv.de/sites/default/files/snv_digitalisierung_arbeitsmarkt_philippe_lorenz_langversion.pdf (05.05.2024)

Luhmann, N. (1984): Soziale Systeme. Grundriß einer allgemeinen Theorie. Frankfurt am Main.
Mayr, A. (2020): Die Elenden. Berlin.
Miebach, B. (2017): Handbuch Human Resource Management. Wiesbaden
McLeod, J. (2011): Beraten lernen. Tübingen. Dgvt-Verlag.
Nachwuchsförderungskampagne im Deutschen Kraftfahrzeuggewerbe (o.J.):AutoBerufe – Chancen für Könner. Bonn.
Nationale Akademie der Wissenschaften, Union der deutschen Akademien der Wissenschaften (2024): Die Zukunft der Arbeit. Berlin.
Nida-Rümelin, J. (2014): Der Akademisierungswahn. Zur Krise beruflicher und akademischer Bildung. Hamburg. Körber.
Nierobisch, K. (2019): Dritte in der Beratung. Reflexive Zugänge zu einem vielseitigen Phänomen. In: dvb forum 2/ 2019. S. 30–35.
Nittel, D. (2016): Der erziehungs- und bildungswissenschaftliche Zugang zur Handlungsform „Beratung". in: Gieseke, W./ Nittel, D. (Hrsg.): Handbuch pädagogische Beratung über die Lebensspanne. Weinheim und Basel. Beltz Juventa.
Nixdorf, C. P. (2019): (Bildungs-)Beratung im Jobcenter. Hamburg.
Nixdorf, C. P./Swiderski, J. (2024): Arbeit und Würde – Eine fragwürdige Gleich-setzung und deren Konsequenzen (Teil 1). In: Blätter der Wohlfahrtspflege, Ausgabe 01/2024, S. 28–30.
Nixdorf, C. P./Swiderski, J. (2022): Bildungsberatung in Arbeitsagentur und Jobcenter. Ein Blick aus der Praxis auf die Praxis, Teil 1. In: Blätter der Wohlfahrtspflege, Ausgabe 3/2022, S. 103–105.
Obermeier, T. (2014): Fachkräftemangel. https://www.bpb.de/themen/arbeit/arbeitsmarktpolitik/178757/fachkraeftemangel/ (abgerufen am 1.9.25)
Obermeier, T. (2024): Fachkräftemangel. 31.01.2024. Abrufbar unter: https://www.bpb.de/themen/arbeit/arbeitsmarktpolitik/178757/fachkraeftemangel/#node-content-title-0 (05.05.2024)
Onken, W. (2024): Die ökonomische Botschaft von Michael Endes „Momo". In:Sozialökonomie.Info. 2024. https://www.sozialoekonomie.info/Weiterf% C3% BChrendes/weiterfuehrendes-3-werner-onken-die-oekonomische-botschaft-von-michael-endes-momo.html (03.05.2024)
Ostermann, D. (2010): Gesundheit am Arbeitsplatz durch Sinn am Arbeitsplatz. In:DGSv aktuell 2/2010, S. 10–13.
Peichl, A. et al. (2022): Fachkräftemangel in Deutschland und Europa – Historie, Status quo und was getan werden muss. In: ifo Schnelldienst 10/2022, 75. Jahrgang 12., Oktober 2022, S. 70–75.
Perna, M. C. (2022): 5 Ways That Satisfying The Gen Z Workforce Can Help Every Other Working Generation. Forbes 2022. Abrufbar unter: https://www.forbes.com/sites/markcperna/2022/05/12/5-ways-that-satisfying-the-gen-z-workforce-can-help-every-other-working-generation/?sh=6fa73bce6110 (05.05.2024)
Pilkuhn, V./ Teske-Letzsch, A. (2023): Mit Kopf, Hand und Herz. Methodenkompetenz in der Fortbildung Laufbahnberatung ZML. In: dvb forum. 62. Jahrgang. S. 40–43.
Pinkl, C. (2022): Wo bist du? Über (un-)erfüllte Grundbedürfnisse in der VUCA- und BANI-Welt. In: schuleverantworten 2022, No. 4, S. 138–142
Poller, A. et al.: Duden Wirtschaft von A bis Z: Grundlagenwissen für Schule und Studium, Beruf und Alltag. 6. Aufl. Mannheim: Bibliographisches Institut 2016. Lizenzausgabe der Bundeszentrale für politische Bildung. Bonn 2016. https://www.bpb.de/kurz-knapp/lexika/lexikon-der-wirtschaft/240461/demografischer-wandel (05.05.2024)

Platon (1973): Menon. In: Werke in 8 Bänden. Bd. 2. Wissenschaftliche Buchgesellschaft Darmstadt. S. 551ff.
Prainsack, B. (2023): Wofür wir arbeiten. Wien.
Prange, K. (2011): Die Zeigestruktur der Erziehung: Grundriss der Operativen Pädagogik. 2. Aufl. Paderborn. Schöningh.
Rebeggiani, L. et al. (Hrsg.) (2020): Megatrends aus Sicht der Volkswirtschaftslehre. Wiesbaden. S. VII-XI.
Rechtien, W./Irsch, J. (2006): Lexikon Beratung. München. Profil-Verlag.
Richter, M. (1985): Personalführung im Betrieb. Führungswissen für Vorgesetzte – Theorie und Praxis. München Wien. Carl Hanser.
Rogers, C.R. (2009): Eine Theorie der Psychotherapie, der Persönlichkeit und der zwischenmenschlichen Beziehungen. (Neuaufl., engl. Original: 1959). München. Reinhardt.
Rosa, H. (2005): Beschleunigung und Entfremdung. Frankfurt am Main.
Rosa, H. (2016): Resonanz. Berlin.
Rösch, A. (2023): BZ-Interview. Flüchtlingshelfer Frank van Veen: „Helfer dürfen keine Dankbarkeit erwarten". Bad Säckingen 2023. https://www.badische-zeitung.de/fluechtlingshelfer-frank-van-veen-helfer-duerfen-keine-dankbarkeit-erwarten (03.05.2024)
Rose, N. (2020): Führen mit Sinn. Freiburg 2020
Ruch, F. L. et al. (1974): Lehrbuch der Psychologie. Eine Einführung für Studenten der Psychologie, Medizin und Pädagogik. Berlin. Heidelberg. Springer. S. 367.
Rudnicka, J. (2022): Von Armut oder sozialer Ausgrenzung betroffene Bevölkerung in Deutschland. https://de.statista.com/statistik/daten/studie/244865/umfrage/von-armut-oder-sozialer-ausgrenzung-betroffene-bevoelkerung-in-deutschland/ (Zugriff: 08.02.24)
Ruhlig, K. (2014): Deep Learning. In: Europäische Sicherheit & Technik. Oktober 2014. S. 76.
Rump, J./ Eilers, S. (2017): Arbeit 4.0 – Leben und Arbeiten unter neuen Vorzeichen. In: Ebd. (Hrsg.): Auf dem Weg zur Arbeit 4.0. Wiesbaden, S. 3–77
Rübner, M./ Höft, S. (2021): Beratung von Studieninteressierten nach der Beratungskonzeption der Bundesagentur für Arbeit (BeKo): S. 773–779. In: Grüneberg, T. et al. (Hrsg.): Handbuch Studienberatung. Bd. 2. Bielefeld. wbv.
Rübner, M./ Weber, P. (2020): Grundlagenpapier zur Weiterentwicklung der Beratungskonzeption der Bundesagentur für Arbeit (BeKo). Nürnberg: Bundesagentur für Arbeit.
Rübner, M. (2018): Direktiv, reflexiv oder informativ? Beratungsstile in der Berufsberatung. Neue Praxis, 48, S. 478–495.
Rübner, M./ Höft, S. (2016): Berufswahl als mehrdimensionaler Prozess. In:Kauffeld, S./ Spurk, D. (Hrsg.): Handbuch Karriere und Laufbahnmanagement Berlin. Heidelberg. Springer.
Schermuly, C. (2021): New Work – Gute Arbeit gestalten. Freiburg.
Schnell, T. et al. (2013): Predicting Meaning in Work: Theory, Data, Implications. In:The Journal of Positive Psychology. November 2013, 8(6), S. 543–554
Scholz, C. (2014): Generation Z – Wie sie tickt, was sie verändert und warum sie uns alle ansteckt. Weinheim.
Schiersmann, C. (2021): Beraten im Kontext lebenslangen Lernens. Bielefeld. wbv
Schiersmann, C./ Petersen, C./ Weber, P. (2017): Beratungskompetenz in Bildung, Beruf und Beschäftigung. Instrumente zur Erfassung, Bewertung und Reflexion der Beratungskompetenz. Bielefeld. wbf.

Schneider, U./ Schröder, W./ Stilling, G. (2022): Zwischen Pandemie und Inflation –Paritätischer Armutsbericht. Berlin: Der Paritätische Gesamtverband (Hrsg.)

Schreiber M. (2022): Beratung und Coaching gemäß dem Modell der Persönlichkeits-und Identitätskonstruktion (MPI). In: Schreiber, M. (Hrsg.) (2022): Narrative Ansätze in Beratung und Coaching. Wiesbaden. Springer. S. 121–144.

Schu, C./ Sachverständigenrat deutscher Stiftungen für Integration und Migration (SVR) GmbH (2019): Ungleiche Bildungschancen. Fakten zur Benachteiligung von jungen Menschen mit Migrationshintergrund im deutschen Bildungssystem: https://www.stiftung-mercator.de/content/uploads/2020/12/Kurz_und_Buendig_Bildung.pdf (Zugriff am 8.2.24).

Schulz von Thun, F. (2021): Erfülltes Leben. Ein kleines Modell für eine große Idee. 4. Aufl. München. Hanser.

Schulze-Stocker, F. et al. (Hrsg.) (2020): Wege zum Studienerfolg. Analysen, Maßnahmen und Perspektiven an der Technischen Universität Dresden 2026.2020. Dresden. TUDpress.

Siller, G. (2018): Professionelle Bildungsberatung. Bedarfe und ungleichheitskritische Neuorientierung. Wiesbaden. Springer.

Singh, Maya/ New: Howard (o.J.): Steh auf. @EditionSinghSongs. O.O.

Seliger, R. (2021): Das Dschungelbuch der Führung. Ein Navigationssystem für Führungskräfte. 8. Aufl. Heidelberg: Carl-Auer.

Spermann, A. (2020): Beendet die Digitalisierung das deutsche Jobwunder? In:Rebeggiani, L. et al. (Hrsg.): Megatrends aus Sicht der Volkswirtschaftslehre. Wiesbaden, S. 215–230

Spiegelberg, S. (2022): Die Held*innenreise in Beratung und Coaching. In:Schreiber, M. (Hrsg.): Narrative Ansätze in Beratung und Coaching. Das Modell der Persönlichkeits- und Identitätskonstruktion (MPI) in der Praxis. Springer. Wiesbaden. S. 203–225.

Spitzer, M. (2006): Job – Beruf – Berufung. In: Nervenheilkunde 25, S. 805-806. Abgerufen am 03.05.2024 unter: http://www.ihrcoach.com/pdfs/artikel_aus_nervenheilkunde_10_2006.pdf (steht mit falscher Datumsangabe 2024 im Text)

Spitzer, M. (2024): Job – Beruf – Berufung. In: Nervenheilkunde 25; 2006, S. 805–806. Abrufbar unter: http://www.ihrcoach.com/pdfs/artikel_aus_nervenheilkunde_10_2006.pdf (03.05.2024)

Stanik, T. (2023): ChatGPT und die Beratung in Bildung und Beschäftigung. Ein Selbstversuch. In: dvb forum. 62. Jahrgang. S. 23–27.

Statista (2022): https://de.statista.com/statistik/daten/studie/1262509/umfrage/schueler-mit-foerderbedarf-nach-foerderschwerpunkten/ (Zugriff am: 18.02.2024)

Statistisches Bundesamt (2022): https://www.destatis.de/DE/Themen/Gesellschaft-Umwelt/Gesundheit/Behinderte-Menschen/_inhalt.html (Zugriff am 18.02.2024)

Statistisches Bundesamt (2024): Bevölkerungsvorausberechnung. 2024. Abrufbar unter: https://www.destatis.de/DE/Themen/Gesellschaft-/Bevoelkerung/Bevoelkerungsvorausberechnung/_inhalt.html (05.05.2024)

Statistisches Bundesamt (2024a): Teilhabe von Frauen am Erwerbsleben. Abrufbar unter: https://www.destatis.de/DE/Themen/Arbeit/Arbeitsmarkt/Qualitaet-Arbeit/Dimension-1/teilhabe-frauen-erwerbsleben.html (05.05.2024)

Statistisches Bundesamt (2024b): Gender Pay Gap 2023: Frauen verdienten pro Stunde 18% weniger als Männer. Pressemitteilung Nr. 027. Abrufbar unter: https://www.destatis.de/DE/Presse/Pressemitteilungen/2024/01/PD24_027_621.html (05.05.2024)

Statistisches Bundesamt (2024c): Verdienste nach Branchen und Berufen. Abrufbar unter: https://www.destatis.de/DE/Themen/Arbeit/Verdienste/Verdienste-Branche-Berufe/_inhalt.html (05.05.2024)

Statisches Bundesamt (2023): Erwerbstätigkeit steigt im Oktober 2023 leicht an. Pressemitteilung Nr. 459. Abrufbar unter: https://www.destatis.de/DE/Presse/Pressemitteilungen/2023/11/PD23_459_132.html (05.05.2024)

Stettes, O. (2016): Arbeitswelt der Zukunft. Wie die Digitalisierung den Arbeitsmarkt verändert. IW-Analysen Nr. 108. Köln.

Storch, Maja/ Krause, Frank/ Weber, Julia (2022): Selbstmanagement ressourcenorientiert: Theoretische Grundlagen und Trainingsmanual für die Arbeit mit dem Zürcher Ressourcenmodell (ZRM). 7. überarb. Aufl., Bern/Schweiz. Hogrefe.

Studis online (2025): https://www.studis-online.de/Studieren/art-2683-studienabbruchstudie-2022.php (Zugriff 24.04.2025),

Südekum, J. (2018a): Digitalisierung und die Zukunft der Arbeit. In: WPZ Analyse Nr. 19 vom 26.07.2018 (2018a). Abrufbar unter: http://www.wpz-fgn.com/wp-content/uploads/PA19DigitalisierungZukunftArbeit20180726.pdf (05.05.2024)

Südekum, J. (2018): Digitalisierung und die Zukunft der Arbeit. Was ist am Arbeitsmarkt passiert und wie soll die Wirtschaftspolitik reagieren? In: IZA Standpunkte Nr. 90, August 2018. Abrufbar unter: http://ftp.iza.org/sp90.pdf (05.05.2024)

Swiderski, J. (2022): Bildungsberatung in Arbeitsagentur und Jobcenter. Ein Blick aus der Praxis auf die Praxis, Teil 2. In: Blätter der Wohlfahrtspflege, Ausgabe 4/2022, S. 146–148.

Swiderski, J. (2021): Berufs- und Bildungsberatung im Spannungsfeld von Lifelong Guidance und Employability. Soziale Sicherheit. Die Fachzeitschrift für Soziales Arbeiten. 11/2021. S. 396–398.

Triebel, C. (2022): Wer bin ich? Was kann ich? Was will ich? Potenzialorientiertes Karrierecoaching. Stuttgart: Klett-Cotta.

Union der deutschen Akademien der Wissenschaften und der Nationalen Akademie der Wissenschaften Leopoldina (Hrsg.) (2024): Die Zukunft der Arbeit. o.O. Nationale Akademie der Wissenschaften Leopoldina.

Urban, H. J. (2023): Krise. Macht. Arbeit. Frankfurt am Main.

Vapaux, G. (2021): Generation Z. München.

Waltersbacher, A. et al. (2018): Sinnerleben bei der Arbeit und der Einfluss auf die Gesundheit: Sinn erleben – Arbeit und Gesundheit. In: Fehlzeiten-Report. Wiesbaden, S. 23–46

Weber, M. ([1904] 2002): Die protestantische Ethik und der Geist des Kapitalismus. 1904 In: Weber, M.: Schriften 1894 – 1922. Stuttgart.

Weber, P. (2014): Systemische Bildungs- und Laufbahnberatung für Menschen mit schwachem Bildungshintergrund und eingeschränkten Arbeitsmarktchancen. Die Bedeutung von Wissen im Beratungsprozess. In: W. Krieger: Beschäftigungsförderung und soziale Arbeit. Sozialpädagogisch-Systemische Perspektiven im Kontext von Erwerbstätigkeit. Systemische Impulse für die Soziale Arbeit (Bd. 3). Stuttgart. Ibidem Verlag.

Weick, K. E. (1985): Sensemaking in organizations. Thousand Oaks 1995

Weick, Karl (1995). Sensemaking in Organisations. London: Sage

Wenzler-Cremer, H. (2018): Wenn die erwartete Dankbarkeit ausbleibt. 2018. https://www.caritas.de/neue-caritas/heftarchiv/jahrgang2018/artikel/wenn-die-erwartete-dankbarkeit-ausbleibt (03.05.2024)

Werner, B. (2023): Warum es Sinn in der Arbeit (nicht) braucht. Berlin 2023. https://hrpepper.de/believe-it-or-not/warum-es-sinn-in-der-arbeit-nicht-braucht/ (03.05.2024)

Werther, S./ Bruckner, L. (Hrsg.) (2018): Arbeit 4.0 aktiv gestalten. Berlin.

Yagdi, S. (2020): Von der Bildungsferne zum Bildungsaufstieg. Graz. Liminia-Graz. https://unipub.uni-graz.at/limina/content/titleinfo/4948592/full.pdf (Zugriff 07.10.2023).

MIX
Papier aus verantwortungsvollen Quellen
Paper from responsible sources
FSC® C105338

If you have any concerns about our products,
you can contact us on
ProductSafety@springernature.com

In case Publisher is established outside the EU,
the EU authorized representative is:
**Springer Nature Customer Service Center GmbH
Europaplatz 3, 69115 Heidelberg, Germany**

Printed by Libri Plureos GmbH
in Hamburg, Germany